Anforderungsbereich III (Reflexion und Problemlösung)
Er umfasst den selbstständigen und kritischen Umgang mit neuen und umfassenden Sachverhalten – Ziele sind eigenständige Wertungen, Deutungen und Begründungen

beurteilen	den Stellenwert historischer Sachverhalte in einem Zusammenhang bestimmen, um ohne persönlichen Wertbezug zu einem begründeten Sachurteil zu gelangen
bewerten **Stellung nehmen**	wie ▸ *beurteilen*, aber zusätzlich mit Offenlegen und Begründen (▸ *begründen*) eigener Wertmaßstäbe, die Pluralität einschließen und zu einem Werturteil führen, das auf den Wertvorstellungen unserer freiheitlich-demokratischen Grundordnung basiert
entwickeln	Analyseergebnisse und eigenes Fachwissen heranziehen, um zu einer eigenen Deutung zu gelangen
sich auseinandersetzen **diskutieren**	zu einer historischen Problemstellung oder These eine Argumentation ▸ *entwickeln*, die zu einer ▸ *begründeten* Bewertung (▸ *bewerten*) führt
prüfen, überprüfen	Aussagen (Hypothesen, Behauptungen, Urteile) auf ihre Angemessenheit hin ▸ *untersuchen*
vergleichen	auf der Grundlage von Kriterien historische Sachverhalte problembezogen ▸ *gegenüberstellen*, um Gemeinsamkeiten, Unterschiede, Ähnlichkeiten, Abweichungen oder Gegensätze zu ▸ *beurteilen*

Übergeordnete „Operatoren", die Leistungen in allen drei Anforderungsbereichen verlangen

interpretieren	Sinnzusammenhänge aus Materialien erschließen und eine ▸ *begründete* Stellungnahme abgeben, die auf einer Analyse (▸ *analysieren*), Erläuterung (▸ *erläutern*) und Bewertung (▸ *bewerten*) beruht
erörtern	eine These oder Problemstellung durch eine Kette von Für-und-Wider- bzw. Sowohl-als-auch-Argumenten auf ihren Wert und ihre Stichhaltigkeit hin abwägend ▸ *prüfen* und auf dieser Grundlage eine eigene Stellungnahme dazu ▸ *entwickeln*; die Erörterung einer historischen Darstellung setzt deren Analyse (▸ *analysieren*) voraus
darstellen	historische Entwicklungszusammenhänge und Zustände mithilfe von Quellenkenntnissen und Deutungen ▸ *beschreiben*, ▸ *erklären* und *beurteilen*

FRANZÖSISCHE REVOLUTION

Klaus Dieter Hein-Mooren

BUCHNERS KOLLEG. THEMEN GESCHICHTE

Buchners Kolleg. Themen Geschichte

Französische Revolution
Klaus Dieter Hein-Mooren

Dieses Werk folgt der reformierten Rechtschreibung und Zeichensetzung. Ausnahmen bilden Texte, bei denen künstlerische, philologische oder lizenzrechtliche Gründe einer Änderung entgegenstehen.

1. Auflage 1 5 4 3 2 2012 11 10 09
Die letzte Zahl bedeutet das Jahr dieses Druckes.
Alle Drucke dieser Auflage sind, weil untereinander unverändert, nebeneinander benutzbar.

www.ccbuchner.de

Redaktion: Stefanie Witt
Redaktionsassistenz: Kerstin Schulbert

Grafiken und Karten: creo Druck & Medienservice GmbH, Bamberg, und
Artbox Grafik & Satz GmbH, Bremen
Satz, Gestaltung und Druck: creo Druck & Medienservice GmbH, Bamberg
Bindearbeiten: Stürtz GmbH, Würzburg

ISBN 978-3-7661-**4695**-3

Inhalt

*Informationen über die mit einem * gekennzeichneten Personen finden Sie im „Kleinen biografischen Lexikon".*

„Es ist zu wenig, die Bastille erstürmt zu haben ..."

Der Historiker Winfried Schulze rekonstruiert aus den Quellen folgende Episode vom 14. Juli 1789. Die Hauptperson in der Geschichte ist der Gymnasiast Marc-Antoine Jullien:

So konnte er sich am Morgen dieses Dienstags zu seinem großen Bedauern nicht den Gruppen anschließen, die auf der Suche nach Waffen auch durch sein Viertel zogen, sondern er musste schweren Herzens den Weg zum Franziskanerkloster in der Rue de L'Ecolede-Médecine antreten, wo die Klausur geschrieben werden sollte. Mehrere Stunden lang musste er sich auf die Prüfungsaufgaben konzentrieren, gewiss nicht leicht für einen Jungen, der die Erregung der Stadt mitbekommen und der im Lauf des Nachmittags den entfernten Donner von Kanonen gehört hatte.
Endlich war es soweit, gegen 6 Uhr durften die Schüler das Kloster verlassen und sich unter die Menschen auf der Straße mischen, die sich aufgeregt die Neuigkeiten dieses Tages erzählten. Überall standen Gruppen beieinander, die den Berichten derer lauschten, die in der Nähe des Hôtel des Invalides oder der Bastille gewesen, vielleicht sogar an den Kämpfen beteiligt waren. Marc-Antoine war tief beeindruckt von den umstürzenden Vorgängen, die sich während seiner Lateinklausur auf dem anderen Ufer der Seine ereignet hatten. Doch der durch die Lektüre der Klassiker und die Diskussionen in seinem aufklärerisch gesinnten Elternhaus politisch hellwache und gewiss auch ein wenig altkluge Schüler erkannte sofort, dass die Eroberung der Bastille nur ein äußerliches Ereignis bleiben würde, falls nicht zugleich auch die Macht des Königtums gebrochen würde. Wozu hatte er schließlich seinen Aristoteles, seinen Cicero und seinen Cäsar gelesen?
Er handelte blitzschnell. Eilig lief er in den Saal des Klosters zurück, in dem er die Klausur geschrieben hatte. Auf den Tischen lagen noch einzelne Bögen Papier, die nicht verbraucht worden waren. Marc-Antoine raffte sie zusammen, faltete sie mehrfach und zerriss sie in mehrere kleine quadratische Zettel, auf die er nur zwei Sätze schrieb:

Es ist zu wenig,
die Bastille erstürmt
zu haben!

Man muss den Thron
stürzen!

Als er alle Zettel beschrieben hatte, stürmte er auf die Straße hinaus und verteilte seine kleinen Flugblätter an die Passanten. Mit einer Mischung aus Unglauben und Bestürzung lasen die Menschen, die sich gerade noch an der unglaublichen Eroberung der Bastille berauscht hatten und zufrieden nach Hause gehen wollten, die unverständliche Forderung, die ihnen ein Schuljunge mit leuchtenden Augen in die Hand drückte. Ein seltsamer Junge war das! Wer von ihnen hatte denn die Absicht, den Thron des Königs zu stürzen? Niemand wollte so etwas!

Winfried Schulze, Der 14. Juli 1789. Biographie eines Tages, Stuttgart [2]1989, S. 126 f.

Die Aufklärung: neue Vorstellungen von Staat, Gesellschaft und Individuum

▲ **Der Salon von Madame Geoffrin.**
Historiengemälde (63 x 96 cm) von Gabriel Lemonnier, nach 1804.
Im Pariser Salon von Marie-Thérèse Geoffrin (1699–1777) trafen sich Adlige und Bürgerliche, Christen und Juden, Gelehrte, Schriftsteller und Kaufleute aus dem In- und Ausland, um über Kunst, Literatur, Philosophie, Religion, Politik und Ökonomie zu sprechen.
Madame Geoffrin sitzt hier auf der rechten Seite, sie trägt ein graues Kleid und eine schwarze Haube.
An der hinteren Wand steht eine Büste des Philosophen, Geschichtsschreibers und Dichters Voltaire, der als der bedeutendste französische Aufklärer gilt.

1690
Der englische Philosoph John Locke veröffentlicht mit seinen „Two Treatises of Government" eine theoretische Rechtfertigung der „Glorious Revolution" (1688/89). Seine Schrift beeinflusst die staatstheoretischen Überlegungen der Folgezeit.

1748
Charles-Louis Baron de Secondat de Montesquieu, Jurist und Schriftsteller, entwickelt in „De l'esprit des loix" Lockes Lehre von der Gewaltenteilung weiter.

1751
Der erste Band der „Encyclopédie" erscheint. Sie wird das wichtigste Sammelwerk der Aufklärung.

1762
Der Schriftsteller Jean-Jacques Rousseau kritisiert in seinem „Du contrat social ou principes du droit politique" die bestehende politische und soziale Ordnung.

▲ **John Locke.**
Zeitgenössischer Kupferstich.

M1
Über die Regierung

Der 1632 geborene John Locke erlebt als Jugendlicher den englischen Bürgerkrieg, die Republik und schließlich die Restauration der Monarchie mit. Als Anhänger des Parlaments flieht er 1683 nach Amsterdam. Nach der „Glorious Revolution" kehrt er 1689 nach England zurück. Ein Jahr später veröffentlicht er seine Schrift „Two Treatises of Government", die einen großen Einfluss auf die folgenden Staatstheorien haben sollte.

Das große Ziel, mit welchem die Menschen in eine Gesellschaft eintreten, ist der Genuss ihres Eigentums in Frieden und Sicherheit, und das große Werkzeug und Mittel dazu sind die Gesetze, die in dieser Gesellschaft erlassen worden sind. Das erste und grundlegende positive Gesetz aller Staaten ist daher die Begründung der legislativen Gewalt – so wie das erste und grundlegende natürliche Gesetz, welches selbst über der legislativen Gewalt gelten muss, die Erhaltung der Gesellschaft und (soweit es vereinbar ist mit dem öffentlichen Wohl) jeder einzelnen Person in ihr ist. Diese legislative Gewalt ist nicht nur die höchste Gewalt des Staates, sondern sie liegt auch geheiligt und unabänderlich in jenen Händen, in die die Gemeinschaft sie einmal gelegt hat. [...]

Bei der Schwäche der menschlichen Natur, die stets bereit ist, nach der Macht zu greifen, dürfte es jedoch eine zu große Versuchung darstellen, wenn dieselben Personen, die die Macht haben, Gesetze zu geben, auch die Macht in den Händen hätten, sie zu vollstrecken, wobei sie sich selbst von dem Gehorsam gegen die Gesetze, die sie erlassen, ausschließen und das Gesetz in seiner Gestaltung wie auch in der Vollstreckung auf ihren eigenen persönlichen Vorteil ausrichten könnten und damit schließlich von den übrigen Gliedern der Gemeinschaft gesonderte Interessen verfolgte, die dem Ziel von Gesellschaft und Regierung zuwiderlaufen. In wohlgeordneten Staatswesen, in denen nach Gebühr das Wohl des Ganzen berücksichtigt wird, wird deshalb die legislative Gewalt in die Hände mehrerer Personen gelegt, welche nach ordnungsgemäßer Versammlung selbst oder mit anderen gemeinsam die Macht haben, Gesetze zu geben, sobald dies aber geschehen ist, wieder auseinandergehen und selbst jenen Gesetzen unterworfen sind, die sie geschaffen haben. [...]

Wann immer deshalb die Gesetzgeber danach trachten, dem Volk sein Eigentum zu nehmen oder zu zerstören oder es als Sklaven in ihre willkürliche Gewalt zu bringen, versetzen sie sich dem Volk gegenüber in den Kriegszustand. Dadurch ist es jeden weiteren Gehorsams entbunden und der gemeinsamen Zuflucht überlassen, die Gott für alle Menschen gegen Macht und Gewalt vorgesehen hat. Wann immer daher die Legislative dieses grundlegende Gesetz der Gesellschaft überschreiten und aus Ehrsucht, Furcht, Torheit oder Verderbtheit den Versuch unternehmen sollte, entweder selbst absolute Gewalt über Leben, Freiheit und Besitz des Volkes an sich zu reißen oder sie in die Hände eines anderen zu legen, verwirkt sie durch einen solchen Vertrauensbruch jene Macht, die das Volk mit weit anderen Zielen in ihre Hände gegeben hatte, und die Macht fällt zurück an das Volk, das dann ein Recht hat, zu seiner ursprünglichen Freiheit zurückzukehren und durch die Errichtung einer neuen Legislative (wie sie ihm selbst am geeignetsten erscheint) für seine eigene

Sicherheit und seinen Schutz zu sorgen – denn zu diesem Ziel befinden sie sich in der Gesellschaft. Was ich hier über die Legislative im Allgemeinen gesagt habe, gilt auch von dem höchsten Träger der Exekutive. Da man in ihn ein zweifaches Vertrauen gesetzt hat, einmal als Teil der Legislative und zum anderen durch die höchste Vollziehung der Gesetze, handelt er beidem zuwider, wenn er sich unterfängt, den eigenen Willen nach Belieben zum Gesetz der Gesellschaft zu erheben.

John Locke, Über die Regierung, Stuttgart 1983, S. 101 ff., 111 und 167

1. *Skizzieren Sie, wie Locke die Gewaltenfrage im Staat löst. Was versucht er mit dieser Lösung zu gewährleisten?*
2. *Zeigen Sie auf, welche Grenzen Locke den staatlichen Gewalten setzt und wie das Recht des Volkes auf politische Neuordnung im Einzelnen begründet wird.*

▲ **Voltaire.**
Zeitgenössischer Kupferstich.

M2
England ist das Vorbild

In seinen um 1726 verfassten „Briefen aus England" schreibt der 1694 geborene französische Aufklärer Voltaire:

Das englische Volk ist das einzige der Erde, dem es gelungen ist, die Macht der Könige durch Widerstand einzuschränken, und das schließlich unter immer neuen Anstrengungen eine kluge Regierungsform errichtet hat, bei der der Fürst allmächtig ist, Gutes zu tun, zum Übelwollen aber die Hände gebunden hat, wo die Herren ohne Übermut und ohne Knechte groß sind und wo das Volk ohne Schwierigkeiten an der Regierung teilhat. Oberhaus und Unterhaus sind die Richter des Volkes, der König ist der Oberrichter. [...] Ein Mann ist keineswegs von der Zahlung bestimmter Steuern befreit, weil er adlig ist oder Priester; die Steuern werden vom Unterhaus festgelegt, das dem Rang nach unter, der Geltung nach aber über dem Oberhaus steht. Die Herren und Bischöfe können wohl die Bill[1] für Steuern des Unterhauses zurückweisen, aber sie dürfen nichts daran ändern; sie haben sie anzunehmen oder ohne Bedingung zurückzuweisen. Wenn die Bill von den Lords bestätigt und vom König genehmigt ist, zahlt jeder. Niemand gibt nach seinem Rang (was unsinnig ist), sondern gemäß seinem Einkommen [...]. Der Bauer hat keine in Holzschuhen wundgelaufenen Füße, er isst weißes Brot, ist anständig gekleidet und muss sich weder hüten, die Anzahl seiner Tiere zu erhöhen, noch sein Dach mit Schindeln zu decken, weil man deshalb im folgenden Jahr seine Steuern anheben würde.

Voltaire, Briefe aus England, herausgegeben, übersetzt und mit einem Nachwort versehen von Rudolf Bitter, Zürich 1994, S. 41 (aus dem 8. Brief „Über das Parlament") und S. 51 (aus dem 9. Brief „Über die Regierung")

Voltaire veröffentlichte seine Briefe 1734 in Frankreich. Verfassen Sie eine Antwort auf seine Ausführungen aus der Sicht des französischen Hofes.

---

[1] Bill: Urkunde, Gesetzesvorlage; Gesetz, wenn es um die Eintreibung von Geld geht

M3
Vom Geist der Gesetze

Montesquieu

Der Jurist und Schriftsteller Charles-Louis Baron de Secondat de Montesquieu unternimmt von 1729 bis 1731 eine Reise nach England, informiert sich über die dortige Politik und liest John Locke (siehe M1). Das Ergebnis seiner Studien fasst er 1748 in seiner Schrift „De l'esprit des loix" zusammen. Sie erscheint anonym in Genf und wird drei Jahre später in Frankreich verboten.

Es gibt in jedem Staat drei Arten von Vollmacht: die legislative Befugnis, die exekutive Befugnis in Sachen, die vom Völkerrecht abhängen, und die exekutive Befugnis in Sachen, die vom Zivilrecht abhängen. Aufgrund der Ersteren schafft der Herrscher oder Magistrat Gesetze auf Zeit oder für die Dauer, ändert geltende Gesetze oder schafft sie ab. Aufgrund der zweiten stiftet er Frieden oder Krieg, sendet oder empfängt Botschaften, stellt die Sicherheit her, sorgt gegen Einfälle vor. Aufgrund der dritten bestraft er Verbrechen oder sitzt zu Gericht über die Streitfälle der Einzelpersonen. Diese letzte soll richterliche Befugnis heißen, und die andere schlechtweg exekutive Befugnis des Staates. [...]

Sobald in ein und derselben Person oder derselben Beamtenschaft die legislative Befugnis mit der exekutiven verbunden ist, gibt es keine Freiheit. Es wäre nämlich zu befürchten, dass derselbe Monarch oder derselbe Senat tyrannische Gesetze erließe und dann tyrannisch durchführte. Freiheit gibt es auch nicht, wenn die richterliche Befugnis nicht von der legislativen oder der exekutiven Befugnis geschieden wird. Die Macht über Leben und Freiheit der Bürger würde unumschränkt sein, wenn jene mit der legislativen Befugnis gekoppelt wäre, denn der Richter wäre Gesetzgeber. Der Richter hätte die Zwangsgewalt eines Unterdrückers, wenn jene mit der exekutiven Gewalt gekoppelt wäre.

Alles wäre verloren, wenn ein und derselbe Mann beziehungsweise die gleiche Körperschaft entweder der Mächtigsten oder der Adligen oder des Volkes folgende drei Machtvollkommenheiten ausübte: Gesetze erlassen, öffentliche Beschlüsse in die Tat umsetzen, Verbrechen und private Streitfälle aburteilen. [...]

In einem freien Staat soll jeder Mensch, dem man eine freie Seele zugesteht, durch sich selbst regiert werden: Daher müsste das Volk als Gesamtkörper die legislative Befugnis innehaben. Da dies in den großen Staaten unmöglich ist und in den kleinen Staaten vielen Nachteilen unterliegt, ist das Volk genötigt, all das, was es selbst nicht machen kann, durch seine Repräsentanten machen zu lassen. [...]

Die exekutive Befugnis muss in den Händen eines Monarchen liegen, weil in diesem Zweig der Regierung fast durchweg unverzügliches Handeln vonnöten ist, das besser von einem als von mehreren besorgt wird. Was hingegen von der legislativen Befugnis abhängt, wird oft besser von mehreren angeordnet als von einem.

Es gäbe keine Freiheit mehr, wenn es keinen Monarchen gäbe und die exekutive Befugnis einer bestimmten, aus der legislativen Körperschaft ausgesuchten Personenzahl anvertraut wäre, denn die beiden Befugnisse wären somit vereint. Dieselben Personen hätten an der einen und der anderen manchmal teil – und somit könnten sie immer daran teilhaben.

Es gäbe keine Freiheit mehr, wenn die legislative Körperschaft eine beachtliche Zeitspanne nicht zusammenberufen worden wäre.

Montesquieu, Vom Geiste der Gesetze, Stuttgart 1984, S. 212 ff., 215 f. und 218 f.

1. *Zeigen Sie auf, worin nach Montesquieu das Ziel der Staatsverfassung liegen soll.*
2. *Beschreiben Sie, welchen Weg er vorschlägt, um dieses Ziel zu erreichen.*
3. *Überlegen Sie: Kann man Montesquieu als den „Retter" oder den „Totengräber" der Monarchie bezeichnen?*
4. *Lesen Sie im Grundgesetz die Artikel 20 II und 38 I. Inwiefern finden die Ideen Montesquieus ihren Niederschlag?*

M4
Vom Gesellschaftsvertrag

Einer der wirkungsmächtigsten Schriftsteller der Aufklärung ist der 1712 in Genf geborene Calvinist Jean-Jacques Rousseau. Er veröffentlicht 1762 in Amsterdam sein politisches Hauptwerk „Du contrat social ou principes du droit politique". Diese Schrift über die vertragstheoretische Grundlegung der Gesellschaft beginnt mit der Feststellung: „Der Mensch ist frei geboren, und überall liegt er in Ketten." Um ihn daraus zu befreien, schlägt Rousseau vor:

„Finde eine Form des Zusammenschlusses, die mit ihrer ganzen gemeinsamen Kraft die Person und das Vermögen jedes einzelnen Mitglieds verteidigt und schützt und durch die doch jeder, indem er sich mit allen vereinigt, nur sich selbst gehorcht und genauso frei bleibt wie zuvor."
Das ist das grundlegende Problem, dessen Lösung der Gesellschaftsvertrag darstellt. [...]
Wenn man also beim Gesellschaftsvertrag von allem absieht, was nicht zu seinem Wesen gehört, wird man finden, dass er sich auf Folgendes beschränkt: Gemeinsam stellen wir alle, jeder von uns, seine Person und seine ganz Kraft unter die oberste Richtschnur des Gemeinwillens; und wir nehmen, als Körper, jedes Glied als untrennbaren Teil des Ganzen auf.
Dieser Akt des Zusammenschlusses schafft augenblicklich anstelle der Einzelperson jedes Vertragspartners eine sittliche Gesamtkörperschaft, die aus ebenso vielen Gliedern besteht, wie die Versammlung Stimmen hat, und die durch ebendiesen Akt ihre Einheit, ihr gemeinschaftliches Ich, ihr Leben und ihren Willen erhält. Diese öffentliche Person, die so aus dem Zusammenschluss aller zustande kommt, trug früher den Namen Polis, heute trägt sie den der Republik oder der staatlichen Körperschaft, die von ihren Gliedern Staat genannt wird, wenn sie passiv, Souverän, wenn sie aktiv ist, und Macht im Vergleich mit ihresgleichen. Was die Mitglieder betrifft, so tragen sie als Gesamtheit den Namen Volk, als Einzelne nennen sie sich Bürger, sofern sie Teilhaber der Souveränität, und Untertanen, sofern sie den Gesetzen des Staates unterworfen sind. [...]
Damit nun aber der Gesellschaftsvertrag keine Leerformel sei, schließt er stillschweigend jene Übereinkunft ein, die allein die anderen ermächtigt, dass, wer immer sich weigert, dem Gemeinwillen zu folgen, von der gesamten Körperschaft dazu gezwungen wird, was nichts anderes heißt, als dass man ihn zwingt, frei zu sein [...]. [...]
Aus dem Vorhergehenden folgt, dass der Gemeinwille immer auf [...] das öffentliche Wohl abzielt: woraus allerdings nicht folgt, dass die Beschlüsse des Volkes immer gleiche Richtigkeit haben. Zwar will man immer sein Bestes, aber man sieht es nicht immer. Verdorben wird das Volk niemals, aber oft wird es irregeführt, und nur dann scheint es das Schlechte zu wollen.
Es gibt oft einen beträchtlichen Unterschied zwischen dem Gesamtwillen und dem Gemeinwillen; dieser sieht nur auf das Gemeininteresse, jener auf das Privatinteresse und ist nichts anderes als eine Summe von Sonderwillen: Aber nimm von ebendiesen das Mehr und das Weniger weg, das sich gegenseitig aufhebt, so bleibt als Summe der Unterschiede der Gemeinwille. [...] Um wirklich die Aussage des Gemeinwillens zu bekommen, ist es deshalb wichtig, dass es im Staat keine Teilgesellschaften gibt und dass jeder Bürger nur seine eigene Meinung vertritt.

Jean-Jacques Rousseau, Gesellschaftsvertrag, übersetzt und herausgegeben von Hans Brockard, Stuttgart 1977, S. 10, 21 und 30 ff.

1. *Prüfen Sie, welchen Nutzen der Gesellschaftsvertrag dem Einzelnen wie der Gesamtheit aller Bürger bringen soll.*
2. *Analysieren Sie, wie Rousseau „Souveränität" bestimmt und welche Konsequenzen sich aus dieser Definition für die Verfassung ergeben.*
3. *Rousseau ist für eine direkte und gegen jede repräsentative Demokratie. Überlegen Sie, ob und mit welchen Mitteln diese Position in einem bevölkerungsreichen Staat durchsetzbar ist.*
4. *Arbeiten Sie Gemeinsamkeiten und Unterschiede der Theorien Lockes, Montesquieus und Rousseaus heraus (siehe M1 und M3).*

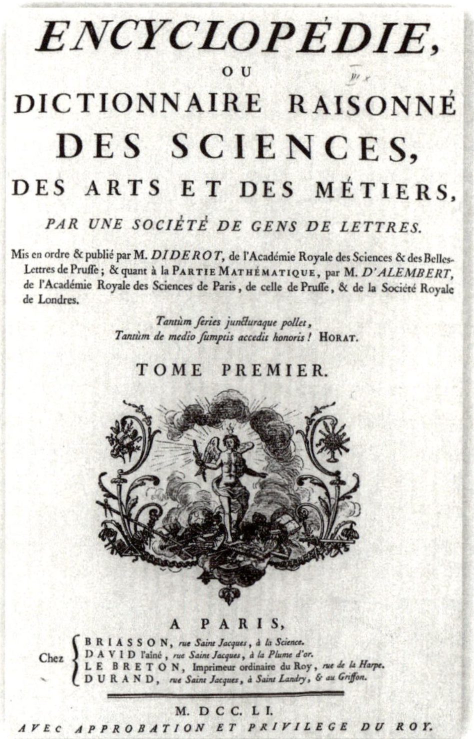

ENCYCLOPÉDIE,
OU
DICTIONNAIRE RAISONNÉ
DES SCIENCES,
DES ARTS ET DES MÉTIERS,
PAR UNE SOCIÉTÉ DE GENS DE LETTRES.

Mis en ordre & publié par M. DIDEROT, de l'Académie Royale des Sciences & des Belles-Lettres de Prusse; & quant à la PARTIE MATHÉMATIQUE, par M. D'ALEMBERT, de l'Académie Royale des Sciences de Paris, de celle de Prusse, & de la Société Royale de Londres.

Tantùm series juncturaque pollet,
Tantùm de medio sumptis accedit honoris! HORAT.

TOME PREMIER.

A PARIS,
Chez BRIASSON, rue Saint Jacques, à la Science.
DAVID l'aîné, rue Saint Jacques, à la Plume d'or.
LE BRETON, Imprimeur ordinaire du Roy, rue de la Harpe.
DURAND, rue Saint Jacques, à Saint Landry, & au Griffon.

M. DCC. LI.
AVEC APPROBATION ET PRIVILEGE DU ROY.

▲ **„Encyclopédie."**
Titelblatt der Erstauflage von 1751.

M5
„Natürliche Gleichheit"

Die Aufklärer berufen sich in ihren politischen Schriften auf das Naturrecht. In der „Encyclopédie", einem Hauptwerk der französischen Aufklärung, das zwischen 1751 und 1772 in 28 Bänden erscheint, schreibt Louis de Jaucourt, ein enger Mitarbeiter Denis Diderots, um 1765:

Natürliche Gleichheit – Égalité naturelle (Naturrecht). Das ist die Gleichheit, die zwischen allen Menschen aufgrund der Beschaffenheit ihrer Natur besteht. Diese Gleichheit ist das Prinzip und die Grundlage der Freiheit.

Die natürliche oder moralische Gleichheit beruht also auf der Beschaffenheit der menschlichen Natur, die allen Menschen gemeinsam ist, die in der gleichen Weise geboren wurden, heranwachsen, leben und sterben.

Da die menschliche Natur sich bei allen Menschen als gleich erweist, ist es klar, dass jeder die anderen achten und behandeln muss wie ebensolche Wesen, die ihm von Natur aus gleichgestellt sind, das heißt, die ebensogut Menschen sind wie er.

Aus diesem Prinzip der natürlichen Gleichheit der Menschen ergeben sich mehrere Konsequenzen. Ich betrachte hier kurz die wichtigsten:

1. Aus diesem Prinzip geht hervor, dass alle Menschen von Natur aus frei sind und dass die Vernunft sie nur zu ihrem Glück abhängig machen konnte.

2. Trotz aller Ungleichheiten, die in der Staatsordnung durch die Standesunterschiede, durch den Adel, durch die Macht, durch den Reichtum etc. entstehen, müssen diejenigen, die am höchsten über die anderen gestellt sind, ihre Untergebenen als Menschen behandeln, die ihnen von Natur aus gleichgestellt sind; sie müssen jede Beleidigung vermeiden, dürfen nicht mehr fordern, als man ihnen schuldig ist, und sollen das, was ihnen ganz unstreitig zusteht, mit Menschlichkeit verlangen.

3. Wer kein Sonderrecht erworben hat, aufgrund dessen er irgendwie Bevorzugung verlangen könnte, darf nicht mehr verlangen als die anderen, sondern muss sie im Gegenteil die gleichen Rechte genießen lassen, die er sich zuerkennt. [...]

Der Leser wird weitere Konsequenzen ziehen, die sich aus dem Prinzip der natürlichen Gleichheit der Menschen ergeben. Ich möchte nur noch bemerken, dass gerade die Verletzung dieses Prinzips zur politischen und bürgerlichen Sklaverei geführt hat. Daher kommt es, dass in den der Willkürherrschaft unterworfenen Ländern die Fürsten, die Höflinge, die ersten Minister und die, welche die Finanzen verwalten, alle Reichtümer der Nation besitzen, während die übrigen Bürger nur das Notwendige haben und der größte Teil des Volkes in der Armut verkümmert.

Aber damit man mir nicht zu Unrecht unterschiebe, dass ich aus Fanatismus in einem Staat jenes Trugbild der absoluten Gleichheit gutheiße, die schwerlich ein ideales Gemeinwesen hervorbringen kann, spreche ich hier nur von der natürlichen Gleichheit der Menschen. Ich kenne zu gut die Notwendigkeit der Standesunterschiede, der Rangstufen, der Ehren, der Auszeichnungen, der Vorrechte, der Unterordnung, die unter allen Regierungen bestehen müssen, und ich behaupte sogar, dass die natürliche oder moralische Gleichheit ihr nicht widerspricht. Im Naturzustand werden die Menschen wohl in der Gleichheit geboren, können aber in ihr nicht bleiben; die Gesellschaft lässt sie diese Gleichheit verlieren und sie werden erst durch die Gesetze wieder gleich.

Anette Selg und Rainer Wieland (Hrsg.), Die Welt der Encyclopédie, Frankfurt am Main 2001, S. 273 f.

1. *Natürliche Gleichheit und gesellschaftliche Ungleichheit sind für den Autor kein Widerspruch. Nehmen Sie dazu Stellung.*
2. *Gerechtigkeit setzt Gleichheit voraus. Überlegen Sie, ob der Artikel diese Aussage deckt.*
3. *Leiten Sie politische Forderungen aus dem Artikel ab. Berücksichtigen Sie dabei die Gesellschaftsordnung.*

M6
Über das Naturrecht

Jutta Limbach ist von 1994 bis 2002 Präsidentin des Bundesverfassungsgerichtes. Sie schreibt 2001 in einem Essay:

Das Naturrecht ist nicht von dieser Welt. Sein Postulat, dass alle Menschen gleich und frei geboren seien, bricht sich bis heute an der Wirklichkeit. Das Naturrecht teilt mit der Utopie die Idee einer guten Gesellschaft, in der die Menschen ohne Gewalt und Demütigung zusammenleben. Sein Kontrastbezug ist die Tyrannei, auf die das Naturrecht mit humanen Gegenentwürfen antwortet. Sein Beruf ist der des Protests und nicht der des gesetzten Rechts. Demgemäß hat das Naturrecht gewöhnlich in Zeiten staatlichen Machtmissbrauchs Konjunktur. Mit dem Ende der vom Naturrecht kritisierten politischen Zustände schwindet zumeist seine Bedeutung. Es führt nur noch ein Schattendasein in den Texten der Rechtsphilosophie und speist die Lehre vom richtigen Recht.

Die als ewig und angeboren behaupteten Freiheits- und Gleichheitsrechte fungieren vorzugsweise als politische und ideelle Instrumente im Kampf gegen eine absolute Herrschaft. Mit diesen behaupten die Reformer, Revolutionäre und Widerstandskämpfer die moralische Überlegenheit ihrer Position. Sie rechtfertigen mit dem Naturrecht ihr Aufbegehren gegen die Staatsmacht und den revolutionären Wandel der Regierungsform. [...]

Die Versuche, ein Natur- oder Vernunftrecht logisch [...] zu begründen, führen über sehr allgemeine Maximen nicht hinaus. Das Paradebeispiel ist die goldene Regel in ihrer negativen und positiven Gestalt. Als Prinzip der Gegenseitigkeit begegnet sie uns in dem Gemeinspruch „Was Du nicht willst, dass man Dir tu', das füg auch keinem andern zu!". Eine positive Form der goldenen Regel ist das Grundprinzip des suum cuique, das heißt: „Jedem das Seine".

Die Tatsache, dass diese drei Worte auf dem Tor eines Konzentrationslagers zu lesen waren, macht ihren Mangel offenkundig, nämlich das Fehlen jeder begrifflichen Bestimmtheit. Die naturrechtlichen Prinzipien sind derart knapp, vage und offen formuliert, dass ihr logischer Freiraum der Interpretation außerordentlich groß ist. Gerade das Prinzip des suum cuique gilt als markantes Beispiel einer Leerformel, die jedes Normgehalts entbehrt, weil sie keine Verhaltens- oder Denkweise ausschließt.

Anette Selg und Rainer Wieland (Hrsg.), a. a. O., S. 271 f.

Überlegen Sie, ob ein grundlegender Wandel der Herrschaftsformen ohne die Berufung auf das Naturrecht denkbar ist.

Kritik an der absolutistischen Monarchie

Während der *Absolutismus* mit der Durchsetzung moderner Staatlichkeit befasst war, regte sich bei den Zeitgenossen gleichzeitig Kritik an dieser Staatsform. Angriffspunkte waren in erster Linie der Anspruch des Monarchen auf die uneingeschränkte Souveränität und hiermit verbunden sein Anspruch auf das Gesetzgebungsmonopol, insbesondere bei der Besteuerung. Infrage gestellt wurden ferner die Begründung der monarchischen Gewalt aus dem Gottesgnadentum und die Ständegesellschaft des absolutistischen Staats, die dem *Dritten Stand*[1] wenig Raum zu gesellschaftlichem Aufstieg und politischer Einflussnahme ließ. Die fortschrittlichen, kritischen Argumente gegen den Absolutismus kamen von den Vertretern der *Aufklärung*, einer neuen, alle Lebensbereiche umfassenden Denkrichtung.

Richtschnur aufklärerischen Denkens: die Vernunft

Die Aufklärung bezeichnet eine geistig-literarische Bewegung, die in der zweiten Hälfte des 17. Jahrhunderts in England begann und sich bis zum Ende des 18. Jahrhunderts in ganz Europa ausbreitete. Besondere Verbreitung fand sie in Frankreich. Die Aufklärer unterzogen das menschliche Dasein einer kritischen Prüfung. Was vor dem Maßstab der menschlichen Vernunft keinen Bestand hatte, sollte nach verstandesgeleiteten Prinzipien um- oder neu gestaltet werden. Die geistigen Wurzeln der Aufklärung lagen

- in Humanismus und Renaissance, wo kritisches Denken erstmals fester Bestandteil wissenschaftlichen Vorgehens geworden waren;
- in der „Revolution" des naturwissenschaftlichen Denkens seit Kopernikus, Galilei und Newton;
- im wissenschaftlichen Rationalismus, der nur das mathematisch-rational Beweisbare als Grundlage der Forschung und Deutung der Welt gelten ließ.

Wichtige Impulse erhielt das aufklärerische Denken gleichfalls durch die stetig wachsende Mobilität von Personen, Waren und Ideen über Landesgrenzen hinweg. Sie förderten das Unabhängigkeitsstreben vor allem des Dritten Standes und erschlossen ihm neue kulturelle und geistige Welten.

Staatslehren im Zeitalter der Aufklärung

Die alten Staatstheorien hatten die absolutistische Herrschaftsgewalt von einem Gesellschaftsvertrag abgeleitet, der dem Fürsten zum Schutz des Individuums den Vorrang in der Gesetzgebung überließ. Die Staatsräson war dem Interesse des Individuums, seiner Freiheit, dem Schutz seines Lebens und Eigentums vorgeordnet. Die aufgeklärten Staatsdenker suchten hingegen nach Wegen, wie die von Gott mit Vernunft begabten Menschen ihr Zusammenleben auf der Grundlage der *freiwilligen* Mitwirkung aller organisieren und gegebenenfalls abändern konnten.

Eine der Voraussetzungen dafür wurde im *Naturrecht* gesehen. Es wurde von dem positiven, das heißt staatlich gesetzten Recht unterschieden als das von Anfang an allgemein gültige, überzeitliche Urbild des Rechts. In Übereinstimmung mit dem Naturrecht waren die positiven Gesetze zu formen. Dabei zählte man zum Naturrecht

[1] *Nähere Informationen über den „Dritten Stand" finden Sie auf Seite 26.*

unabänderliche Grundsätze wie Unversehrtheit des Lebens, Freiheit und Eigentum, Gleichheit und Gerechtigkeit, weil diese aus der Natur des Menschen hervorgingen, dem Gemeinwohl wie der öffentlichen Wohlfahrt förderlich und unter kultivierten Völkern üblich seien.
Herrschaft sollte in erster Linie dem Schutz von Freiheit, Leben und Besitz des Einzelnen dienen. Kein Mensch sei von Gott zur Herrschaft über andere vorherbestimmt, und absolute Macht in der Hand eines Einzigen verderbe den Charakter und bringe zwangsläufig Tyrannei hervor.

John Locke: der Schutz von Freiheit und Eigentum

Der Engländer *John Locke* veröffentlichte 1690 anonym sein Werk „Two Treatises of Gouvernment" (➧ M1). In der tagespolitischen Diskussion in England sollte es den Standpunkt von der göttlich legitimierten absoluten Monarchie widerlegen. Er geht vom Naturzustand völliger Gleichheit und Freiheit aller Menschen vor der Staatsbildung aus und unterstellt den Menschen einen friedfertigen Charakter. Noch im Naturzustand eignet sich der Mensch zwecks Selbsterhaltung durch Arbeit, etwa durch Kultivierung des Bodens, Dinge an, die er dadurch zu seinem Eigentum macht. Mit wachsendem Eigentum steigt dann die Gefährdung des friedlichen Naturzustandes. Derselbe droht in den Krieg aller gegen alle umzuschlagen.
Zu ihrem eigenen Schutz schließen sich die Menschen deshalb durch Vertrag zu einer „politischen oder bürgerlichen Gesellschaft" zusammen. Locke ging es darum, die Privatheit des Eigentums und seinen vorstaatlichen Charakter zu unterstreichen. Die vertraglich errichtete Staatsgewalt habe den ungestörten Besitz zu garantieren.
Oberste Gewalt im Staat ist die gesetzgebende (*legislative*) Gewalt. Daneben gibt es die vollstreckende (*exekutive*) und *föderative* Gewalt, die die Durchsetzung der Gesetze sowie die Entscheidung über Krieg und Frieden betraf. Diesen Gewalten sind durch das natürliche Recht jedes Menschen auf Freiheit seiner Person und Unversehrtheit seines Eigentums Schranken gesetzt. Werden sie durchbrochen, bleibt es der Mehrheit der Gemeinschaft vorbehalten, die Gewalten abzusetzen. Locke formuliert aus dem Naturrecht eine Art Grundrechtegarantie und leitete daraus ein Widerstandsrecht bei Verletzung ab.

Montesquieu: die Teilung der Staatsgewalt

Hauptwerk des Franzosen *Montesquieu* war sein 1748 in der Schweiz veröffentlichtes Buch „De l'esprit des loix". Unter dem „Geist der Gesetze" verstand Montesquieu die gemeinschaftliche Mentalität eines Volkes oder einer Nation, welche von Umweltfaktoren wie Landesnatur, Klima und sozialen Faktoren wie Sitten, Religion, Stellung der Frau etc. geprägt ist und auf die Gesetze einwirkt. Jeweils bestmöglich müssen also die Gesetze eines Landes der Mentalität eines Volkes angepasst sein. Übergreifendes Ideal der Gesetzgebung ist die politische Freiheit.
Mit Blick auf die konstitutionelle Monarchie in England, die für viele aufgeklärte Denker Ausgangspunkt ihrer politischen Überlegungen war (➧ M2), entwickelte Montesquieu das Postulat der *Gewaltenteilung*: Die drei im Staat bestehenden fundamentalen Gewalten *Legislative*, *Exekutive* und *Judikative* sind auf drei unabhängig voneinander handelnde Träger zu verteilen. Diese Trennung verhinderte missbräuchliche

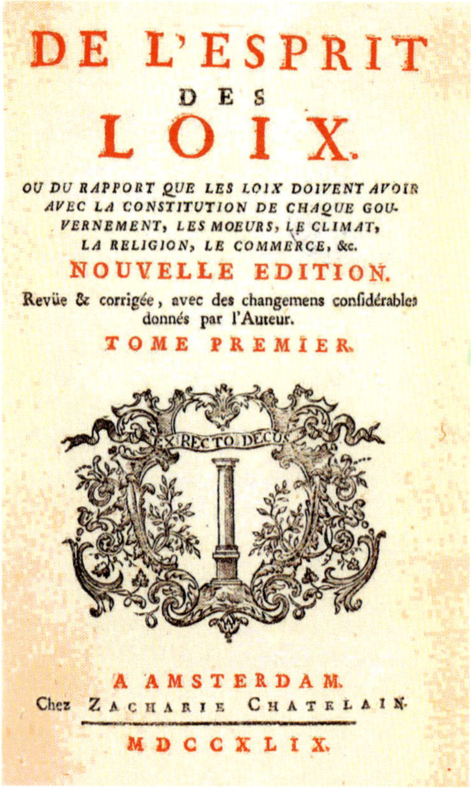

DE L'ESPRIT
DES
LOIX.

OU DU RAPPORT QUE LES LOIX DOIVENT AVOIR AVEC LA CONSTITUTION DE CHAQUE GOUVERNEMENT, LES MOEURS, LE CLIMAT, LA RELIGION, LE COMMERCE, &c.

NOUVELLE EDITION.

Revüe & corrigée, avec des changemens considérables donnés par l'Auteur.

TOME PREMIER.

A AMSTERDAM.
Chez ZACHARIE CHATELAIN.

MDCCXLIX.

◀ **„De l'esprit des loix."**
Titelblatt der Ausgabe von 1749.

Machtausübung (▸ M3). Als Angehöriger des französischen Hochadels blieb Montesquieu den Fähigkeiten und Möglichkeiten des Volkes gegenüber misstrauisch. Eine Beteiligung des Volkes an der Gesetzgebung hielt er für richtig, praktikabel jedoch nur in Form eines *Repräsentativsystems*. Gemeinsam mit Locke hat Montesquieu damit die Grundsätze des modernen Verfassungsstaats formuliert.

Rousseau: direkte Demokratie und politische Tugend

Besonders wirkungsmächtig waren die Vorstellungen des Genfer *Jean-Jacques Rousseau*. Er ging in seinem Werk „Contrat social" auch vom vorgeschichtlichen Naturzustand des Menschen aus. Sobald der Mensch in ihm nicht länger verharren kann, muss eine Gesellschaftsform gefunden werden, „die mit ihrer ganzen gemeinsamen Kraft die Person und das Vermögen jedes einzelnen Mitglieds schützt und durch die doch jeder, indem er sich mit allen vereinigt, nur sich selbst gehorcht und genauso frei bleibt wie zuvor". Die Lösung bietet der *Gesellschaftsvertrag*. An die Stelle des fiktiven Naturmenschen tritt der mündige Bürger, der sich freiwillig dem idealen Gemeinschaftswillen (*volonté générale*) unterwirft, ohne seine persönliche Freiheit aufzugeben. Erst so kann ein Staat entstehen, dessen Zweck die Wahrung des Gemeinwohls ist.

Nach Rousseau kennt der Staat keine Gewaltenteilung und keine parlamentarische Repräsentation. Infrage kommt folglich allein die Staatsform der *direkten Demokratie*. Weil nun freilich das Individuum einen vom Gemeinwillen abweichenden Sonderwillen entwickeln kann, ist die Zwangsgewalt des Staates bis zur Todesstrafe zum Zweck der Vollstreckung des Gemeinwillens Teil des Gesellschaftsvertrags (▸ M4).

Der Übergang des Menschen aus dem vorbürgerlichen in den bürgerlichen Zustand bedeutet eine sittliche Erhöhung. Vernunft und Gesetz als Zeichen staatsbürgerlicher Freiheit treten an die Stelle von Instinkt und Begierde. Der Mensch kann auf höherer Stufe zur Tugend des vorgeschichtlichen Naturzustandes zurückkehren.

Rousseau hat die Frage seiner Zeit nach der Rechtfertigung von Herrschaft mit letzter Konsequenz beantwortet und die antimonarchischen Denkmodelle zu Ende gedacht. Die Wirkung seiner Staatstheorie war revolutionär und entfaltete erstmals in der Französischen Revolution ihre ganze Sprengkraft.

▶ **„Toleranz."**
*Radierung (8,7 x 5,1 cm) von Daniel Chodowiecki, 1791.
Der mütterlicherseits aus einer Schweizer Hugenottenfamilie stammende Chodowiecki thematisiert hier ein Leitideal seiner Epoche: die „Toleranz". Sie überragt wie eine antike Göttin Anhänger verschiedener Religionen und Weltanschauungen.
Das Thema „religiöse Toleranz" zwischen Christen, Juden und Muslime greift auch der deutsche Aufklärer Gotthold Ephraim Lessing in seinem zwölf Jahre zuvor veröffentlichten Drama „Nathan der Weise" auf. Er setzt damit dem jüdischen Philosophen Moses Mendelssohn ein literarisches Denkmal.*

Forderungen der Aufklärer

Kritisierten die französischen Aufklärer den Absolutismus des Landes, dann rückten sie ihn in die Nähe der Despotie. Besonders pointiert vorgetragen wurde die Kritik von dem Philosophen *Voltaire*, dessen frühe Schriften ihm Haftbefehle einbrachten. Er setzte sich mit Nachdruck für Meinungs- und Religionsfreiheit, für die soziale und politische Aufwertung des Bürgertums, für Justizreformen, für die Abschaffung der Folter und für die Gleichstellung der Juden ein. Zusätzlich nahm die aufklärerische Bewegung im katholischen Frankreich betont antiklerikalen Charakter an. Religion wurde als spekulativ und vernunftfeindlich abgelehnt. Die Ethik der *Toleranz* wurde im Kampf gegen eine Religion, die für sich die absolute Wahrheit in Anspruch nahm, zu einer zentralen, weil vernünftigen Waffe.

Ab 1751 erschien in Paris ein Nachschlagewerk, das alle philosophischen, wirtschaftlichen, politischen und ästhetischen Fragen und Probleme der Zeit im Sinne der Aufklärung zu behandeln versprach. Es war die „Encyclopédie ou Dictionnaire raisonné des sciences, des arts et des métiers". Initiatoren und Hauptherausgeber waren *Denis Diderot* und *Jean-Baptiste le Rond d'Alembert*. Ein Kreis angesehener Gelehrter und Künstler, darunter Montesquieu, Rousseau und Voltaire, wirkten als Autoren mit (▶ M5 und M6). Die religionskritische Tendenz verschiedener Artikel ließ das Lexikon mancherorts in Konflikt mit der behördlichen Zensur geraten. 1759 hatte der Oberste Gerichtshof von Paris den weiteren Verkauf des Werkes verboten und die Kirche es auf den Index[1] gesetzt. Stillschweigend duldeten die Behörden die Fortsetzung des Werkes, dessen 28. Band 1772 veröffentlicht wurde.

Das Werk befasste sich auch mit dem Verhältnis von Ökonomie und Politik. Hier wurden Reformgedanken der *Physiokraten* (Physiokratie: Herrschaft der Natur) diskutiert, die die staatlich gelenkte absolutistische Wirtschaft, den *Merkantilismus*, kritisierten und „laissez faire, laissez passer" (hier so viel wie „freie Wirtschaft, freier Handel") forderten. Sie verlangten einen freien Handel mit allen Staaten, die Minderung von Steuern und Zöllen, die Abschaffung der unbezahlten Zwangsarbeit der Bauern, die Auflösung der Zünfte und eine Garantie des Privateigentums. Ihre Forderung, dass der Staat die Getreidepreise nicht festlegen dürfe, fand nicht überall Anhänger.

[1] Index: Kurzbezeichnung für den „Index librorum prohibitorum", das amtliche Verzeichnis der von der katholischen Kirche verbotenen Bücher

Das Ancien régime in der Krise

1763
Im Frieden von Paris muss Frankreich auf den größten Teil seines Kolonialbesitzes verzichten, lediglich einige Inseln und Handelsplätze bleiben erhalten.

1774
Ludwig XVI. wird König von Frankreich.

1775–1783
Dreizehn britische Kolonien kämpfen mit Unterstützung Frankreichs um ihre Unabhängigkeit in Nordamerika.

1787/88
Steuer- und Finanzreformen scheitern am Einspruch der privilegierten Stände.

1788
Im Sommer verschärfen Missernten die Wirtschaftskrise. Die Regierung verspricht am 8. August, die Generalstände für den 1. Mai 1789 einzuberufen.

▲ **„Le Deficit."**
Kolorierter Kupferstich aus England, November 1788.
Ludwig XVI. (ganz rechts) zeigt mit der Linken auf die Truhen und bemerkt zu seinem Finanzminister: „Monsieur N[ecker], es ist nichts mehr vorhanden." Necker* antwortet: „Ich habe aber doch etwas drinnen gelassen."*
Gleichzeitig verlassen zwei Personen den Raum. Auf dem Türrahmen ist „falsche Flüchtende" notiert.
Der Adlige, auf dessen Rockschößen die Aussage steht „Bittschrift an den König", meint: „Ich habe sie [die Geldsumme] bekommen." Der ihm folgende Geistliche ergänzt: „Ich habe den Rest."
• Verfassen Sie aus der Sicht des Bürgertums einen Kommentar zu der Karikatur.

M1

Einteilung der französischen Bevölkerung um 1788/89

Stand/Gruppe *Angaben in 1.000*[1]	**Anzahl**	**Anteil in %**
Erster Stand	*130*	*0,47*
Bischöfe, Prälaten, Äbte	10	0,03
Nonnen/Mönche	60	0,22
Pfarrer/Vikare	60	0,22
Zweiter Stand	*350*	*1,25*
Hofadel	20	0,07
Begüterter Provinzadel	100	0,36
Verarmter Adel	130	0,46
Amtsadel	100	0,36
Dritter Stand	*27.445*	*98,28*
Großbürgertum (Großkaufleute, Bankiers, Reeder, Unternehmer etc.)	220	0,79
Mittelschichten (Anwälte, Ärzte, mittlere Kaufleute, kleinere Beamte, Künstler, Intellektuelle etc.)	475	1,70
Kleinbürgertum (Handwerker, Ladenbesitzer, Gastwirte etc.)	1.400	5,01
Arbeiter und Dienstboten in der Stadt	2.100	7,52
Dienstboten auf dem Lande	1.200	4,30
Seeleute, Flussschiffer	350	1,25
Soldaten	200	0,72
Großbauern, dörfliche Oberschichten	3.400	12,18
Kleinbauern	8.600	30,80
Gesinde, Tagelöhner, ländliches Proletariat[2]	9.500	34,00
Summe	*27.925*	*100,00*

Nach: Michael Erbe, Die gesellschaftlichen Konflikte und der Ausbruch der Französischen Revolution, in: Klaus Malettke (Hrsg.), Soziale und politische Konflikte im Frankreich des Ancien Régime, Berlin 1982, S. 106 f. (vereinfacht)

Bestimmen Sie anhand der Übersicht die ungefähren Bevölkerungsanteile in Stadt und Land.

---

[1] Die Angaben wurden zum Teil geschätzt bzw. auf der Grundlage anderer Daten hochgerechnet.
[2] Dazu gehören um 1789 vier bis fünf Millionen bettelnde und vagabundierende Menschen.

M2

Über die Obersten Gerichtshöfe

Der 1740 geborene Schriftsteller und Journalist Louis-Sébastien Mercier aus Paris gilt als Erfinder der Reportage. Er verfasst zwischen 1781 und 1788 das mehrbändige Werk „Tableau de Paris", das uns einen Einblick in das gesellschaftliche Leben der Stadt gibt. In einer seiner Reportagen geht er auch auf den Obersten Gerichtshof von Paris ein, dem einflussreichsten von 14 „Parlements" des Landes. Königliche Gesetze und Verordnungen erlangten erst Rechtsgültigkeit, wenn diese Gerichtshöfe sie geprüft und in ihre Register eingetragen hatten. Verweigerten die Gerichtshöfe, deren Mitglieder vor allem dem Amtsadel angehörten, diese Eintragung, musste der König persönlich erscheinen, um die Registrierung zu befehlen. Über ihre Stellung schreibt Mercier:

Sind die Parlements ein Ausfluss der Generalstände[1]? Vertreten sie die Generalstände, wenn diese nicht zusammenkommen, ganz dem Wesen der Monarchie gemäß, die notwendigerweise eine vermittelnde Körperschaft anerkennt? Sind sie für die Könige oder das Volk von Nutzen? [...] Sind sie die Vertreter der Nation, wenn ihre Ämter zugleich erblich und käuflich sind, was das kennzeichnende Merkmal der Aristokratie in einer Monarchie ist? Wer hat sie denn beauftragt, mal das Volk dem König auszuliefern, mal dem König Widerstand zu leisten ohne den Wunsch des Volkes?
Haben sie aber nicht auch manchmal einen schützenden Deich gegen Steuererlasse errichtet und zu heftige Schläge der absoluten Macht abgewehrt? Hatten sie nicht Augenblicke der Kraft und der Weisheit? Warum aber stehen sie immer diesseits der Ideen ihres Jahrhunderts? Warum nur sind sie einmal gegen den Hof, einmal für den Hof vorgegangen, und allermeistens ohne dass sie selbst etwas davon ahnten?
Warum hat sich das Parlement von Paris von den anderen Gerichtshöfen gewissermaßen abgesondert? Warum hat es sich der Abschaffung der Frondienste und Meisterrechte widersetzt? Warum hält es die ältesten und missbräuchlichsten Vorrechte aufrecht, wo doch das Feudalregime zusammengebrochen ist und auch nicht wieder auferstehen sollte und es nur einen Herrn gibt? Warum hat es auf Ansuchen der königlichen Autorität abgelehnt, den Protestanten den Zivilstand zu garantieren? Warum hat es das Für und Wider debattiert, als sei es nur darum gegangen, die Stimme zu erheben? Woher rühren diese sonderbare Schwäche bei der einen Gelegenheit und die bemerkenswerte Stärke bei der anderen?
[...]
Und schließlich, was bedeutet der Widerstand der Mitglieder des Parlements gegen den Willen des Monarchen? Sind sie Vertreter der Nation oder einfache Ritter, eingesetzt, um im Namen des Königs Recht zu sprechen?
Da haben wir ein paar heikle Fragen, die [...] beantworten zu wollen ich mich fein hüten werde. Die Argumente und die Fakten mögen ruhig miteinander streiten, es wird ganz allein von den Verhältnissen abhängen, ob aus dieser Institution ein Schatten oder eine Realität wird.

Louis-Sébastien Mercier, Pariser Nahaufnahmen. Ausgewählt, übersetzt und mit einem Nachwort versehen von Wolfgang Tschöke, Frankfurt am Main 2000, S. 304 ff. (Übersetzung leicht geändert)

1. *Arbeiten Sie aus dem Text die Macht des Königs und der Obersten Gerichtshöfe heraus.*
2. *Beurteilen Sie, was Mercier mit seinem Beitrag beabsichtigte.*

---

[1] *Generalstände (États généraux): eine erstmals 1302 einberufene Versammlung von Fürsten, Erzbischöfen, Bischöfen, Äbten und Vasallen des Königs sowie Vertretern der königlichen Städte. Die Versammlung der Repräsentanten der drei Stände wurde von den Königen immer dann einberufen, wenn außerordentliche Steuern bewilligt werden sollten. Die absolutistisch regierenden Monarchen hatten sie seit 1614 nicht mehr einberufen.*

M3
Was wollen die Obersten Gerichtshöfe?

Über das Verhältnis der Obersten Gerichtshöfe (siehe M2) zum Bürgertum informiert ein Flugblatt aus dem Jahr 1788. Es stellt ein fiktives Frage- und Antwortspiel zwischen einem Bürgerlichen (D) und einem Angehörigen des Gerichtshofes (R) vor.

D: Was seid ihr von Natur aus?
R: Wir sind Beamte des Königs, die mit der Rechtsprechung für das Volk beauftragt sind.
D: Was habt ihr vor zu werden?
R: Gesetzgeber, d. h. die Machthaber im Staate.
D: Wie könnt ihr denn die Herren des Staates werden?
R: Wenn wir legislative und exekutive Gewalt zugleich besitzen, dann gibt es nichts mehr, was uns widerstehen könnte.
D: Wie gedenkt ihr denn vorzugehen, um so weit zu gelangen?
R: Indem wir gegenüber dem König, dem Klerus, dem Adel und dem Volk jeweils verschiedene Haltungen an den Tag legen werden.
D: Wie verhaltet ihr euch dem König gegenüber?
R: Wir werden versuchen, dem König das Vertrauen des Volkes zu entziehen, indem wir uns allen seinen Wünschen widersetzen und damit das Volk glauben machen, wir seien seine wahren Interessenvertreter, und dass wir die Steuerregistrierung zum Allgemeinwohl ablehnen.
D: Wird das Volk denn nicht merken, dass ihr euch nur deswegen der Steuer widersetzt, um nicht selbst zahlen zu müssen?
R: Nein, wir werden das Volk irreführen, indem wir nämlich behaupten, allein die Nation könne die Steuern bewilligen, weswegen wir die Einberufung der Generalstände verlangen.
D: Sollte euch nun aber der König beim Wort nehmen und die Generalstände tatsächlich einberufen, wie zieht ihr euch dann aus der Affäre?
R: Wir werden einen Streit um Formfragen anzetteln und die Einberufung in der Form von 1614 verlangen.
D: Wieso gerade die?
R: Weil nach dieser Form der Dritte Stand von Juristen vertreten wird, was uns die Mehrheit sichert.
D: Aber die Juristen hassen euch.
R: Wenn sie uns hassen, fürchten sie uns doch nur, und sie werden sich schon unserem Willen beugen.

Wolfgang Lautemann (Bearb.), Amerikanische und Französische Revolution, München 1981, S. 123 f.

1. *Versuchen Sie, dem Flugblatt die unterschiedlichen Interessen von Bürgertum und den Angehörigen der Gerichtshöfe zu entnehmen. Auf welcher Seite steht der Verfasser des Textes?*
2. *Beurteilen Sie das geschilderte Verhalten der Gerichtshöfe in Anbetracht der politischen und sozialen Lage in Frankreich.*

M4
Über die Lebensverhältnisse einer 28-jährigen Bäuerin: Text und Interpretation

Der 48-jährige englische Agronom Arthur Young besucht 1789 Frankreich. Er berichtet in seinen 1792 veröffentlichten Reisebeschreibungen „Travels in France“ über die ländlichen Lebensverhältnisse:

In Richtung auf Metz am 12. Juli 1789:
Als ich, um meine Stute zu schonen, einen Gutteil des Weges zu Fuß erklommen, gesellte sich eine arme Frau zu mir, die über die Zeit und die Armut des Landes Klage führte. Ich fragte sie nach den Gründen, und sie sagte mir, dass ihr Mann nur einen kleinen Acker, eine Kuh und ein armes Pferd besäße und dass er trotz alledem dem Grundherrn eine Pacht von 42 Pfund Korn, drei Hühnern schulde und einem anderen 168 Pfund Hafer, ein Huhn und einen Sou[1)], nicht eingerechnet die schweren Kopf- und anderen Steuern. Sie hatten sieben Kinder, und die Kuhmilch diente allein dazu, Suppe zu machen. „Aber warum besitzt ihr nicht anstelle des Pferdes eine zweite Kuh?“ – „Ach, mein Mann könnte ohne ein Pferd die Ernte nicht so gut einholen, und gewöhnlich nimmt man in dieser Gegend keinen Esel. Man sagt, dass zurzeit etwas von

[1)] *Sou: Münze*

▲ **„Die Gemüsebäuerin."**
Ölgemälde (82 x 65,5 cm) von Jacques-Louis David, 1789.*

großen Persönlichkeiten für uns, die armen Leute, vorbereitet wird (aber sie wusste nicht durch wen und auf welche Weise); aber Gott möge uns zu Hilfe kommen, denn die Steuern und Abgaben zermalmen uns."
Selbst wenn man diese Frau von nahem sah, hätte man sie auf 60 oder 70 Jahre geschätzt, so gebeugt ging sie und so zerfurcht und von der Arbeit gegerbt war ihr Gesicht. Sie sagte mir, sie sei nur 28 Jahre alt. Ein Engländer, der keine (Auslands-)Reise unternommen hat, kann sich das Aussehen der Mehrheit der französischen Bäuerinnen gar nicht vorstellen. Auf den ersten Blick resultiert dies aus einer schwereren Arbeit als derjenigen der Männer, verbunden mit dem noch größeren Schmerz, eine neue Generation von Sklaven zur Welt zu bringen. Das lässt sie alle Ebenmäßigkeit und Weiblichkeit verlieren.

Die Historikerin Susanne Petersen interpretiert den Bericht von Young 200 Jahre später:

In mehrerer Hinsicht ist der Bericht dieses Engländers mit seinen intimen Kenntnissen der englischen und französischen Agrarverfassung aufschlussreich. Was sagt er uns über die Lebensbedingungen dieser Bäuerin? Mit ihren 28 Jahren, den sieben Kindern und ihren harten Lebensumständen ist sie früh gealtert; physisch wie psychisch zermürbt, denn die Sorgen, das tägliche Überleben der Familie zu sichern, werden immer drückender, da die zu entrichtenden Abgaben, die direkt von der Ernte abgezogen werden, so hoch sind, dass kaum noch etwas davon übrig bleibt. Milchsuppe als Hauptmahlzeit für die Kinder (und Erwachsenen?) scheint darauf hinzuweisen, dass sie aufgrund der schweren körperlichen Belastungen und der großen Kinderzahl kaum noch dazu in der Lage gewesen sein dürfte, die Neugeborenen über einen längeren Zeitraum zu stillen. Die überdurchschnittlich hohe Zahl an Nachkommen spricht dafür, dass diese Familie kaum empfängnisverhütende Maßnahmen traf, wie sie in den Städten, aber auch auf dem Lande immer mehr Verbreitung fanden. Vielleicht lag dies daran, dass die Familie noch sehr katholisch war oder den Drohungen des einflussreichen Dorfpfarrers mehr Glauben schenkte, wofür auch ihre Bemerkung zu sprechen scheint, dass Gott ihre letzte Rettung darstelle; oder der Kinderreichtum nützte dem Unterhalt der Familie mehr, als dass die Zahl der Esser eine größere Last bedeutet hätte. Denn die Kinder waren ja damals nur kurze Zeit von der Mitarbeit befreit und schulische Angebote recht selten.
Unsere Bäuerin sagt sehr richtig, dass ihr Mann einen kleinen Acker besitze, dass ihr Mann dem Grundherrn soundsoviel schulde; denn auch in diesen kleinbäuerlichen Verhältnissen war es so, dass allein der Mann Eigentum bilden, darüber verfügen, es vererben konnte. So definiert sich unsere Bäuerin als Ehefrau und Mutter, die die von ihrem Mann getroffenen Entscheidungen akzeptiert und bestmöglich umzusetzen bemüht ist. Die alltäglichen Sorgen, die verglichen mit dem Mann noch schwerere Arbeit, die die durch

die vielen Schwangerschaften und Geburten körperlich stark geschwächte Bäuerin schon in jungen Jahren haben alt werden lassen, mögen auch – wie Arthur Young einfühlsam beobachtet – aus der Sorge herrühren, die eigenen Kinder nur für fortdauernde sklavenartige Abhängigkeit geboren zu haben.

Andererseits hat unsere Bäuerin Hoffnungen – auf „große Persönlichkeiten", die etwas für die armen Leute, zu denen sie sich ohne jede Scham rechnet, tun wollten. Zweifelsohne spielt sie damit auf die in Versailles tagende Nationalversammlung an bzw. auf die Generalstände, wenn die eigenmächtige Erklärung zur Nationalversammlung noch nicht zu ihr vorgedrungen sein sollte. Für den noch unregelmäßigen Informationsfluss im Land war es bezeichnend, dass sich die neuen einschneidenden Entwicklungen selbst in Regionen, die nur wenige „Posttage" von Paris entfernt waren, in den Anfängen der Revolution nur schleppend zu verbreiten schienen. Dass unsere Frau überhaupt etwas von „großen Persönlichkeiten" wusste, ihr aber sonst nichts Näheres bekannt zu sein schien, deutet darauf hin, dass sie wie die Masse der bäuerlichen Bevölkerung insgesamt die Abfassung der Beschwerdehefte „für bare Münze" genommen hatte und nun darauf vertraute, dass ihre Klagen ernst genommen und für sofortige Abhilfe gesorgt würde.

In all ihrer Einfachheit offenbart diese uns von Arthur Young überlieferte lothringische Bäuerin, wie eng Not und Hoffnung zusammenlagen, wie unabdingbar für sie die Hilfe einflussreicher Männer war, wie sehr sie ihr persönliches Schicksal damit verknüpfte, wie unerträglich die Überreste feudaler Herrschaft für sie waren und dass sie den Untergang mehr fürchtete, als das unbekannte Neue.

Erster Text: Susanne Petersen, Marktweiber und Amazonen. Frauen in der Französischen Revolution, Köln ^{3}1991, S. 24; zweiter Text: Dies., Brot und Kokarden – Frauenalltag in der Revolution, in: Viktoria Schmidt-Linsenhoff (Hrsg.), Sklavin oder Bürgerin? Französische Revolution und Neue Weiblichkeit 1760–1830, Frankfurt am Main 1989, S. 22 f.

Vergleichen Sie Quelle und Interpretation. Beschreiben Sie, wie die Quelle historisch eingeordnet wird.

▲ **Charles Alexandre de Calonne.**
Ölgemälde (149 x 128 cm) von Élisabeth Vigée-Lebrun, 1784.

M5
Reformen sind notwendig

Der 49-jährige Charles Alexandre de Calonne wird 1783 Generalkontrolleur der Finanzen. Er legt Ludwig XVI. im August 1786 einen umfassenden „Plan zur Verbesserung der Finanzen" vor. Um Rückhalt für die notwendigen „Reformen von oben" zu erhalten, wendet er sich vier Monate später mit folgender Denkschrift an die Königin Marie Antoinette.*

Was bleibt demnach übrig, um der schrecklichsten Katastrophe zuvorzukommen? In allen Bereichen der Verwaltung muss eine bessere Ordnung geschaffen, die Missbräuche müssen abgestellt und die Mängel des Staatsaufbaus behoben werden. Diese Maßnahmen müssten unter allen Umständen ergriffen werden, und heute noch ist es möglich, alles in Ordnung zu bringen. Dadurch würde schon im ersten Jahr das Gleichgewicht zwischen Einnahmen und Ausgaben wiederhergestellt, würden die Vorgriffe auf ein vertretbares Maß herabgesetzt, würde das Volk entlastet. Unterlässt man es, sehe ich Misshelligkeiten voraus, die mich schaudern lassen.

Ein Plan aber, der so bedeutende und heilsame Auswirkungen nach sich ziehen soll, ist notwendigerweise sehr vielschichtig und schwer durchzuführen. Er würde seinen Zweck nur erfüllen, wenn er sich auf alle Bereiche der Monarchie erstreckt; er wäre undurchführbar, falls er nicht mit festestem Willen und in feierlichster Form – etwa in Gestalt einer Notabelnversammlung[1] des Königreichs – in Angriff genommen würde. Das wäre die einzig mögliche Methode, dem Widerstand des Parlaments[2] vorzubeugen und allen Einwänden den Boden zu entziehen, indem man das Gesamtinteresse den Einzelinteressen entgegenstellt.

Dieser Plan beruht auf einem Tatbestand, dem jene Regierungsbeamten [...] anscheinend nicht genügend Aufmerksamkeit geschenkt haben: Der Aufbau der Monarchie selbst, die sich durch aufeinanderfolgende und ungemein verschiedenartige Erweiterungen herausgebildet hat; die Unterschiedlichkeit der Verwaltung, die die verschiedenen Provinzen einander entfremdet; schließlich die Buntscheckigkeit, Zusammenhanglosigkeit und mangelnde Einheitlichkeit aller ihrer Landesteile sind die Grundgebrechen ihrer Verfassung. Solange sie fortbestehen, werden sie sich allem Guten, das man ihr angedeihen lassen will, widersetzen und sich dem Gelingen aller Maßnahmen, die ihren Aufbau vervollkommnen können, hindernd in den Weg stellen. [...]

Während ich diesem Prinzip auf den Grund ging, gelangte ich nach langer Untersuchung zu der Überzeugung, dass es mit Nutzen auf alle Bereiche angewendet werden kann:

1. auf die Grundsteuer, um dadurch die Willkür auszuschließen und die Steuerlast durch Abschaffung der Privilegien, die sie ungerechterweise erhöht, zu lindern;
2. auf die Verteilung aller Abgaben an den Staat, um sie sowohl gleichmäßig als auch im richtigen Verhältnis aufzuerlegen und sie auf patriotische Weise unter den Steuerpflichtigen selbst, die durch Versammlungen der Eigentümer vertreten werden, aufzuteilen;
3. auf die Landwirtschaft, um die Frondienste und Plackereien abzuschaffen, die sie noch mehr als die Steuerlasten selbst zugrunde richten;
4. auf den Handel, um ihn von den Zöllen, Behinderungen und vielfachen Tarifen zu befreien, die dem Umlauf der Erzeugnisse aus Landwirtschaft und Gewerbe schaden;
5. auf die Finanzverwaltung, um die Staatseinnahmen durch Abstellung der Missbräuche, die deren Quellen beeinträchtigen, durch Verminderung der Eintreibungskosten, die ihre Erträge aufzehren, durch bessere Nutzung der Krondomänen und durch erweiterte und besser geregelte Verwendung der Kreditmittel zu vermehren.

Diese Punkte sind die Quintessenz des Plans. [...] Ich flehe jedoch die Königin um Unterstützung an, und ich bin ganz sicher, sie zu erhalten, wenn die Königin überzeugt ist, dass der Ruhm dieser Herrschaft, deren Zierde sie ist, das Glück des Königs, mit dem sie das ihrige verbindet, und die Wohlfahrt des gesamten Königreichs, an dessen Dankbarkeit sie Anteil haben wird, ganz wesentlich von diesem großen Unternehmen abhängen, das die denkwürdigste Epoche der Monarchie ausmachen wird.

Walter Markov, Revolution im Zeugenstand. Frankreich 1789–1799, Band 2: Gesprochenes und Geschriebenes, Leipzig ^{2}*1986, S. 11 ff.*

1. *Skizzieren Sie, mit welchen Mitteln Calonne den Staat reformieren will.*

2. *Überlegen Sie, wessen Unterstützung er für die Umsetzung seiner Pläne brauchte.*

---

[1] *Notabelnversammlung: Tagung einflussreicher und angesehener Persönlichkeiten aller drei Stände, die der König einberief, wenn er öffentlichen Rückhalt für seine Politik suchte*

[2] *Gemeint ist der Oberste Gerichtshof.*

▲ **„Das Austern-Essen."**
Ölgemälde (180 x 126 cm) von Jean François de Troy, für das königliche Speisezimmer im Schloss Chantilly, 1735.

▲ **„Die Scheune."**
Ölgemälde (69 x 59 cm) von Hubert Robert, 1760 (Ausschnitt).

Die Gesellschafts- und Staatsordnung am Vorabend der Revolution

Das Königreich Frankreich war am Ende des 18. Jahrhunderts das am dichtesten besiedelte Land Europas. Es bestand aus mehreren Provinzen, in denen verschiedene Sprachen wie Provenzalisch oder Bretonisch gesprochen wurden. Die Einwohnerzahl war zwischen 1715 und 1789 von etwa 18 Millionen auf rund 28 Millionen gestiegen (▸ M1). Die Metropole Paris zählte um 1789 über 700.000 Einwohner und war damit bevölkerungsreicher als die fünf nächstgroßen Städte zusammen. Kulturell gehörte Frankreich zu den führenden Nationen. Architektur, Kunst, Literatur, Philosophie und Wissenschaften galten als vorbildlich. Rund ein Drittel der Bevölkerung konnte lesen und schreiben (in den Städten lag die Alphabetisierungsquote bereits bedeutend höher). Grundlage der absolutistischen Wirtschaft waren die Landwirtschaft, einige Manufakturen und der Kolonialhandel. Binnenzölle und Sonderrechte, verschiedene Maße und Gewichte und wenige ausgebaute Straßen und Kanäle behinderten den landesweiten Austausch.

Die ständische Gesellschaftsordnung galt noch, war aber bereits im Umbruch begriffen. Den Ersten Stand bildete der katholische *Klerus*. Er zählte ca. 130.000 Köpfe und besaß rund 10 % des Grundeigentums. Sein Beitrag zum Staatshaushalt war freiwillig. Der Reichtum des Standes kam aber in erster Linie nur der hohen Geistlichkeit (Bischöfen, Prälaten) zugute, während die Pfarrer und Vikare in den Landgemeinden oft nicht mehr verdienten als die kleinen Bauern.

Den *Zweiten Stand* bildete der *Adel*. Obwohl nur etwa 350.000 Personen dazu zählten, gehörte ihm 25 % des gesamten Grundbesitzes. Er gliederte sich in verschiedene Gruppen (Hofadel, Provinzadel etc.) und hatte Vorrechte bei der Vergabe von hohen Kirchen-, Verwaltungs- und Militärämtern sowie besondere Rechte vor Gericht. Der Adel war zum größten Teil von den Abgaben und den direkten Steuern befreit: Er zahlte lediglich eine geringe Kopfsteuer (*Capitation*) und den Zwanzigsten (*Vingtième*), eine Art Einkommensteuer.

Dem *Dritten Stand* gehörten 98% der Bevölkerung an: *Bauern* und *Bürger*. Seine Steuern und Abgaben – wie zum Beispiel der Kirchenzehnt – stellten die Einkünfte der privilegierten Stände sicher und bildeten die Grundlagen des Staatshaushaltes.
Die sozialen Unterschiede waren innerhalb des Dritten Standes besonders groß. So gehörte statistisch gesehen dem Großbürgertum (0,8% der Bevölkerung) etwa 25% des Grundbesitzes. Alle übrigen auf dem Lande lebenden Franzosen besaßen die restlichen 40% des Bodens. Die Kleinbauern waren auf zusätzliche Erwerbsquellen angewiesen, dabei mussten sie mit den Menschen ohne Grundbesitz konkurrieren.
In den Städten lebten rund 15% der Franzosen. Dort waren das Großbürgertum (Großkaufleute, Bankiers und Unternehmer) und die aufgeklärte Bildungselite (Künstler, Anwälte, Ärzte, Beamte etc.) tonangebend. Die Sorgen der Arbeiter und Dienstboten sowie Ladenbesitzer, Gastwirte und Handwerker fanden kaum Gehör; sie lebten oft am Rande des Existenzminimums.

Die Krise des Absolutismus

Nach dem Tod *Ludwigs XIV.* 1715 bemühte sich der Adel, die Fesseln der absolutistischen Monarchie zu lockern. Die Obersten Gerichtshöfe (*Parlements*), Steuerhöfe und Rechnungskammern sowie die Landtage in den Provinzen versuchten, die Macht in der Gesetzgebung, Rechtsprechung und Verwaltung zurückzugewinnen (➧ M2 und M3). Den rasch wechselnden Regierungen gelang es seit der Mitte des 18. Jahrhunderts nicht, stabilisierende Maßnahmen durchzusetzen. Angeheizt wurde die Krisenstimmung durch außenpolitische Misserfolge: Frankreich erlitt im *Siebenjährigen Krieg* (1756–1763) gegen England zur See sowie auf den Schlachtfeldern in Amerika und Indien schwere Niederlagen. Am Ende war das Kolonialreich stark geschrumpft – und der Prestigeverlust der Krone groß. Die französische Unterstützung des nordamerikanischen *Unabhängigkeitskrieges* (1775–1783) verhalf zwar zur Entstehung der Vereinigten Staaten von Amerika, belastete aber den französischen Staatshaushalt außerordentlich. Hinzu kam, dass die aus Nordamerika heimkehrenden Soldaten und Offiziere die republikanischen Ideen des neuen Staates in Frankreich populär machten.

Adel und Bürgertum nähern sich an

Einzelne aufgeklärte Reformkräfte bemühten sich immer wieder um eine Verbesserung der Staatseinnahmen. Sie hatten 1763 die Forderung der *Physiokraten*[1] nach Freigabe des Getreidehandels verwirklicht. Dies sollte zu Ausgleich und Vereinheitlichung des jährlich schwankenden und regional unterschiedlichen Getreidepreises führen und dadurch gleich nützlich für Verbraucher und Produzenten sein. Doch Missernten, Viehseuchen und damit verbundene Teuerungen führten weiterhin zu Versorgungskrisen und Hungeraufständen. Durchgreifende Reformen waren letztlich ohne Beseitigung der Steuerprivilegien von Adel und Klerus nicht denkbar. Die königlichen Finanzminister bemühten sich um eine Vereinheitlichung der Steuerpflicht. Doch der Klerus wehrte sich heftig. Die hohe Geistlichkeit und die sie unterstützenden Gerichtshöfe, in denen der Amtsadel (*Noblesse de robe*) tonangebend war, erkannten sehr wohl, dass die Reformvorhaben letztlich zur Minderung ihrer Privilegien und einer Angleichung der drei Stände führen würden.

---

[1] *Über die „Physiokraten“ informiert auch Seite 17.*

Gleichwohl befand sich die Ständegesellschaft bereits in einem Auflösungsprozess. Die Krone selbst sorgte für eine ständige Ausweitung der adligen Eliten, indem sie bestimmte Ämter verkaufte. Von 1774 bis 1789 stiegen so etwa 3.500 Bürgerliche in den Amtsadel auf.

Der Adel hatte seine kulturelle Führungsfunktion inzwischen verloren. Die neue Bildungselite war aristokratisch-bürgerlich gemischt. Ihre Wortführer setzten sich ganz im Sinne der Aufklärung gegen Vorurteile, kirchliche Unterdrückung und für politische Freiheit ein. Ihre standesübergreifenden gesellschaftlichen Aktivitäten in den Salons, Akademien und literarischen Gesellschaften trug zum Zerfall der ständischen Ordnung bei.

Adel und Bürgertum waren auch durch den wirtschaftlichen Wandel verbunden. Hatte der Adel früher jede Handelstätigkeit als unstandesgemäß abgelehnt, beteiligte er sich inzwischen an Gewerbebetrieben und Banken oder wurde als Fernhändler und Reeder aktiv. Sogar in der Landwirtschaft waren Adel und Bürger zu Partnern und Konkurrenten geworden.

Trotz oder gerade wegen der allmählichen Auflösung der Standesgrenzen kam es zwischen den Ständen zu Konflikten. Vor allem der alte Adel bestand gegenüber der Krone hartnäckiger denn je auf seine Privilegien und hielt an den obersten Ämtern in Militär-, Staats- und Kirchendienst unnachgiebig fest. Dadurch geriet insbesondere der Hofadel beim Amtsadel und dem aufstrebenden Bürgertum als verschwenderische Müßiggänger- und Schmarozerschicht in immer ärgeren Verruf.

Probleme auf dem Lande

Ökonomische und soziale Umwandlungsprozesse erfuhr auch die Bevölkerung auf dem Land, wo rund 85 % der Menschen lebten. Hohe Grundrenten machten Landbesitz lohnend. So kam es, dass die reichen Stadtbürger ihr Kapital in Grundbesitz anlegen und wie adlige Grundherren große Güter selbst bewirtschafteten oder bewirtschaften ließen. Adlige wie bürgerliche Agrarunternehmer nutzten die alten feudalen Rechte der Grundherrschaft auf Kosten der Bauern voll aus: etwa den Anspruch auf bäuerliche Fronarbeit und Abgaben sowie das Jagd- und Fischereimonopol.

Verschlechtert wurde die Situation der kleinen bäuerlichen Eigenbetriebe noch aufgrund der Realteilungen. Mit dem Bevölkerungsanstieg entstanden so allmählich immer mehr Klein- und Kümmerexistenzen (▶ M4). Die Verarmung zwang die Betroffenen zu Heimarbeit, zum Tagelöhnerdasein auf den Großgütern oder zum Abwandern in die Städte. In manchen Gegenden Frankreichs betrug das zum Teil vagabundierende neue Landproletariat am Vorabend der Revolution bis zu 60 % der Landbevölkerung.

Größe des Besitzes	1 ha	1 bis 5 ha	über 5 ha
Anteil der Bevölkerung	55,3 %	32,1 %	12,6 %

▲ **Verteilung des Grundbesitzes vor der Revolution.**

Nach: Gerd van den Heuvel, Grundprobleme der französischen Bauernschaft 1730–1794, München 1982, S. 40

Wirtschafts- und Finanzkrise der 1780er-Jahre

Als am Ende der achtziger Jahre nach einer langen Phase des Wirtschaftswachstums Missernten mit Absatzproblemen im industriell-gewerblichen Bereich zusammentrafen, stiegen die Lebenshaltungskosten drastisch, während gleichzeitig Aufträge ausblieben und das Lohnniveau fiel. Die eingeleiteten öffentlichen Hilfsprogramme, wie zum Beispiel der Bau von Chausseen, reichten nicht aus, die Notleidenden zu versorgen. Die Folgen waren nicht nur Proteste, Plünderungen und Räubereien, sondern auch eine verbreitete „Unbotmäßigkeit im Volk“. Die Wirtschaftskrise verschärfte die Finanzkrise, in der sich Frankreich am Ende der 1780er-Jahre befand. Ein ständig wachsendes Haushaltsdefizit des Staates war die Folge.

Steuereinnahmen		503[1]
Steuerausgaben	629	
Defizit		126
Die Ausgaben des Staatshaushaltes verteilen sich wie folgt:		
Zivile Ausgaben		145
davon für:		
öffentliche Bildung und Fürsorge	12	
Hofhaltung des Königs und der Prinzen	36	
Pensionen für Adlige	28	
Sonstiges	69	
Ausgaben für das Militär		165
davon für Sold der 12.000 Offiziere	46	
Ausgaben für Zinsen und Tilgung der Staatsschulden		319

▲ **Ein- und Ausgaben des Staates 1788.**
Aus dem Rechenschaftsbericht des Finanzministers Étienne Charles de Loménie de Brienne. Nach: Albert Soboul, Die Große Französische Revolution, Frankfurt am Main ⁵1988, S. 75

Der Machtkampf zwischen Adel und Krone

Die Monarchie hatte zwar schon immer unter der Staatsverschuldung gelitten, doch erst unter *Ludwig XVI.**, der seit 1774 regierte, war aus der finanziellen eine politische Krise des *Ancien régime*[2] geworden. Auch seine Bemühungen, die Stände entsprechend ihren Einkommen gleichmäßig zur Deckung der öffentlichen Lasten heranzuziehen, waren am Widerstand von Klerus und Adel ge-

[1] *Angaben in Mio. Livres*
[2] *Ancien régime: (wörtlich) alte, ehemalige Regierung. Der Begriff wurde während der Französischen Revolution zur Bezeichnung der vorrevolutionären politischen und gesellschaftlichen Zustände geprägt.*

▲ **„Direkte und indirekte Steuern, Frondienste."**
Ausschnitt aus einem 1793 von Jean-Baptiste Letourmi in Orléans verlegten kolorierten Holzschnitt, der vier „Denkwürdige Szenen" aus den Jahren 1789 bis 1791 enthält. Die erste von insgesamt vier Einzeldarstellungen zeigt das Ancien régime als ungerechtes Ausbeutungssystem. Übersetzt lautet die Bildunterschrift: „Früher wurden die Nützlichsten mit Füßen getreten, der Dritte Stand trug die ganze Last."

scheitert. Das hatte 1786 auch sein Finanzminister *Charles Alexandre de Calonne* erfahren müssen (➧ M5). Danach versuchte Ludwig XVI. eine gemeinsame Lösung. Er berief 1787 eine *Notabelnversammlung* nach Versailles ein. Doch die Vertreter der höheren Geistlichkeit, des Hofadels, der Obersten Gerichtshöfe, der Provinzialstände und der Stadtmagistrate erarbeiteten keine Reformen, sondern forderten den Monarchen auf, eine Ständeversammlung (*États généraux*) einzuberufen. Erst dieser Versammlung sollte das Recht eingeräumt werden, über eine neue Steuergesetzgebung zu beraten. Das war eine „Revolte der Privilegierten" gegen den absolutistischen Staat. Ludwig XVI. verweigerte zunächst die Einberufung der *Generalstände* und versuchte, verschiedene Reformgesetze zu erzwingen – ohne Erfolg. Die Mitglieder der Gerichtshöfe des Landes und der Dritte Stand solidarisierten sich. Der Monarch gab nach, nahm die erzwungenen Gesetze zurück und verkündete am 8. August 1788 die Einberufung der Generalstände für den 1. Mai 1789. Das war höchste Zeit, denn eine Woche später, am 16. August, musste der Staat seine Zahlungen vorläufig einstellen. Kurz darauf berief der König *Jacques Necker** zum Finanzminister; er sollte Frankreich aus dem Staatsbankrott holen.

Die Revolution beginnt

▲ **„Erwachen des Dritten Standes."** *Ausschnitt aus einem 1793 von Jean-Baptiste Letourmi in Orléans verlegten kolorierten Holzschnitt, der vier „Denkwürdige Szenen" aus den Jahren 1789 bis 1791 enthält.*
Unter dem Bild steht der Hinweis: „Ich habe zu lange unter der Unterdrückung meiner Feinde gelebt, ich will endlich meine Fesseln sprengen."
• Bestimmen Sie die Personen und Ereignisse auf dem Holzschnitt.

Januar 1789
Emmanuel Joseph Sieyès' Schrift „Was ist der Dritte Stand?" erscheint.

Februar–Mai 1789
Im ganzen Land werden Beschwerdehefte (*cahiers de doléances*) verfasst; in verschiedenen Provinzen finden Hungerrevolten statt.

5. Mai 1789
Ludwig XVI. eröffnet die Generalstände (*États généraux*) in Versailles.

17. Juni 1789
Der Dritte Stand erklärt sich zur Nationalversammlung (*Assemblée nationale*), der sich die anderen Stände anschließen können.

20. Juni 1789
Die Abgeordneten versammeln sich im „Ballhaus" und schwören, sich nicht wieder zu trennen, bevor das Land eine Verfassung hat.

9. Juli 1789
Die Nationalversammlung erklärt sich zur Verfassunggebenden Nationalversammlung (*Assemblée nationale constituante*).

14. Juli 1789
Die Bastille wird gestürmt; sie versinnbildlichte den Despotismus des Ancien régime.

Juli/August 1789
Die „Große Furcht" (*Grande Peur*) führt zu Bauernaufständen in den meisten Provinzen.

M1

„Qu'est-ce que le tiers état?"

Die Flugschrift des 1748 geborenen Emmanuel Joseph Sieyès, der als Geistlicher (Abbé) dem Ersten Stand angehört, entsteht Ende 1788 und wird Anfang 1789 anonym veröffentlicht. Bald kursieren über 30.000 Exemplare. Sie wird zur maßgeblichen „Kampfschrift" des Dritten Standes.*

Der Plan dieser Schrift ist ganz einfach. Wir haben uns drei Fragen vorzulegen.
1. Was ist der Dritte Stand? ALLES.
2. Was ist er bis jetzt in der politischen Ordnung gewesen? NICHTS.
3. Was verlangt er? ETWAS ZU SEIN. [...]

Der Dritte Stand ist eine vollständige Nation. [...] Die öffentlichen Funktionen lassen sich bei den gegenwärtigen Verhältnissen in gleicher Weise allesamt unter vier bekannte Bezeichnungen staffeln: der Degen, die Robe, die Kirche und die Administration. Es wäre überflüssig, sie im Einzelnen durchzugehen, um zu zeigen, dass der Dritte Stand hier überall neunzehn Zwanzigstel ausmacht, mit dem einen Unterschied, dass er mit allem, was wirklich mühsam ist, belastet ist, mit allen Diensten, die der privilegierte Stand sich weigert zu leisten. [...]
Also, was ist der Dritte Stand? Alles, aber ein gefesseltes und unterdrücktes Alles. Was wäre er ohne den privilegierten Stand? Alles, aber ein freies und blühendes Alles. Nichts kann ohne ihn gehen; alles ginge unendlich besser ohne die anderen. [...]
Was ist eine Nation? Eine Körperschaft von Gesellschaften, die unter einem gemeinschaftlichen Gesetz leben und durch dieselbe gesetzgebende Versammlung repräsentiert werden usw.
Ist es nicht zu gewiss, dass der adlige Stand Vorrechte und Befreiungen genießt, die er sogar sein Recht zu nennen wagt und die von den Rechten der großen Körperschaft der Bürger gesondert sind? Dadurch stellt er sich außerhalb der gemeinschaftlichen Ordnung und des gemeinschaftlichen Gesetzes. [...]
Was seine politischen Rechte betrifft, so übt er sie gleichfalls abgesondert aus. Er hat seine eigenen Repräsentanten, die in keiner Weise mit der Vollmacht der Bevölkerung betraut sind. [...]
Der Dritte Stand umfasst [...] alles, was zur Nation gehört; und alles, was nicht der Dritte Stand ist, kann sich nicht als Bestandteil der Nation ansehen. Was also ist der Dritte Stand? ALLES.
Was ist der Dritte Stand bis jetzt gewesen? Nichts.
[...] Unter dem Dritten Stand muss man die Gesamtheit der Bürger verstehen, die dem Stand der gewöhnlichen Leute (l'ordre commun) angehören. Alles, was durch das Gesetz privilegiert ist, einerlei auf welche Weise, tritt aus der gemeinschaftlichen Ordnung heraus, macht eine Ausnahme für das gemeinschaftliche Gesetz und gehört folglich nicht zum Dritten Stand. [...] Der Dritte Stand hat also keinerlei politische Rechte. [...]
Was verlangt der Dritte Stand? Etwas zu werden. [...] Man kann die wirklichen Forderungen des Dritten Standes nur nach den authentischen Beschwerden beurteilen, welche die großen Stadtgemeinschaften (municipalités) des Königreichs an die Regierung gerichtet haben. Was sieht man da? Dass das Volk etwas sein will, und zwar nur das Wenigste, was es sein kann. Es will haben 1. echte Vertreter auf den Generalständen, das heißt Abgeordnete, die aus seinem Stand kommen und die fähig sind, die Interpreten seines Willens und die Verteidiger seiner Interessen zu sein. [...] Es verlangt weiter 2. eine Zahl von Vertretern, die derjenigen ebenbürtig ist, welche die beiden anderen Stände zusammen besitzen. Diese Gleichheit der Vertretung wäre indessen völlig illusorisch, wenn jede Kammer eine eigene Stimme besäße. Der Dritte Stand verlangt deshalb 3., dass die Stimmen nach Köpfen und nicht nach Ständen gezählt werden.

Emmanuel Joseph Sieyès, Politische Schriften 1788–1790, übersetzt und herausgegeben von Eberhard Schmitt und Rolf Reichardt, München [2]1981, S. 119 ff.

Nennen Sie die Legitimationsgrundlage, die den ersten beiden Ständen fehlt. Welche Gedanken bringt Sieyès damit in die politische Diskussion?

◀ **„Man muss hoffen, dass dieses Spiel bald endet."**
Anonyme kolorierte Radierung (26 x 21,5 cm), 1789. Auf den Zetteln, die aus der Hosentasche des Bauern hängen, sind Steuern und Frondienste vermerkt. Auf seiner Hacke steht: „Mit Tränen getränkt". Die Inschrift auf dem Schwert des Adligen lautet: „Von Blut gerötet". Die Tauben und Kaninchen verweisen auf die Vorrechte der Grundherren, nur sie durften Tauben halten und auf die Jagd gehen. Den Bauern war es verboten, diese Tiere zu töten, auch wenn sie Schaden auf den Feldern anrichteten.

- *Verfassen Sie zu dem Bild einen Beschwerdebrief eines Bauern an seinen Grundherrn.*

M2

Aus den Beschwerdeheften (cahiers de doléances)

Als Ludwig XVI. am 24. Januar 1789 die Wahlordnung für die Generalstände erlässt, fordert er die Bewohner des Landes auf, den zu wählenden Ständevertretern Forderungen und Wünsche mitzuteilen, damit sie in der Versammlung dann erörtert werden können. Etwa 40.–60.000 von circa 400.000 „cahiers" sind erhalten geblieben. Sie sind oft nach vorgefertigten Mustern von Frauen und Männern verfasst worden. Ihre Verfasser unterscheiden sich deutlich vom Durchschnitt der Bevölkerung. Unabhängig davon liefern sie ein treffendes Bild der rechtlichen und politischen Situation vor der Revolution.*

Die Einwohner des Kirchspiels Lignères-la-Doucelle in der Normandie fordern:

Die genannten Einwohner verlangen, dass es im Königreich nur noch zwei Steuern geben soll, die eine auf Grund und Boden, die andere auf das Gewerbe. [...]
Dass das Salz zur gewöhnlichen Handelsware wird.
Dass alle Herren, Adligen und anderen Privilegierten, die ihre Güter für sich bewirtschaften oder sie in irgendeiner Form durch Bevollmächtigte bewirtschaften lassen, auf diese Güter ebenso Steuern zahlen wie der Bürgerliche.
Dass die Herrenrechte für ablösbar erklärt werden, und zwar auf zwanzig oder, wenn man will, auf dreißig Jahre, soweit die Verträge über den Erwerb nicht bereits anderweitige Einschränkungen enthalten. Dass der Mühlenzwang nicht mehr geübt wird, sondern jeder frei ist, sein Korn mahlen zu lassen, wo es ihm gefällt. [...]
Dass die dem Grundherrn geschuldeten Frondienste abgeschafft werden, und ebenso die Erklärungen und feierlichen Unterwerfungen, sobald die Herrenrechte abgelöst worden sind.
Dass alle grundherrlichen Gerichtsbarkeiten aufgelöst werden oder zumindest aus mehreren ein Sprengel gebildet wird. [...]
Dass die Söhne adelsmäßig lebender Bürgerlicher zum Militärdienst in gleicher Weise zugelassen werden wie der Adel.
Dass der König niemandem für sich und seine Nachkommen Adelstitel verleiht, sondern nur dem, der es selbst verdient hat. Dass kein Adel mit einem Amt oder sonst wie verliehen wird, außer für Waffentaten oder dem Staat geleistete Dienste. [...]
Dass die Inhaber geistlicher Pfründen für ihr weltliches Einkommen die gleichen Steuern auf Grund und Boden zahlen wie die anderen Einwohner auf ihre Güter. [...]
Dass für alles Korn im Königreich ein fester Preis festgelegt wird oder vielmehr die Ausfuhr in andere Länder nur gestattet sein soll, wenn der Preis zu niedrig wird.

In dem Beschwerdeheft der Perückenmacher-, Schreiner-, Hufschmiede-, Schlosser-, Nagelschmiede-, Sattler-, Wagenschmiede-, Fleischer-, Schweinemetzger-, Schneider-, Schuhmacher- und Webermeister der bretonischen Kleinstadt Quimper sowie der Bäcker, Gastwirte, Gärtner, Maurer, Dachdecker und Tagelöhner dieser Stadt steht:

Nachdem wir uns auf Einberufung durch die Beamten der Stadt versammelt haben, um unser Beschwerdeheft anzulegen, flehen wir Ew. Majestät an, dieses entgegenzunehmen, und bitten Ew. Majestät, in Dero väterlichen Sorge um die Linderung des Loses des Volkes in Stadt und Land fortzufahren, und haben beschlossen:

1. Dass die Person des Königs als geheiligt angesehen werde und das Erbrecht auf die Krone unveräußerlich bei seinem Hause liege.
2. Zu verlangen, dass eine auf Grundgesetzen beruhende Verfassung geschaffen werde; dass nur die ordentlich einberufene Versammlung der Nationen das Recht haben soll, diese Gesetze nach dem Gefallen des Königs zu erneuern oder zu ändern.
3. Dass gewährt werde, dass die Generalstände alle sechs Jahre oder in anderen Zeitabständen, die dem Wohl der Monarchen dienlich erscheinen, regelmäßig einberufen werden.
4. Dass bei den Generalständen nach Köpfen abgestimmt werde und dass, falls die anderen zwei Stände in diesem Punkt die geringsten Schwierigkeiten machen sollten, die Abgeordneten des Dritten Standes, der die Nation ist, sich unter Protest zurückziehen sollen. [...]

7. Dass die Steuern ohne Unterschied von den Bürgern aller Stände erhoben werden. [...]

9. Dass unsere Abgeordneten weder Adlige noch Geadelte oder Prälaten sein noch zu den Beamten oder Beauftragten der Adligen und Prälaten gehören dürfen. [...]

11. Dass Angehörige des Dritten Standes, die Anstand, Talent und Tugenden gezeigt haben, Zugang zu den militärischen und zivilen Stellungen erlangen, deren sie sich würdig erwiesen haben. [...]

20. Dass ein Gesetz erlassen werde, das im Interesse von Handel und Wandel das Ausleihen von Geld gegen Zinsen gestattet, und dass um der Beruhigung der Gewissen willen die kirchlichen und staatlichen Gesetze in dieser Hinsicht übereinstimmen. [...]

22. Dass es im ganzen Königreich gleiche Maße und Gewichte geben soll und künftig alle Gesetze von den Provinzständen geprüft werden sollen.

In einer Bittschrift an die Generalstände fordern Frauen im Frühjahr 1789:

Wir fordern, unterrichtet und gebildet zu werden, Berufe zu haben, nicht um uns das Ansehen (Autorität) der Männer anzueignen, sondern um von ihnen mehr geachtet zu werden, um die Mittel zu haben, vor dem Elend geschützt zu leben [...].

Wir bitten Sie inständig [...] kostenlos Schulen zu errichten, wo wir unsere Sprache von Grund auf lernen können, die Religion und die Moral [...]. Wir fordern, aus unserer Unwissenheit herauszukommen, um unseren Kindern eine gesunde und vernunftmäßige Erziehung zu geben, um sie zu würdigen Untertanen zu machen.

Erster und zweiter Text: Ulrich Friedrich Müller (Hrsg.), Die Französische Revolution 1789–1799. Ein Lesebuch, München 1988, S. 30–34 (gekürzt); dritter Text: Ruth Ferrari u. a., Frauen fordern ihre Rechte 1789–1795, in: Helga Grubitzsch u. a. (Hrsg.), Grenzgängerinnen. Revolutionäre Frauen im 18. und 19. Jahrhundert, Düsseldorf 1985, S. 271 f.

1. *Nennen Sie die Forderungen, die in einem direkten Bezug zu den ländlichen und städtischen Lebensverhältnissen stehen.*
2. *Vergleichen Sie die ländlichen und städtischen Beschwerden. Was sagen sie über die jeweilige politische und wirtschaftliche Situation der Bevölkerung aus?*
3. *Gegen wen richten sich die Forderungen von Bauern und Bürgern in erster Linie?*
4. *Erläutern Sie die Forderungen der Frauen.*

M3

Der Ballhausschwur

Am 17. Juni 1789 erklären sich die Männer des Dritten Standes, dem sich inzwischen auch 19 geistliche Abgeordnete angeschlossen hatten, mit 490 gegen 90 Stimmen zur Nationalversammlung (Assemblée nationale):

Die Versammlung erklärt [...], dass das gemeinsame Werk der nationalen Neuordnung unverzüglich von den anwesenden Abgeordneten in Angriff genommen werden kann und muss und dass diese sich ihm ohne Unterbrechung und Behinderung widmen sollen.

Die Bezeichnung Nationalversammlung ist die einzige, welche bei der gegenwärtigen Lage der Dinge der Versammlung zukommt,

- erstens, weil ihre Mitglieder die einzigen öffentlich und gesetzlich anerkannten sind;
- zweitens, weil sie auf direktem Wege von der überwiegenden Mehrheit der Nation entsandt sind;
- drittens schließlich, weil bei der einen und unteilbaren Natur der Volksvertretung kein Abgeordneter, innerhalb welches Standes oder welcher Klasse er auch gewählt sei, das Recht hat, seine Funktion losgelöst von der gegenwärtigen Versammlung auszuüben.

Die Versammlung wird die Hoffnung nie aufgeben, alle heute noch abwesenden Abgeordneten in ihrem Kreise versammelt zu sehen; sie wird nicht müde werden, sie zur Erfüllung der ihnen auferlegten Verpflichtung, an der Abhaltung der Generalstände mitzuwirken, zu ermahnen.

Walter Grab (Hrsg.), Die Französische Revolution. Eine Dokumentation, München 1973, S. 31

Der Historiker Eberhard Schmitt bezeichnete 1976 den „Ballhausschwur" als den ersten revolutionären Akt des Jahres 1789. Nennen Sie mögliche Gründe für seine Bewertung. Berücksichtigen Sie dabei auch M1 (Seite 31) und M4.

M4

Die Macht des Bildes

Der Historiker Thomas Hertfelder liefert erste Hinweise zur Interpretation von Davids Darstellung des Ballhausschwures (siehe Seite 35):*

Abweichend vom realen Verlauf kehrt der auf einem improvisierten Tisch stehende Versammlungspräsident Jean Sylvain Bailly, der den Eid verliest, der Nationalversammlung den Rücken und wendet sich an das imaginäre Publikum. Jeder künftige Betrachter des Bildes – David hatte die Abgeordneten späterer Nationalversammlungen vor Augen – wird zum potenziellen Subjekt des revolutionären Aktes und somit Teil der souveränen Nation. Zeitgenössischen Betrachtern indes simulierte der Bühneneffekt des Bildes eine vertraute Kommunikationssituation: Zu Beginn der Revolution waren Pariser Theater bevorzugte Foren zur Diskussion und Verbreitung der neuen Ideen. Im Rückgriff auf das antike Modell des Bürgereids machten die Abgeordneten eine damals hochaktuelle politische Denkfigur sinnfällig – den Zusammenschluss Gleicher aus freien Stücken. Indem David den sichtbaren, aber vorübergehenden Akt des Schwures im Bild festhält, stellt er dieses Programm in einer dramatischen Szenerie auf Dauer. Anhand von individuellen Physiognomien konnten Zeitgenossen 50 prominente Abgeordnete identifizieren, etwa neben Mirabeau, Danton, Robespierre auch solche, die sich am 20. Juni 1789 nachweislich nicht im Ballhaus aufgehalten haben. Die Historienmalerei arbeitet gerne mit derlei Fiktionen. [...]
Eine Schlüsselszene für das politische Programm des Bildes spielt sich rechts vorne ab. Ein Abgeordneter versucht, die Hand seines auf einem Stuhl sitzenden Nebenmannes, der offenbar den Eid verweigert, nach oben zu reißen und wird daran aber von einem Dritten mit einer erklärenden Geste gehindert. Der Akt des Zusammenschlusses zu einem souveränen politischen Körper muss nämlich freiwillig erfolgen, und er artikuliert sich nicht nur als die Summe von Einzelwillen, sondern, wie die gleichgerichteten Gesten zeigen, als überindividueller Gesamtwille. [...]

▲ **„Le Serment du Jeu de Paume."**
Lavierte Federzeichnung (66 x 101 cm) von Jacques-Louis David, September 1791 (Ausschnitt).
Im Herbst 1790 beschloss die „Gesellschaft der Verfassungsfreunde" mit Unterstützung der Nationalversammlung ein Gemälde vom Ballhausschwur in Auftrag zu geben. Es sollte im Versammlungssaal der Assemblée nationale angebracht werden. Der Maler Jacques-Louis David legte im September 1791 gemeinsam mit anderen Künstlern Entwürfe vor. Er erhielt auf der Grundlage der hier abgedruckten Zeichnung den Auftrag für ein Kolossalgemälde von etwa 650 cm Höhe und 1.000 cm Breite. David unterbrach die Arbeit an dem Projekt im Spätsommer 1792 aus politischen Gründen; 1801 gab er es endgültig auf. Im Vordergrund: Die Verbrüderung eines katholischen Mönches mit einem protestantischen Pfarrer und einem Weltgeistlichen.

Unter der linken Galerie drängen sich rechts neben der zweiten Säule einige Gestalten mit finsterer Miene und phrygischen Mützen auf dem Kopf: Sansculotten[1]. Sie werden von Soldaten zurückgehalten, und ihr Gesichtsausdruck lässt erkennen, dass ihnen der Vorgang im Ballhaus, den sie nicht einmal richtig sehen können, fremd bleibt. Die Sansculotten waren beim Ballhausschwur 1790 nicht dabei und werden noch in Davids Bildkonzeption des Jahres 1791 nachdrücklich aus der revolutionären Elite der Freien und Gleichen ausgeschlossen. Ausgeschlossen werden scheinbar auch die Frauen; die schwörenden Abgeordneten sind selbstverständlich allesamt Männer. Im Unterschied zu den Sansculotten nehmen die Frauen aber auf den oberen Galerien gestisch und mimisch am Geschehen teil – links oben vor allem im Kontrast zu den vom Sturm abgelenkten Männern. [...]

Verlängert man die Linie des Blitzes, der in die – vom Ballhaus aus übrigens nicht sichtbare – königliche Hofkapelle einschlägt, so trifft sie genau auf die erhobene rechte Hand des Versammlungsleiters Bailly. Über den Blitz werden die politische Handlung und das Naturgeschehen zeichenhaft miteinander in Beziehung gesetzt: Der freiwillige Zusammenschluss der 629 Abgeordneten vollzieht sich wie ein Naturereignis. Das Bild nimmt so Bezug auf die zeitgenössische Diskussion über das Verhältnis von Natur und Geschichte.

Thomas Hertfelder, Die Macht der Bilder. Historische Bildforschung, in: Andreas Wirsching (Hrsg), Oldenbourg – Geschichte – Lehrbuch: Neueste Zeit, München 2006, S. 282 f.

Überlegen Sie, welche zusätzlichen Informationen für eine weitergehende Interpretation des Bildes notwendig wären (siehe auch hierzu den Methoden-Baustein „Historiengemälde interpretieren" auf den Seiten 100 bis 103).

---

1) Sans-culottes (franz.): ohne (die teueren Kniebund-)Hosen; Hinweis auf die Angehörigen der städtischen Volksbewegung, die vor allem aus dem Kleinbürgertum stammten; siehe M5 und M6, S. 82 f.

▲ **Mirabeau.**
Kolorierter Kupferstich von Louis Pierre Henriquet-Dupont, 1847.

M5

Graf Mirabeau leistet Widerstand

Am 23. Juni 1789 empfängt der König die Abgeordneten aller drei Stände, verspricht Reformen, die aber offensichtlich die Privilegien der Stände nicht antasten wollen. Er entlässt sie mit dem Befehl:

Ich ordne an, meine Herren, dass Sie sich sofort trennen und morgen Früh jeder in die seinem Stand angewiesenen Räume verfügen, um Ihre Sitzungen dort aufzunehmen. Ich ordne demgemäß an, dass der Großmeister der Zeremonien die Säle vorbereiten lässt.

Damit verurteilt der König die Beschlüsse der Nationalversammlung. Der Adel und ein Teil des Klerus folgen dem König. Die reformbereiten Abgeordneten bleiben auf ihren Plätzen sitzen. Als der Zeremonienmeister sie im Namen des Königs auffordert, den Saal zu räumen, steht Graf Mirabeau auf und sagt zu ihm:*

Ja, mein Herr, wir haben die Absichten vernommen, die man dem König eingegeben hat, und Sie, der Sie nicht sein Vertreter bei den Generalständen sein könnten, der Sie hier weder Sitz noch Stimme haben noch Rederecht, Ihre Sache ist es nicht, uns seine Worte in Erinnerung zu rufen. Um jedoch jeden Zweifel und jede Verzögerung zu vermeiden, erkläre ich Ihnen, wenn Sie den Auftrag haben uns hinauszuweisen, so müssen Sie Befehle verlangen zur Gewaltanwendung, denn wir verlassen unsere Plätze nur auf die Gewalt der Bajonette.

Die Abgeordneten rufen einstimmig: „Das ist der Wille der Versammlung." Der Zeremonienmeister zieht sich zurück. Mirabeau ergreift erneut das Wort:

Heute segne ich die Freiheit dafür, dass sie in der Nationalversammlung so schöne Früchte reifen ließ. Sichern wir unser Werk, indem wir die Person der Abgeordneten der Generalstände für unverletzlich erklären. Das heißt nicht, Furcht zu bezeugen; das heißt mit Vorsicht handeln: Es bedeutet, die gewaltsamen Ratschläge in der Umgebung des Thrones zu zügeln.

Am 27. Juni gibt Ludwig XVI. schließlich nach; er fordert die Vertreter des Adels und Klerus auf, sich den Abgeordneten der Nationalversammlung anzuschließen.

Mirabeau „Der Redner der Revolution". Reden, Briefe, Schriften, herausgegeben und übersetzt von Horst Günther, Frankfurt am Main 1989, S. 181 f.

1. *Der Historiker Ernst Schulin bezeichnete 1988 das Verhalten Mirabeaus als „genial". Erläutern Sie diese Aussage.*
2. *Beurteilen Sie das Verhalten des Monarchen.*

M6
Berichte und Einschätzungen

Der englische Arzt Dr. Edward Rigby hält sich seit Anfang Juli als Tourist in Paris auf. Seiner Familie schreibt der 42-Jährige am 14. Juli 1789 über die Erstürmung der Bastille:

Die [...] Kunde von diesem außerordentlichen Ereignis brachte einen in der Tat unbeschreiblichen Eindruck auf die Menge hervor. Auf einen Schlag brach der tollste Jubel los; jede erdenkliche Art, in der sich die entzücktesten Freudengefühle äußern können, waren allenthalben zu sehen und zu hören. Rufe und Schreie, Springen und Umarmen, Lachen und Weinen, jeder Ton und jede Geste, nicht ausgeschlossen Äußerungen, die nervösen und hysterischen Zuständen nahekamen, offenbarten in der bunt durcheinandergemischten Menge ein so augenblickliches und einstimmiges Aufwallen äußerster Freude, wie es, sollte ich meinen, nie zuvor von Menschenkindern erlebt worden ist. Wir wurden als Engländer erkannt; wir wurden umarmt als freie Männer, „denn die Franzosen", sagten sie, „sind jetzt ebenso gut frei als ihr; künftig sind wir keine Feinde mehr, wir sind Brüder, und nie mehr soll ein Krieg uns trennen".

Am 19. Juli notiert er in einem Brief:

Ich bin Zeuge der außerordentlichsten Revolution gewesen, die vielleicht jemals in der menschlichen Gesellschaft stattgefunden hat. Ein großes und weises Volk kämpfte für die Freiheit und Rechte der Menschheit; sein Mut, seine Umsicht und seine Ausdauer sind mit Erfolg belohnt worden, und ein Ereignis, das zum Glück und Gedeihen von Millionen ihrer Nachkommen beitragen wird, ist mit sehr geringem Blutverlust und mit einer Unterbrechung der Alltagsgeschäfte von nur wenigen Tagen eingetreten.

Der englische Botschafter Lord Dorset berichtet am 16. Juli 1789 aus Paris an den Duke of Leeds:

▲ **Die Bastille wird gestürmt.**
Öl auf Leinwand, Spiegelglas (88,5 x 73 cm), um 1790. Am 14. Juli 1789 machten sich etwa 7.000 Einwohner von Paris auf den Weg zur Bastille, wo sie ein Waffenlager vermuteten. Mit den Kerkern der zwischen 1370 und 1382 als Bollwerk am nördlichen Stadtrand von Paris errichteten Feste hatten einige Kritiker des Ancien régime wie Voltaire früher unfreiwillig Bekanntschaft machen müssen. Seit 1784 plante Ludwig XVI. den Abriss des Gefängnisses.

Auf diese Weise, Mylord, hat sich die größte Revolution der bisherigen Geschichte vollzogen, und wenn man sich deren Bedeutung vor Augen führt, so hat sie nur relativ wenig Blut gekostet. Von diesem Augenblick können wir Frankreich als ein befreites Land betrachten, den König als einen Monarchen mit sehr eingeschränkter Macht, und der Adel ist mit dem Rest der Nation auf ein Niveau gerückt.

Erster Text: Ulrich Friedrich Müller (Hrsg,), a. a. O., S. 49; zweiter Text: Erich Pelzer, 14. Juli 1789 – Geschichte und Mythos eines denkwürdigen Tages, in: Wolfgang Krieger (Hrsg.), Und keine Schlacht bei Marathon. Große Ereignisse und Mythen der europäischen Geschichte, Stuttgart ^{2}2006, S. 194; dritter Text: Winfried Schulze, Der 14. Juli – Legenden eines Tages, in: Frankfurter Rundschau vom 15. Juli 1989, S. B 2

Vergleichen und bewerten Sie die Berichte über den 14 Juli. Berücksichtigen Sie dabei die Quellengattung.

M7
Unruhen in der Provinz

Im Elsass ereignet sich „im Kleinen, was Paris ... im Großen erlebte", so ein zeitgenössischer Zeitungsbericht aus Straßburg. Dort hat die Bevölkerung gegen die Stadtverwaltung die Senkung der Brot- und Fleischsteuer (Accise) durchgesetzt. Zwei Tage später flammen die Proteste wieder auf.

Straßburg, den 23. Juli. Eine Sage verbreitet sich, die von dem Magistrat erzwungene Verminderung der Accise werde nach der Versicherung einiger Magistratspersonen nicht gehalten und alles beim Alten bleiben. Das Volk lief deshalb gestern abermalen zusammen. Nach vielen Wortwechseln stürmte man vorgestern Nachmittag das Rathaus, worin aber niemand war, mit Steinen, man erstieg es mit Leitern und um halb 8 Uhr war aller Hausrat, Gemälde, Gelder und Papiere zu den Fenstern hinausgeworfen, zerstört und verbrannt. Das Dach wurde fast ganz abgehoben. [...] Die 3 Stadtwägen zog man auf den Paradeplatz und zerschlug sie. Die Fässer in dem Rathauskeller [...] wurden eingeschlagen und die Leute wateten in Wein bis an die Knie. Bei dem Haufen waren gegen 600 Landstreicher und Räuber, die sich seit einigen Tagen hier eingeschlichen hatten. Schade besonders für die unersetzlichen zerstörten Archive! [...]
Gestern ließ man die Zünfte zusammenkommen, um das Zugesagte noch einmal heilig zu versichern. Jetzt trägt unsere ganze Bürgerschaft eine weiße Binde um den Arm mit Erlaubnis des Kommandanten. Sie ist bewaffnet und patrouilliert harmonisch mit dem Militär Tag und Nacht durch die Straßen. Alle Tore sind stark besetzt. Niemand darf aus- oder eingehen. Gegen 400 Aufrührer sind schon ergriffen. Man fand bei ihnen viele gestohlene Sachen und Geld. Diesen Abend werden viele gehenkt.
Dergleichen Aufstände sollen auch im übrigen Elsass sein; zu Belfort, Colmar, Schlettstadt und Hagenau, wo die öffentlichen Gebäude verbrannt wurden, ja sogar in Dörfern.

Schwäbischer Merkur, Nr. 89 vom 27. Juli 1789, S. 302

1. *Arbeiten Sie heraus, wie es zu dem erneuten Aufstand kommt. Gegen welche Dinge richtet sich die Gewalt?*
2. *Erklären Sie, warum sich die Bürgerschaft mit dem Militär verbündet.*
3. *Versuchen Sie eine Bewertung: Aus welchen Gründen brechen in der Hauptstadt Paris und in der Provinz 1789 revolutionäre Unruhen aus?*

M8
Die „Große Furcht" auf dem Lande

Der Gendarmeriekommandant Duguey berichtet am 28. Juli 1789 einem königlichen Beamten aus dem Städtchen Clermont nördlich von Paris:

Ich habe die Ehre, Ihnen von ganz außergewöhnlichen Unruhen zu berichten, die wir gestern hier gehabt haben und die sich unglücklicherweise ziemlich weit ausgebreitet haben müssen, wenn man bedenkt, welche Wirkungen sie hier hervorgebracht haben.
Am Sonntagabend haben Wilderer einen ziemlich heftigen Streit mit Flurhütern auf dem Gebiet des 4 Meilen von hier entfernten Estrées-Saint-Denis gehabt. Die Bewohner dieses Kirchspiels, die wie alle Leute auf dem Lande stets meinen, man könne kommen und ihr Korn abschneiden, haben die Auseinandersetzungen zwischen Wilderern und Flurhütern aus der Ferne beobachtet und geglaubt, das seien böse Menschen, die gekommen seien, ihre Äcker zu verwüsten. Sie haben Sturm geläutet und alle Einwohner versammelt. Die Nachbargemeinden taten das gleiche, sodass ich gestern um sieben Uhr früh einen ersten Boten empfing, der mir meldete, eine Bande von 200 Mann befände sich derzeit auf dem Gebiet von Sacy-le-Grand und sei dabei, das Korn abzuschneiden.
Ich habe sogleich der hiesigen Abteilung des Regiments Royal Bourgogne sowie der berittenen Brigade der Gendarmerie Befehl gegeben, die Pferde zu satteln. Als ich selbst gerade aufsitzen wollte, kamen weitere Boten von verschiedenen Seiten, aus Neuville und Estrées-Saint-Denis, um mir zu sagen, bei ihnen werde alles verwüstet. Ich hätte sie beinahe ins Gefängnis werfen las-

sen, weil nicht einer von ihnen aus eigener Anschauung von der Tat wusste, sondern immer nur vom Hörensagen. Während ich durch die Stadt ritt, erlebte ich, welche Wirkung die Angst haben kann, wenn sie sich einmal der Gemüter bemächtigt hat. Man sah nichts als heulend mit ihren Kindern flüchtende und alles Hab und Gut schleppende Weiber; andere verschlossen eben ihre Türen und Fensterläden und schickten sie an, es ihnen gleichzutun. Ich hatte mich an die Spitze des Detachement[1] gesetzt und stieß nun auf die gesamte Bürgerwehr unter Waffen, mit Gewehren, Äxten, Dreschflegeln und allem, was sie hatten finden können. Alle Damen und Frauen weinten und wimmerten, und in diesem Augenblick wurde mir gemeldet, 4.000 dieser Landstreicher seien von Nointel her schon beinahe hier in Clermont angelangt. Ich mochte noch so laut darauf hinweisen, dass dies ganz unmöglich sei, niemand wollte mir glauben.

Ulrich Friedrich Müller (Hrsg.), a. a. O., S. 53 f.

Überlegen Sie, welche Möglichkeiten der Staat hatte, wirksam auf die „Große Furcht" zu reagieren. Entwickeln Sie verschiedene Strategien.

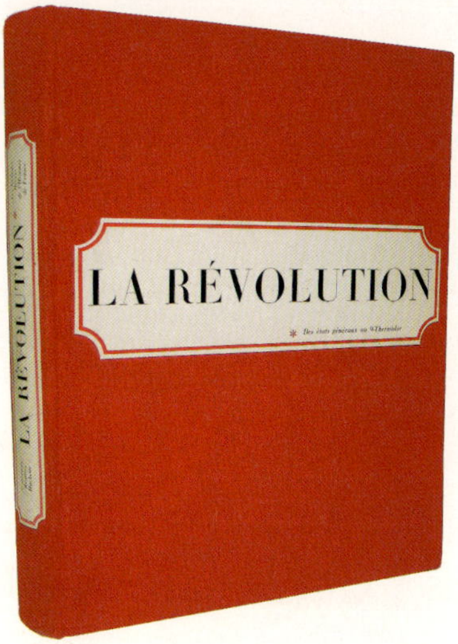

▲ **„La Révolution. Des états généraux au 9-Thermidor."**
Einband des 1. Bandes der Revolutionsgeschichte von François Furet und Denis Richet, Paris 1965.

M9

Wie lassen sich die Ereignisse vom Sommer 1789 erklären?

*Zu den einflussreichsten Revolutionshistorikern der Gegenwart zählt François Furet (*1927). Er hat gemeinsam mit dem gleichaltrigen Denis Richet 1965/66 das Werk „La Révolution" verfasst, das in alle wichtigen Sprachen der Welt übersetzt worden ist und mittlerweile als „Klassiker der modernen Geschichtsschreibung" gilt.*

Denn es gibt nicht so etwas wie eine Revolution vom Sommer 1789, es gibt nicht einmal mehrere aufeinanderfolgende Revolutionen. Es sind drei teleskopartig ineinandergeschobene, gleichzeitige und selbstständige Revolutionen gewesen, die den ganzen Zeitplan der aufgeklärten Reformvorstellungen durcheinandergebracht haben: die Revolution der Versammlung, die Revolution in Paris und in den großen Städten, die Revolution auf dem Lande. Nur die erstgenannte ist das Ergebnis aus klarem politischem Bewusstsein gefasster Entscheidungen für und durch die Gesellschaft von morgen. Die beiden anderen vermengen Vergangenheit und Zukunft, Heimweh nach der guten alten Zeit und vage Vorstellungen davon, wie die Dinge einmal aussehen sollten. Die Konjunktur, weniger die Philosophie hat sie ausgelöst, sie hängen dem alten Traum der Armen vom tausendjährigen Reich des Menschheitsglücks mindestens ebenso sehr nach wie den aufklärerischen Ideen des Jahrhunderts. Vor allem geben sie der neuen Krise des Ancien régime eine andere Dimension, indem sie die Kehrseite der Medaille enthüllen: Ungeduld und Leidenschaft des Volkes.

François Furet und Denis Richet, Die Französische Revolution, München o. J. [1980], S. 126 f.

1. *Erläutern Sie die Ereignisse, auf die sich die Aussagen der Autoren beziehen.*
2. *Nehmen Sie Stellung zur Bewertung der Revolutionsursachen. Überlegen Sie, ob es auch andere plausible Erklärungsmöglichkeiten gibt.*

[1] *Detachement: für besondere Aufgaben abkommandierte Truppenabteilung*

▲ **Eröffnung der Generalstände am 5. Mai 1789 im Hôtel des Menus-Plaisirs in Versailles.**
Ölgemälde (400 x 715 cm) von Auguste Couder, 1839.
Der König thront über den etwa 1.100 Abgeordneten der drei Stände (oben links). Zu seiner Rechten sitzen die Angehörigen des Ersten, zu seiner Linken des Zweiten und im Parkett des Dritten Standes. Am Pult in der Mitte spricht Finanzminister Jacques Necker.*

Die Einberufung der Generalstände und die Bewegung der Ideen

Die Einberufung der *Generalstände* (*États généraux*) war bekannt gegeben worden, ohne folgende Fragen zu regeln: Wie sollte das Wahlrecht aussehen, eingeschränkt oder allgemein? Wie hoch sollte die Zahl der Abgeordneten jedes Standes sein? Sollten die Stände getrennt oder vereint abstimmen? Die Regierung stellte diese Probleme nun der Öffentlichkeit zur Diskussion. Alle „Gelehrten und anderen gebildeten Personen" Frankreichs wurden aufgefordert, zu den Fragen der „nationalen Erneuerung" Stellung zu nehmen. Eine Flut von Zeitungsartikeln, Flugschriften, Streit- und Schmähschriften sowie gelehrte Abhandlungen folgten. Die öffentliche Auseinandersetzung war geprägt vom Geist der *Aufklärung*, jenem Glauben an die universelle Herrschaft der Vernunft, der Einzug in die Bildung der adligen und bürgerlichen Gesellschaft in Europa gefunden hatte.

„Krieg der Privilegierten und den Privilegien"[1)]

Die anfängliche Solidarität zwischen den Vertretern des *Adels* und des *Dritten Standes* hatte schon auf der zweiten Notabelnversammlung im September 1788 ein Ende gefunden. Die Vertreter des Obersten Gerichtshofes von Paris und die führenden Geistlichen wollten, dass in den Generalständen wie vor rund 175 Jahren getrennt beraten und abgestimmt werden sollte. *Klerus* und Adel waren damit jederzeit in der Lage, den Dritten Stand mit 2:1 zu überstimmen. Der Dritte Stand hatte deshalb die Verdoppelung seiner Abgeordnetenmandate und eine standesübergreifende Abstimmung gefordert.

---

1) Die Losung stammt aus einem am 16. August 1788 verfassten Brief des 39-jährigen Grafen von Mirabeau. Er war eine der schillerndsten Figuren in der ersten Phase der Revolution. Von seinem Stand verstoßen, wurde er zum wortgewaltigen Vertreter des Dritten Standes.*

Im Januar 1789 wurde die Wahlordnung veröffentlicht. Die Zahl der zu wählenden Abgeordneten des Dritten Standes war nicht verdoppelt worden, doch der künftige Abstimmungsmodus blieb weiter ungeklärt. Die Wahlordnung zu den Generalständen bestimmte, dass die gesamte männliche Bevölkerung über 25 Jahre (beim Adel auch die Frauen!), die in den Steuerlisten eingetragen waren, wählen durfte. Adel und Klerus konnten ihre Vertreter direkt wählen, die Angehörigen des Dritten Standes dagegen durften ihre Abgeordneten nur indirekt, über Wahlmänner, bestimmen.

Der einsetzende Wahlkampf leitete eine nie gekannte Politisierung der Bevölkerung ein. Begriffe wie Freiheit, Gleichheit, Glück, Souveränität und Repräsentation wurden zu Schlagwörtern. Die Position der Patrioten fand ihren programmatischen Ausdruck in einer im Januar 1789 von dem 30-jährigen Geistlichen *Emmanuel Joseph Sieyès** veröffentlichten Flugschrift mit dem Titel „Was ist der Dritte Stand?" („Qu'est-ce que le tiers état?") (▶ M1).

Zusammen mit der Wahl der Abgeordneten konnten die Wähler der Regierung Klagen, Beschwerden und Wünsche nennen. Sie wurden in „Beschwerdeheften" (*cahiers de doléances*) zusammengefasst. Die Monarchie stand bei dieser umfangreichen, stark vom intellektuellen Bürgertum beeinflussten „Meinungsumfrage" noch nicht zur Diskussion (▶ M2).

Die Revolution der Deputierten: von der Ständevertretung zur Nationalrepräsentation

Die Sitzungsperiode der Generalstände wurde am 5. Mai 1789 in Versailles feierlich eröffnet. Viele Vertreter des *Ersten Standes*, vor allem die einfachen Pfarrer, sympathisierten mit den Ansichten des Dritten Standes. Auch ein Drittel der rund 250 Adligen schien reformwillig. Entsprechend zuversichtlich gaben sich die rund 580 Abgeordneten des Dritten Standes, in erster Linie Anwälte, Notare, Beamte und Unternehmer.

Der königliche Auftakt enttäuschte: Die Stände tagten weiterhin getrennt, und die in Aussicht gestellten Reformen sollten, dies war rasch klar geworden, an die Aufrechterhaltung der traditionellen Ständeordnung gebunden sein. Unmut machte sich vor allem unter den Abgeordneten des Dritten Standes und damit auch in der Öffentlichkeit breit. Nachdem die Versammlung über einen Monat handlungsunfähig geblieben war, forderte Abbé Sieyès die Abgeordneten des Ersten und *Zweiten Standes* auf, gemeinsam mit dem Dritten Stand zu tagen. Dem Aufruf folgten einige reformwillige Privilegierte, und am 17. Juni erklärten sich 490 gegen 90 Abgeordnete zur *Nationalversammlung* (*Assemblée nationale*). *Rousseaus* Lehre von der Volkssouveränität aufgreifend, verkündete Sieyès, „dass es der Versammlung – und nur ihr – zukommt, den Gesamtwillen der Nation auszudrücken und zu vertreten; zwischen dem Thron und dieser Versammlung kann kein Veto, keine Macht des Einspruchs stehen". Das war revolutionär! Die an Stand und Auftrag ihrer Wähler gebundenen Deputierten (*imperatives Mandat*), denen lediglich zustand, Standesinteressen zu vertreten und den Monarchen zu beraten, hatten sich eigenmächtig (*souverän*) zu Abgeordneten der gesamten Nation erklärt, die nur noch dem Allgemeinwillen (*volonté générale*) dienen sollten. Damit hatte der Dritte Stand den ersten Schritt vom politisch unmündigen Untertanen (*sujet*) zum mitbestimmenden Staatsbürger (*citoyen*) vollzogen (▶ M3).

Die Krone schloss kurzfristig den Versammlungsraum der „Volksvertreter". Daraufhin zogen die Abgeordneten in eine nahe gelegene Sporthalle und beteuerten am 20. Juni in einer improvisierten Erklärung, dem *Ballhausschwur*, „niemals auseinanderzugehen und sich überall zu versammeln, wo es die Umstände gebieten sollten, so lange, bis die Verfassung des Königreiches ausgearbeitet ist und auf festen Grundlagen ruht" (▸ M4). Die Aktion zielte gegen das alte Recht des Königs: Ihm allein stand zu, Ständeversammlungen einzuberufen, zu vertagen oder aufzulösen. Den zaghaften Widerstand der Krone brach Graf *Mirabeau* am 23. Juni eindrucksvoll (▸ M5) und immer mehr Deputierte schlossen sich der Nationalversammlung an. Schließlich forderte *Ludwig XVI.** am 27. Juni die Vertreter des Klerus und des Adels auf, gemeinsam mit den Abgeordneten des Dritten Standes zu tagen. Feierlich erklärten sich daraufhin am 9. Juli 1789 die Deputierten der drei Stände zur *Verfassunggebenden Nationalversammlung* (*Assemblée nationale constituante*), mehrheitlich bereit, von nun an ihre „Souveränität" mit der des Königs zu teilen. Der Monarch herrschte nicht mehr absolut.

Der 14. Juli 1789: die städtische Volksrevolution

Mit der Genehmigung der *Konstituante* wollten sich Ludwig XVI. und seine Berater an die Spitze der Bewegung setzen, um so die Entwicklung bestimmen zu können. Als aber eine neue reformfeindliche Regierung einberufen wurde und Truppen um Paris und Versailles zusammengezogen wurden, befürchtete die Bevölkerung in Paris eine politische Wende. Nachrichten und Gerüchte über Aufstände auf dem Lande verstärkten die Unruhe. Hinzu kamen soziale Probleme: Die Brotpreise hatten einen schwindelerregenden Höhepunkt erreicht. Überall in Paris wurden Volksreden gehalten und Demonstrationen durchgeführt. Die Forderung nach Brot und Waffen machte sich breit. Es galt, Paris und die Konstituante zu verteidigen. Die verhassten Zollstationen der Stadt wurden niedergerissen, und bei der Suche nach Munition und Kanonen wurde am 14. Juli auch die *Bastille* von der aufgebrachten Menge erstürmt. Das Staatsgefängnis in der Bastille hatte seit absolutistischer Zeit als Symbol der Unfreiheit gegolten. Jetzt wurden noch gerade sieben Gefangene von einer kleinen Besatzung dort bewacht. Die Eroberung der Bastille gab der Bevölkerung ein nicht mehr zu nehmendes Bewusstsein ihrer Macht und Stärke. Das „Volk" hatte die „Ketten der Knechtschaft" gesprengt, und ganz Europa nahm dieses Ereignis staunend zur Kenntnis (▸ M6).

Hinter den Kulissen des Aufruhrs hatte sich das wohlhabende Bürgertum, vertreten durch die Wahlmänner der 60 Pariser Distrikte, der Stadtverwaltung bemächtigt. Der königliche Intendant wurde vertrieben und ein *Ständiger Ausschuss*, der zukünftige Gemeinderat, gebildet. Er schuf eine Bürgerwehr, die der 32-jährige *Marie Joseph Lafayette**, der am amerikanischen Bürgerkrieg teilgenommen hatte, zur Nationalgarde machte. Sie rekrutierte sich vor allem aus wohlhabenderen Bürgern und sollte die Einwohner sowohl vor Volksaufruhr als auch vor Angriffen der königlichen Truppen schützen. Der Gemeinderat kümmerte sich von nun an selbstständig um alle städtischen Angelegenheiten sowie die Lebensmittelversorgung. An die Spitze der Verwaltung wurde ein Bürgermeister (*Maire*) berufen. Damit hatte die Selbstverwaltung von Paris begonnen. Weitere Städte des Landes folgten bald diesem Beispiel.

▶ **„Ländlicher Aufruhr."**
Anonymer Kupferstich, um 1789.
• Überlegen Sie, worauf die Kutschen auf dem Bild hinweisen sollen.

Die Revolution der Bauern

Auch auf dem Lande hatte man Hoffnungen auf die Generalstände gesetzt. Als die Taten ausblieben, war man enttäuscht. Die Bauern protestierten mit friedlichen und gewaltsamen Mitteln gegen die Privilegien der Grundherren. Sie hatten zum Teil mit der Eröffnung der Generalstände ihre Abgaben verweigert und Getreidespeicher geplündert. Auch Herrensitze, Schlösser und Klöster hatten sie gestürmt und in Brand gesteckt, um unter anderem die Urkunden zu vernichten, die ihre Abgaben und Pflichten belegten. In vielen Dörfern entstand, wie in den Städten, eine Art Selbstverwaltung (➧ M7). Das Leben der Bauern blieb noch lange unsicher. Über das Land verbreitete sich eine, wie sich oft nachträglich herausstellte, unbegründete „Große Furcht" (*Grande Peur*) vor herumstreunenden Bettlergruppen, plündernden Räuberbanden und Rachefeldzügen der Aristokratie (➧ M8).
Die „Bauernrevolution" hatte wie die Revolution der Abgeordneten und der städtischen Bevölkerung ihre eigenständigen Ursachen und Ziele, gemeinsam prägten sie aber den Ausbruch und den weiteren Verlauf der Französischen Revolution (➧ M9).

Grundbegriff: Revolution und Reform ···› Revolutionen und Reformen sind Formen des gesellschaftlichen Wandels. Revolutionen werden allgemein verstanden als rasche und radikale Umwälzungen bestehender Verhältnisse in Politik, Gesellschaft und Wirtschaft. Reformen gelten dagegen als allmählich fortschreitende (evolutionäre) Form der Veränderung.

Der aus der Astronomie stammende Revolutionsbegriff wird erst seit dem 17. Jahrhundert auf die Geschichte angewendet, zunächst im Sinne des Wortes als „Wiederkehr", dann – nach der englischen Glorious Revolution von 1688/89 – als „Umwälzung" bzw. „Wiederherstellung" alter Rechte und Zustände. Erst mit der Französischen Revolution erfuhr der Begriff seine heutige Bedeutung. Kennzeichen von Revolutionen sind seitdem:

- neue Rechtfertigung von Herrschaft (Ideologie),
- Mobilisierung der Massen,
- schneller und gründlicher Austausch von Führungseliten,
- neue politische Organisationsformen (Verfassungen) sowie
- neue soziale und wirtschaftliche Ordnungsvorstellungen.

Die Französische Revolution wurde in der Folgezeit zum Vorbild für alle Bemühungen, die bestehenden Herrschaftsverhältnisse abrupt zu verändern, so beispielsweise 1848. Fernwirkungen hatte sie auch auf die Oktoberrevolution von 1917 in Russland und die Chinesische Revolution von 1949. Die Gesellschafts- und Revolutionsanalyse von *Karl Marx* lieferte den kommunistischen Revolutionären eine Ideologie zur Planung von Revolutionen. Mit Ideologie und Gewalt errichteten sie in ihren Ländern Einparteienherrschaften. Von der Französischen Revolution leiteten sich aber auch die Gedanken her, die die Verhältnisse in den kommunistischen Diktaturen wieder verändern sollten. Unter Berufung auf die Menschenrechte (siehe Seite 47 f.) setzten Bürger in Ost- und Mitteleuropa 1989 weitgehend gewaltfrei einen demokratischen Wandel durch.

Die konstitutionelle Monarchie entsteht

▲ **Die drei Stände schmieden die Verfassung.**
Kolorierter Kupferstich (18,1 x 18,6 cm), 1789/90.
Übersetzt lauten die Zeilen unter dem Bild: „Rasch, rasch, rasch! Schmiedet das Eisen heiß! Rasch, rasch, rasch! Nur guten Mut, man muss beherzt zu Werke gehen."
• Interpretieren Sie Zeichnung und Text. Ordnen Sie vorab den Personen bestimmte Funktionen wie „Werkmeister" und „Gesellen" zu.

4./5. August 1789
Die Verfassunggebende Versammlung (*Assemblée nationale constituante*) schafft die Frondienste, die adligen Steuervorrechte, die feudalen Jagdrechte und Gerichtsrechte, den Kirchenzehnt und andere Privilegien ab.

26. August 1789
Die Erklärung der Menschen- und Bürgerrechte wird angenommen.

5./6. Oktober 1789
Pariser Frauen ziehen nach Versailles; der königliche Hof und die Nationalversammlung werden nach Paris geholt.

19. Juni 1790
Der Adel als Stand wird abgeschafft.

2. März 1791
Die Zünfte werden aufgehoben.

14. Juni 1791
Arbeiter und Handwerker dürfen sich weder zusammenschließen noch streiken (*Gesetz Le Chapelier*).

20./21. Juni 1791
Die königliche Familie versucht zu fliehen; sie wird festgenommen und zurück nach Paris gebracht.

3. September 1791
Die Konstituante verabschiedet die Verfassung. Ludwig XVI. legt am 14. September einen Eid auf sie ab.

M1

Die feudalen Rechte werden abgeschafft

In der Nachtsitzung am 4. August 1789 verzichten in der Konstituante die Abgeordneten der privilegierten Stände auf die meisten ihrer Vorrechte. In dem eine Woche später, am 11. August 1789, verabschiedeten Gesetz, wird allerdings einiges davon wieder zurückgenommen; trotzdem verweigert der König seine Zustimmung. Erst nach dem Zug der Frauen nach Versailles am 5./6. Oktober (siehe Seite 62) besinnt er sich anders. Aus dem Beschluss vom 11. August:

Artikel 1: Die Nationalversammlung vernichtet das Feudalwesen völlig. Sie dekretiert, dass von den Feudal- wie Grundzinsrechten und -pflichten sowohl jene, die sich aus unveräußerlichem Besitz an Sachen und Menschen und aus persönlicher Leibeigenschaft herleiten, als auch jene, die an ihre Stelle getreten sind, entschädigungslos aufgehoben werden; alle übrigen Lasten werden für ablösbar erklärt, die Summe sowie die Art und Weise der Ablösung wird die Nationalversammlung festlegen.[1] Die durch dieses Dekret nicht aufgehobenen Abgaben sollen dessen ungeachtet bis zu ihrer Rückzahlung weiter erhoben werden.
Artikel 2: Das Sonderrecht, Taubenschläge und Taubenhäuser zu halten, wird abgeschafft.[2] [...]
Artikel 3: Ebenso wird das Sonderrecht der Jagd und offenen Wildgehege abgeschafft. Jeder Eigentümer hat, jedoch nur auf seinem Grund und Boden, das Recht, jede Art von Wild zu töten oder töten zu lassen, solange dies im Einklang mit etwaigen zur öffentlichen Sicherheit erlassenen Polizeigesetzen geschieht. [...]
Artikel 4: Jede grundherrliche Rechtsprechung wird entschädigungslos abgeschafft. [...]
Artikel 5: Alle – gleichgültig, unter welchem Rechtstitel festgesetzten und erhobenen, auch durch Vorauszahlung abgegoltenen – Zehnten oder dafür eintretenden Grundzinsabgaben [...] werden [mit Vorbehalten] abgeschafft [...].
Artikel 6: Alle Formen ewigen Grundzinses, sei es in Naturalien oder Geld, gleichgültig, welcher Art er ist, woher er seinen Ursprung hat, wer sein Nutznießer ist [...], sollen ablösbar sein; desgleichen, zu einer von der Nationalversammlung zu bestimmenden Taxe [...].
Artikel 7: Die Käuflichkeit der Gerichts- und Magistratsämter ist ab sofort aufgehoben. Die Rechtsprechung soll kostenlos erfolgen. Dessen ungeachtet sollen die jetzigen Amtsinhaber weiter ihre Funktionen ausüben und ihr Gehalt beziehen, bis die Nationalversammlung die Mittel zu ihrer Abfindung beschafft hat. [...]
Artikel 11: Alle Bürger sollen, ohne Unterschied ihrer Geburt, freien Zugang zu allen kirchlichen, zivilen und militärischen Ämtern und Würden haben; niemand, der einem Erwerbsberuf nachgeht, soll dadurch seines Adelsprädikates verlustig gehen.

Walter Grab (Hrsg.), Die Französische Revolution. Eine Dokumentation, München 1973, S. 33 ff. (stark gekürzt)

Stellen Sie sich vor, Sie sind Journalist und haben die Aufgabe, den Einwohnern des Kirchspiels Lignères-la-Doucelle in der Normandie (siehe Beschwerdebrief auf Seite 32) die Augustbeschlüsse zu erläutern. Verfassen Sie einen entsprechenden Artikel. Beziehen Sie dabei zu den einzelnen Punkten Stellung.

---

1) *Anders ausgedrückt: Die Lehnsmänner sollten sich von den Abgaben mit Geld freikaufen können.*
2) *Siehe hierzu auch die Abbildung auf Seite 32.*

M2

„Und wie ist es denn um die Größe dieser Opfer bestellt?“

Der Arzt, Naturwissenschaftler und Publizist Jean Paul Marat ist bei Beginn der Revolution 46 Jahre alt. Er wird Vertreter der radikalen städtischen Volksbewegung. Im September analysierte er die Beschlüsse vom 4. bzw. 11. August 1789 in seiner Zeitung „L'Ami du Peuple“ („Der Volksfreund“) und stellt fest:*

Wenn es der Wohltätigkeitssinn war, der jene Opfer diktierte, dann hat er, wie man zugestehen muss, recht lange gewartet, bis er sich offenbarte. Ja, erst angesichts des Flammenscheins ihrer brennenden Schlösser finden sie jene Seelengröße, auf das Vorrecht zu verzichten, die Männer in Fesseln zu halten, die ihre Freiheit mit der Waffe in der Hand erobert haben. Erst beim Anblick der Strafe, die die Erpresser, Leuteschinder und Trabanten des Despotismus trifft, finden sie endlich die Großmut, auf ihre Grundzehnten zu verzichten und nichts mehr von den Armseligen zu verlangen, die kaum ihr Leben zu fristen vermögen. [...] Und wie ist es denn um die Größe dieser Opfer bestellt? Muss ich erst noch beweisen, dass sie größtenteils illusorisch sind? Ist die Abschaffung aller Vorrechte [...] eine wirkliche, eine tatsächliche, wenn das Gesetz über die Herren-, die Grund- und Feudalrechte nichts anderes zu bestimmen weiß, als dass sie abgelöst werden können?

Walter Markov, Revolution im Zeugenstand. Frankreich 1789–1799, Band 1: Aussagen und Analysen, Leipzig [2]1986, S. 98 f.

1. *Analysieren Sie Marats Artikel und leiten Sie daraus politische Forderungen ab.*
2. *Erörtern Sie, ob Marats Forderungen in der Lage politisch durchsetzbar gewesen wären.*

M3

Die Menschen- und Bürgerrechte werden verkündet

Am 26. August 1789 verkündet die Konstituante feierlich die „Erklärung der Menschen- und Bürgerrechte“ (Déclaration des droits de l'homme et du citoyen); sie wird später der Verfassung von 1791 vorangestellt (siehe M12):

Präambel

Da die Vertreter des französischen Volkes, als Nationalversammlung eingesetzt, erwogen haben, dass die Unkenntnis, das Vergessen oder die Verachtung der Menschenrechte die einzigen Ursachen des öffentlichen Unglücks und der Verderbtheit der Regierungen sind, haben sie beschlossen, die natürlichen und unveräußerlichen und heiligen Rechte der Menschen in einer feierlichen Erklärung darzulegen, damit diese Erklärung allen Mitgliedern der Gesellschaft beständig vor Augen ist und sie unablässig an ihre Rechte und Pflichten erinnert; damit die Handlungen der Gesetzgebenden wie der Ausübenden Gewalt in jedem Augenblick mit dem Endzweck jeder politischen Einrichtung verglichen werden können und dadurch mehr geachtet werden; damit die Ansprüche der Bürger, fortan auf einfache und unbestreitbare Grundsätze begründet, sich immer auf die Erhaltung der Verfassung und das Allgemeinwohl richten mögen. Infolgedessen erkennt und erklärt die Nationalversammlung in Gegenwart und unter dem Schutz des Allerhöchsten folgende Menschen- und Bürgerrechte:

Artikel 1: Die Menschen sind und bleiben frei und gleich an Rechten. Soziale Unterschiede dürfen nur im gemeinen Nutzen begriffen sein.

Artikel 2: Das Ziel jeder politischen Vereinigung ist die Erhaltung der natürlichen und unveräußerlichen Menschenrechte. Diese Rechte sind Freiheit, Eigentum, Sicherheit und Widerstand gegen Unterdrückung. [...]

Artikel 4: Die Freiheit besteht darin, alles tun zu können, was einem anderen nicht schadet. So hat die Ausübung der natürlichen Rechte eines jeden Menschen nur die Grenzen, die den anderen Gliedern der Gesellschaft den Genuss der glei-

▲ **Erklärung der Menschen- und Bürgerrechte.**
Ölgemälde (67 x 56 cm) von 1790.
Die linke Frauenfigur hat die „Ketten der Unfreiheit zerrissen" und blickt auf den Engel (rechts), der mit der Linken auf die Gesetzestafel verweist – eine Anspielung auf die biblische Verkündung der Zehn Gebote.

chen Rechte sichern. Diese Grenzen können allein durch Gesetz festgelegt werden.

Artikel 5: Nur das Gesetz hat das Recht, Handlungen, die der Gesellschaft schädlich sind, zu verbieten. Alles, was nicht durch Gesetz verboten ist, kann nicht verhindert werden, und niemand kann gezwungen werden zu tun, was es nicht befiehlt.

Artikel 6: Das Gesetz ist der Ausdruck des allgemeinen Willens. Alle Bürger haben das Recht, persönlich oder durch ihre Vertreter an seiner Formung mitzuwirken. Es soll für alle gleich sein, mag es beschützen, mag es bestrafen. Da alle Bürger in seinen Augen gleich sind, sind sie gleicherweise zu allen Würden, Stellungen und Beamtungen nach ihrer Fähigkeit zugelassen ohne einen anderen Unterschied als den ihrer Tugenden und ihrer Talente.

Artikel 7: Jeder Mensch kann nur in den durch das Gesetz bestimmten Fällen und in den Formen, die es vorschreibt, angeklagt, verhaftet und gefangengehalten werden. [...]

Artikel 8: Das Gesetz soll nur solche Strafen festsetzen, die offenbar unbedingt notwendig sind. Und niemand kann aufgrund eines Gesetzes bestraft werden, das nicht vor Begehung der Tat erlassen, verkündet und gesetzlich angewandt worden ist. [...]

Artikel 10: Niemand soll wegen seiner Meinung, selbst religiöser Art, beunruhigt werden, solange ihre Äußerungen nicht die durch das Gesetz festgelegte öffentliche Ordnung stören.

Artikel 11: Die freie Mitteilung der Gedanken und Meinungen ist eines der kostbarsten Menschenrechte. Jeder Bürger kann also frei schreiben, reden, drucken unter Vorbehalt der Verantwortlichkeit für den Missbrauch dieser Freiheit in den durch Gesetz bestimmten Fällen. [...]

Artikel 13: Für den Unterhalt der Streitmacht und für die Kosten der Verwaltung ist eine allgemeine Abgabe unumgänglich. Sie muss gleichermaßen auf alle Bürger unter Berücksichtigung ihrer Vermögensumstände verteilt werden.

Artikel 14: Alle Bürger haben das Recht, selbst oder durch ihre Abgeordneten die Notwendigkeit der öffentlichen Abgabe festzustellen, sie frei zu bewilligen, ihre Verwendung zu überprüfen und ihre Höhe, ihre Veranlagung, ihre Eintreibung und Dauer zu bestimmen. [...]

Artikel 16: Eine Gesellschaft, in der die Verbürgung der Rechte nicht gesichert und die Gewalteneilung nicht festgelegt ist, hat keine Verfassung.

Artikel 17: Da das Eigentum ein unverletzliches und heiliges Recht ist, kann es niemandem genommen werden, wenn es nicht die gesetzlich festgelegte, öffentliche Notwendigkeit augenscheinlich erfordert und unter der Bedingung einer gerechten und vorherigen Entschädigung.

Ute Gerhard, Menschenrechte – Frauenrechte 1789, in: Viktoria Schmidt-Linsenhoff (Hrsg.), Sklavin oder Bürgerin? Französische Revolution und neue Weiblichkeit, Frankfurt am Main 1989, S. 68–72

1. *Bestimmen Sie die Funktion der Einleitung (Präambel) der „Erklärung der Menschen- und Bürgerrechte".*
2. *Nennen Sie die Menschenrechte, die unser Grundgesetz heute enthält. Vergleichen Sie diese mit der Erklärung der französischen Nationalversammlung.*

M4

Die Französische Revolution aus deutscher Sicht

Die Nachrichten aus Frankreich lassen eine Art Revolutionstourismus entstehen. Am 17. Juli macht sich der 43-jährige Pädagoge, Schriftsteller und Verleger Joachim Heinrich Campe aus Braunschweig auf den Weg nach Paris. Am 4. August erreicht er die Stadt. In Briefen an seine Tochter Lotte schildert er seine Eindrücke, sie werden 1789/90 in seiner eigenen Zeitschrift, dem „Braunschweigischen Journal", veröffentlicht. Vor seiner Abreise schreibt er am 26. August 1789:

Je länger ich hier bin [...] desto inniger und fester wird meine Überzeugung, dass diese französische Staatsumwälzung die größte und allgemeinste Wohltat ist, welche die Vorsehung, seit Luthers Glaubensverbesserung, der Menschheit zugewandt hat, und dass daher das ganze weiße, schwarze, braune und gelbe Menschengeschlecht, rund um den Erdball herum, ein allgemeines feierliches „Herr Gott, dich loben wir" dafür anstimmen sollte. [...]

Hier ist ein Volk, so aufgeklärt, so edel und mild, als es je eins gegeben hat; ein König, so sanft, so lenksam und ehrgeizlos, als je einer gewesen ist; eine aus zwölfhundert Köpfen bestehende Versammlung von Stellvertretern der Nation, deren größere Hälfte wenigstens aus sehr helldenkenden, geistvollen, kraftbegabten und mutigen Patrioten[1] besteht; und, was das beste ist, diese drei Hauptfiguren in dem großen interessanten Gemälde – Volk, König und Nationalversammlung – umschlingen sich in schönster Harmonie und gehen Hand in Hand gelegt, dem erhabenen Ziele zu. [...] Hier ist zum ersten Mal eine Volksversammlung, die, obgleich die Hälfte ihrer Mitglieder aus Adligen und Priestern besteht, doch in ihrer Mehrheit die Gräuel der Hierarchie und des aristokratischen Despotismus – von denen die Menschheit von jeher noch viel mehr als von der monarchischen Alleingewalt gelitten hat – verabscheut, verwünscht und mit Stumpf und Stiel auszurotten entschlossen zu sein scheint. Hier wird alles öffentlich – welch eine Schutzmauer wider Übereilungen und eigennützige Absichten! – verhandelt, bestritten, festgesetzt. [...]

Wir werden zum ersten Mal ein großes Reich sehen, worin das Eigentum eines jeden heilig, die Person eines jeden unverletzlich, die Gedanken zollfrei, der Glauben ungestempelt, die Äußerung desselben durch Worte, Schriften und Handlungen völlig frei und keinem menschlichen Richterspruch mehr unterworfen sein wird; ein Reich, worin keine privilegierten, keine geborenen Volksbedrücker, keine Aristokratie als die der Talente und der Tugenden, keine Hierarchie und kein Despotismus mehr stattfinden, wo vielmehr alle gleich, alle zu allen Ämtern, wozu ihre Verdienste sie fähig machen, fähig sein und nur Kenntnisse, Geschicklichkeiten und Tugenden einen Vorzug geben werden; ein Reich, wo Recht und Gerechtigkeit für alle auf gleiche Weise und ohne alles Ansehn der Person werden verwaltet, und zwar unentgeltlich verwaltet werden, und wo jeder, auch der armseligste Landmann, nicht etwa nur dem Scheine nach, wie in anderen Ländern, sondern wirklich in der gesetzgebenden Versammlung repräsentiert werden, also jeder, auch der armseligste Landmann, Mitregent und Mitgesetzgeber seines Vaterlandes sein wird.

Friedrich Eberle und Theo Stammen (Hrsg.), Die Französische Revolution in Deutschland. Zeitgenössische Texte deutscher Autoren, Stuttgart 1989, S. 50–53

1. *Arbeiten Sie aus der Quelle Campes Revolutionsverständnis heraus.*
2. *Beurteilen Sie Campes Äußerungen. Berücksichtigen Sie dazu M1 und M3.*

---

[1] *Patrioten: hier Anhänger der Revolution*

M5
Über „passive und aktive Bürger"

In einer für den Verfassungsausschuss formulierten Erläuterung schreibt Sieyès im Juli 1789:*

Alle Einwohner eines Landes müssen [...] die Rechte passiver Bürger besitzen: Alle haben Anspruch auf Schutz ihrer Person, ihres Eigentums, ihrer Freiheit usw.; aber nicht alle haben Anspruch darauf, tätig an der Bildung der öffentlichen Gewalten teilzunehmen: Nicht alle sind Aktivbürger. Die Frauen, zumindest im jetzigen Stadium, die Kinder, die Ausländer und auch diejenigen, die nichts zur öffentlichen Gewalt beitragen, dürfen keinen aktiven Einfluss auf das Gemeinwesen nehmen. Alle können die Vorteile der Gesellschaft genießen, aber allein diejenigen, die zur öffentlichen Gewalt etwas beitragen, sind gleichsam die eigentlichen Aktionäre des großen gesellschaftlichen Unternehmens. Sie allein sind die wahren Aktivbürger, die wahren Glieder der Gesellschaftsverbindung.

Emmanuel Joseph Sieyès, Politische Schriften 1788–1790, übersetzt und herausgegeben von Eberhard Schmitt und Rolf Reichardt, München ^{2}1981, S. 251

Erläutern Sie die Begriffe „Passiv-" und „Aktivbürger". Erörtern Sie, ob die Überlegungen mit Artikel 1 der Menschen- und Bürgerrechte vereinbar sind (siehe M3, Seite 47).

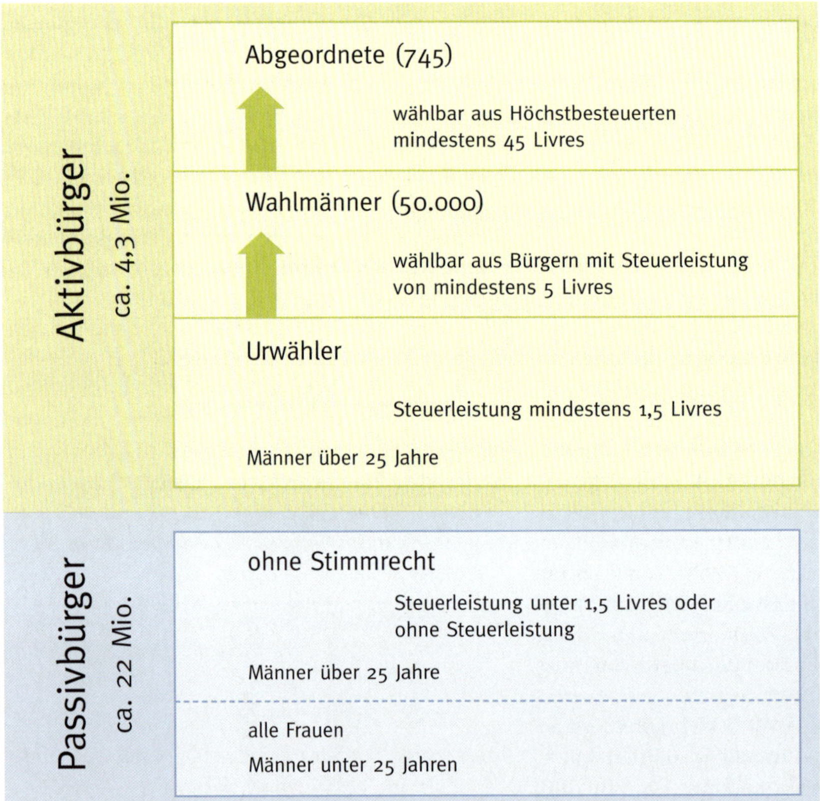

◄ **Das Zensuswahlrecht von 1791.** *Der Stimmanteil richtet sich beim Zensuswahlrecht nach Grundbesitz und Einkommen. Zur Orientierung: Ein Maurergeselle verdiente 1791 in Paris etwa 40 Sous am Tag (1 Livre = 20 Sous).*

M6
Für und wider das Zensuswahlrecht

Der Parlamentsadvokat Orry de Mauperthuy schreibt am 4. Dezember 1789 in der „Chronique de Paris“:

Trotzdem gibt es eine Klasse von Menschen und Mitbrüdern, die infolge der schlechten Gestaltung unserer Gesellschaften zur Vertretung der Nation nicht berufen werden können. Das sind die heutigen Proletarier. Nicht weil sie arm und bloß sind, sondern weil sie nicht einmal die Sprache unserer Gesetze verstehen. Überdies ist ihre Ausschließung nicht ewig, sondern nur ganz vorübergehend. Vielleicht wird sie ihren Wetteifer anstacheln, unseren Beistand herauszufordern. In wenigen Jahren werden sie an unserer Seite sitzen, und wie man es in einigen Schweizer Kantonen sieht, wird ein Hirt, ein Bauer von der Donau oder vom Rhein, der würdige Vertreter seines Volkes sein. Noch besser wäre es (wenn hieraus der sterbenden, aber noch nicht toten Aristokratie kein Beistand erwüchse), sich lediglich auf das Vertrauen der Wähler zu verlassen. Das ist der einzige unverletzliche Grundsatz [...].

Am 20. April 1791 hält der 31-jährige Abgeordnete Maximilien de Robespierre aus dem nordfranzösichen Arras in dem im April 1790 gegründeten „Club des Cordeliers“ (siehe dazu Seite 114) eine Rede über das Zensuswahlrecht. Sie wird gedruckt und findet so große Verbreitung.*

Alle Menschen, die in Frankreich „geboren und wohnhaft“ sind, sind Mitglieder jener politischen Gemeinschaft, die man die französische Nation nennt; das heißt, sie sind französische Bürger. Sie sind es von Natur aus und durch die allem voranstehenden Grundsätze der Menschenrechte. Die Rechte, die an diesen Titel geknüpft sind, hängen weder von dem Vermögen ab, das jeder von ihnen besitzt, noch von der Höhe der Steuer, die ihm auferlegt wird, denn es ist nicht die Steuer, die uns zu Bürgern macht. Die Eigenschaft, Bürger zu sein, verpflichtet nur, zu den gemeinsamen Ausgaben des Staates beizutragen, und zwar je nach den Möglichkeiten des Einzelnen. Gewiss, Sie können den Bürgern Gesetze geben, aber sie als Bürger ignorieren, das können Sie nicht.

Die Anhänger des Systems, das ich hier angreife, haben diese Wahrheit selbst gespürt, denn sie haben es nicht gewagt, denjenigen, die sie zur politischen Enterbung verurteilten, die Eigenschaft des Bürgers einfach zu bestreiten, sondern sie haben sich darauf beschränkt, den Grundsatz der Gleichheit, den sie notwendigerweise voraussetzen, durch die Unterscheidung von aktiven und passiven Bürgern zu umgehen. Sie haben sich darauf verlassen, dass die Menschen mit Worten leicht zu regieren sind, und so haben sie uns hinters Licht zu führen versucht, indem sie die offensichtlichste Vergewaltigung der Menschenrechte in diesen neuartigen Begriff gekleidet haben. [...]

Das Volk verlangt nur das Notwendige, es will nur Gerechtigkeit und Ruhe; die Reichen dagegen erheben auf alles ihren Anspruch, sie wollen überall an Einfluss gewinnen und alles beherrschen. Der Missbrauch ist das Werk und Wirkungsfeld der Reichen; sie sind die Geißel des Volkes: Das Interesse des Volkes ist das Allgemeininteresse, das Interesse der Reichen ist das Einzelinteresse; und Sie wollen das Volk machtlos und die Reichen allmächtig machen! [...]

Ach! Wer könnte also den Gedanken ertragen, das Volk seiner Rechte beraubt zu sehen durch eben die Revolution, die nur durch den Mut des Volkes und die liebevolle und großmütige Anhänglichkeit, mit der es seine Repräsentanten verteidigt hat, möglich gewesen ist! Verdanken Sie denn den reichen und den großen Leuten diesen ruhmreichen Aufstand, der Frankreich und auch Sie gerettet hat?

Erster Text: Wolfgang Lautemann (Bearb.), Amerikanische und Französische Revolution, München 1981, S. 214; zweiter Text: Maximilien Robespierre, Ausgewählte Texte, Hamburg ²1989, S. 40 f. und 48 ff. (stark gekürzt)

1. *Nehmen Sie Stellung zu der Verteidigung und Ablehnung des Zensuswahlrechts.*
2. *Erläutern Sie, worauf sich Robespierre in seiner Argumentation stützt.*

M7
Über die Zulassung der Frauen zum Bürgerrecht

Der aus einer alten Adelsfamilie stammende Mathematiker und Philosoph Jean Antoine de Condorcet verfasst zahlreiche Artikel für die „Encyklopédie" (siehe M5, Seite 12 f.), solidarisiert sich 1789 mit den Forderungen des Dritten Standes und beteiligt sich an der Diskussion um die Bürger- und Menschenrechte (siehe M4, Seite 47 f.); 1789 schreibt er im „Journal de la Société":*

Die Menschen können sich an die Verletzung ihrer naturgegebenen Rechte so gewöhnen, dass unter denen, die sie verloren haben, keiner daran denkt, sie zurückzufordern, und nicht glaubt, ein Unrecht erlitten zu haben.
Einige dieser Verletzungen sind sogar den Philosophen und Gesetzgebern entgangen, als sie sich mit dem größten Eifer damit befassten, die Grundrechte der einzelnen Glieder des Menschengeschlechts zu etablieren, die sie zur alleinigen Grundlage ihrer politischen Institutionen machten.
Haben sie z. B. nicht alle das Gleichheitsprinzip der Rechte verletzt, indem sie ganz einfach die Hälfte des Menschengeschlechts des Rechts beraubten, an der Gesetzgebung teilzunehmen, indem sie die Frauen vom Bürgerrecht ausschlossen?
Gibt es einen stärkeren Beweis für die Macht der Gewohnheit selbst über aufgeklärte Menschen, als denjenigen, dass man sich auf das Gleichheitsprinzip der Rechte da beruft, wo drei- oder vierhundert Männer durch ein absurdes Vorurteil dessen beraubt werden, dort jedoch schweigt, wo es sich um zwölf Millionen Frauen handelt? Um zu widerlegen, dass dieser Ausschluss ein Akt der Tyrannei ist, müsste man entweder beweisen, dass die natürlichen Rechte der Frauen nicht unbedingt die gleichen sind wie die der Männer, oder dass sie nicht fähig sind, sie auszuüben.
Die Menschenrechte leiten ihre Berechtigung jedoch allein daraus ab, dass Menschen sinnliche Wesen sind, sich moralische Ideen aneignen und mit diesen Ideen umgehen können.
Da nun die Frauen die gleichen Fähigkeiten aufweisen, haben sie notwendigerweise auch die gleichen Rechte. Entweder hat kein Glied des Menschengeschlechts wirkliche Rechte, oder sie haben alle die gleichen, und derjenige, der gegen das Recht eines anderen stimmt, mag er auch einer anderen Religion, einer anderen Hautfarbe oder dem anderen Geschlecht angehören, hat damit seine Rechte verwirkt. Es dürfte schwer sein zu beweisen, dass Frauen unfähig sind, das Bürgerrecht auszuüben. Warum sollte eine Gruppe von Menschen, weil sie schwanger werden können und sich vorübergehend unwohl fühlen, nicht Rechte ausüben, die man denjenigen niemals vorenthalten würde, die jeden Winter unter Gicht leiden und sich leicht erkälten?
Über die Gleichheit der Rechte aller Männer in unserer neuen Verfassung hat es erhabene Reden und unendlich viele Witzeleien gegeben; aber bis heute hat noch niemand einen einzigen Grund dagegen vorbringen können. Und das liegt sicher weder an mangelndem Talent noch an mangelndem Eifer. Ich möchte glauben, dass es mit der Gleichheit der Rechte zwischen den beiden Geschlechtern genauso sein wird. Es ist einzigartig genug, dass man in vielen Ländern Frauen für unfähig gehalten hat, ein öffentliches Amt zu bekleiden, nicht aber, den Königsthron zu besteigen; dass in Frankreich eine Frau Regentin, aber bis 1776 in Paris nicht Modehändlerin sein konnte.

Hannelore Schröder (Hrsg.), Die Frau ist frei geboren. Texte zur Frauenemanzipation, Band 1: 1789–1879, München 1979, S. 55 f. und 62 f.

1. *Analysieren Sie die Ausführungen Condorcets.*
2. *Beurteilen Sie Condorcets Überlegungen aus der Sicht von Frauen.*
3. *Erarbeiten Sie politische Forderungen aus seinen Überlegungen.*

M8
Keine Vereinigungsfreiheit, keine Streiks

Am 4. August 1789 fallen die Zunftmonopole, doch erst am 2. März 1791 werden Zünfte und Innungen per Gesetz abgeschafft. Am 14. Juni 1791 legt der 37-jährige Anwalt Isaac René Guy Le Chapelier aus Rennes im Namen des Verfassungsausschusses ein weiteres Gesetz vor, das die Vereinigungsfreiheit der Arbeiter und Handwerker sowie – modern ausgedrückt – Streiks verbietet. Aus dem Sitzungsprotokoll der Verfassunggebenden Nationalversammlung vom 14. Juni 1791:*

Mehrere Personen haben sich bemüht, die aufgelösten Berufszusammenschlüsse wieder entstehen zu lassen, indem sie Versammlungen gleichen Handwerks oder Berufs gebildet haben, in denen Vorsitzende, Schriftführer, Rechtsbevollmächtigte und andere Amtsträger gewählt worden sind. Ziel dieser sich im Königreich ausbreitenden Versammlungen [...] ist es, die Handwerksunternehmer, also die vormaligen Meister, zur Erhöhung des Preises für den Arbeitstag zu zwingen [...].
Gewiss, es muss allen Bürgern erlaubt sein, sich zu versammeln; es darf jedoch den Bürgern bestimmter Berufe nicht erlaubt sein, sich für ihre angeblichen gemeinsamen Interessen zu versammeln. Es gibt keine Berufszusammenschlüsse mehr im Staate, es gibt nur noch das Privatinteresse des Einzelnen und das Interesse der Allgemeinheit. [...]
Also [...] hat der Verfassungsausschuss es für unerlässlich gehalten, Ihnen den folgenden Entwurf für ein Dekret vorzulegen [...]:
Artikel 1: Die Abschaffung aller zunftartigen Zusammenschlüsse von Bürgern gleichen Standes oder Berufes ist eine der wesentlichen Grundlagen der französischen Verfassung; folglich ist es verboten, sie der Sache nach unter irgendeinem Vorwand und in irgendeiner Form wiederherzustellen. [...]
Artikel 4: Fassen Bürger gleichen Gewerbes oder Handwerks entgegen den Grundsätzen der Freiheit und der Verfassung Beschlüsse oder treffen sie untereinander Vereinbarungen, die darauf gerichtet sind, den Beitrag ihrer Gewerbetätigkeit oder ihrer Arbeitsleistung nach Absprache zu verewigen oder nur zu einem bestimmten Preis zu leisten, so werden solche Beschlüsse und Vereinbarungen, ob eidlich bekräftigt oder nicht, für verfassungswidrig, als Verstoß gegen die Freiheit und die Erklärung der Menschenrechte und für null und nichtig erklärt. [...]
Artikel 8: Alle von Handwerkern, Handwerksarbeitern, Gesellen und Tagelöhnern gebildeten oder hervorgerufenen Zusammenrottungen gegen die Berufs- und Gewerbefreiheit [...] werden als solche von den vorschriftsmäßig dazu aufgeforderten Organen der öffentlichen Gewalt aufgelöst und die Urheber, Anstifter und Anführer solcher Zusammenrottungen mit der Strenge des Gesetzes bestraft, ebenso jeder, der Tätlichkeiten begangen oder Gewalt gebraucht hat.

Ulrich Friedrich Müller (Hrsg.), Die Französische Revolution 1789–1799. Ein Lesebuch, München 1988, S. 123 ff.

Überlegen Sie, inwiefern das Gesetz den „bürgerlichen" Charakter der Revolution kennzeichnet.

M9
Britische Betrachtungen

Die Ereignisse in Frankreich werden im Ausland genau registriert, dafür sorgen auch die französischen Emigranten. In England, das seine „Glorreiche Revolution" genau hundert Jahre zuvor abgeschlossen hatte, wird der 1729 geborene britische Politiker Edmund Burke zum schärfsten Kritiker der Französischen Revolution. Seine im Herbst 1790 veröffentlichten „Betrachtungen über die Französische Revolution" werden sogleich in alle Sprachen übersetzt und zum Leitfaden der „Konservativen". Schon am 9. Februar 1790 vertritt er in einer Unterhausdebatte folgende Meinung:

Die Franzosen haben sich als die fähigsten Ruinierer erwiesen, die es in der Welt je gegeben hat. In dieser kurzen Zeitspanne haben sie alles bis auf den Grund zerstört: ihre Monarchie, ihre Kirche, ihren Adel, ihr Recht, ihr Steuersystem, ihr Heer, ihre Marine, ihren Handel, ihre Künste und ihr Gewerbe. [...]

Die Franzosen haben es um den Preis der Zerstörung ihres Landes zu einer schlechten Verfassung gebracht, obwohl sie eine durchaus gute besaßen. [...]
Anstatt die Beschwerden abzustellen und den Bau des Staates zu verbessern, wozu sie von ihrem Monarchen einberufen und vom Lande entsandt worden waren, ließen sie sich dazu bringen, einen ganz anderen Weg einzuschlagen. Zunächst zerstörten sie alle Gewichte und Gegengewichte, die den Staat fest im Lot und auf sicherem Kurs halten und eine sichere Korrektur für alle Übertreibungen bieten, die in einem der Stände die Oberhand gewinnen könnten. [...]
Nachdem sie das vollbracht hatten, legten sie sogleich mit schrecklicher Heimtücke unter Bruch allen Treu und Glaubens die Axt an die Wurzel allen Eigentums und damit aller Wohlfahrt des Landes durch die erklärten Grundsätze und das weithin sichtbare Beispiel der Beschlagnahme der Kirchengüter. Sie schufen und verkündeten so etwas wie ein leicht verdauliches Konzentrat der Anarchie, die sogenannten Menschenrechte, mit einer so pedantischen Verdrehung der simpelsten Grundwahrheiten, dass es für Schuljungen eine Blamage gewesen wäre. Doch diese Erklärung der Rechte war nicht einfach belanglos pedantisch, sondern gefährlich; denn in ihrem Namen und auf sie gestützt zerstörten die Franzosen systematisch den Einfluss jeder Autorität auf die religiösen oder staatsbürgerlichen Überzeugungen der Menschen. Durch diese tolle Erklärung stürzten sie den Staat und brachten sich in ein Elend, wie es kein Land außer durch einen langen Krieg jemals erlitten hat und das vielleicht letzten Endes zu einem solchen Krieg oder sogar vielen führen mag. [...]
Sollte es ihnen gelingen, ihr Vorhaben ganz zu vollenden, und es sieht durchaus danach aus, nämlich eine Demokratie oder einen Haufen von Demokratien in einem Lande einzuführen, das so beschaffen ist wie Frankreich, so werden sie eine sehr schlechte Regierungsform bekommen – eine sehr schlechte Form der Tyrannei nämlich.

Ulrich Friedrich Müller (Hrsg.), a. a. O., S. 96 und 99 f.

1. *Vergleichen Sie die Positionen Campes (M4, Seite 49) mit denen Burkes.*
2. *Überlegen Sie, welche Gründe für die unterschiedlichen Einschätzungen verantwortlich waren.*

M10
Die Revolution beenden

Am 15. Juli 1791 plädiert der aus Grenoble stammende 30-jährige Anwalt Antoine Barnave in der Konstituante für das Ende der Revolution; er sagt:

Ich stelle eine Frage, die von nationalem Interesse ist: Werden wir die Revolution beenden oder werden wir sie von neuem beginnen? Wenn Ihr einmal der Verfassung misstraut, wo wird der Punkt sein, an dem Ihr dann einhalten werdet, und vor allem, wo werden Eure Nachfolger einhalten? [...]
Man fügt uns viel Leid zu, wenn man diese revolutionäre Bewegung dauernd macht, die alles zerstört hat, was es zu zerstören galt, die uns an den Punkt geführt hat, wo wir einhalten müssen; sie wird nur durch einen friedlichen und gemeinsamen Entschluss beendet werden können, durch eine Vereinigung, wenn ich so sagen darf, von allem, was die Zukunft der französischen Nation ausmachen kann. Denken Sie daran, meine Herren, denken Sie immer daran, was nach Ihnen geschehen wird! Ihr habt getan, was gut war für die Freiheit und Gleichheit; keine willkürliche Gewalt ist verschont worden, keine Anmaßung der Eigenliebe, keine widerrechtliche Besitzergreifung von Eigentum ist ungestraft geblieben; Ihr habt alle Menschen vor dem Gesetz gleichgemacht, Ihr habt dem Staat wiedergegeben, was ihm genommen wurde: Daraus ergibt sich diese große Wahrheit, dass wenn die Revolution noch einen Schritt weitergeht, sie dies nicht ohne Gefahr tun kann; dass auf der Linie der Freiheit die erste Handlung, die noch folgen könnte, die Vernichtung des Königtums wäre; und dass auf der Linie der Gleichheit die erste Handlung, die noch folgen könnte, der Angriff auf das Eigentum wäre (*Beifall*). [...]

Heute, meine Herren, muss jedermann erkennen, dass es im Interesse der Allgemeinheit liegt, dass die Revolution einhält: Diejenigen, die verloren haben, müssen einsehen, dass es unmöglich ist, sie rückgängig zu machen, und dass es nur noch darum gehen kann, sie zu domestizieren[1]. Diejenigen, die sie gemacht und gewollt haben, müssen einsehen, dass sie an ihrem letzten Ziel ist, dass das Glück ihres Vaterlandes und ihr eigener Ruhm es erforderlich machen, dass sie nicht länger andauert.

Peter Fischer (Hrsg.), Reden der Französischen Revolution, München ³1989, 137 f.

1. *Arbeiten Sie aus der Rede Barnaves Haltung zur Monarchie heraus.*
2. *Verfassen Sie eine Erwiderung auf Barnaves Rede aus der Sicht derjenigen, die die Revolution fortsetzen wollen.*

M11
Neue Forderungen

Nach der fehlgeschlagenen Flucht des Königs (20./21. Juni 1791) legen die Anhänger der Cordeliers, angeführt von Marat und Danton auf dem Marsfeld, einem am linken Ufer der Seine gelegenen Platz, eine Petition aus. Nachdem bereits 6.000 von 50.000 anwesenden Bürgern sie unterschrieben haben, erklärt Jean Sylvain Bailly*, der Bürgermeister von Paris, die Veranstaltung für gesetzwidrig. 10.000 Nationalgardisten gehen unter Führung Lafayettes* gegen die Demonstranten vor; sie töten etwa 50. In der Petition an die Abgeordneten der Konstituante heißt es:*

Alle Sektionen des Landes fordern gleichzeitig, dass Ludwig der Prozess gemacht werde. Ihr, meine Herren, habt im Voraus seine Schuldlosigkeit und Unverletzlichkeit festgestellt, indem ihr [...] erklärt, dass die konstitutionelle Charta ihm vorgelegt werden wird, sobald die Verfassung fertiggestellt ist. Gesetzgeber! Dieses war nicht der Wunsch des Volkes, und wir glaubten, dass ihr euren größten Ruhm, ja eure Pflicht darin sehen würdet, Werkzeug des öffentlichen Willens zu sein. [...] [Das] dringende Verlangen nach Vermeidung der Anarchie, welcher der Mangel an Übereinstimmung zwischen Repräsentanten und Repräsentierten uns ausliefern würde: all dies macht es uns zur Pflicht, euch im Namen von ganz Frankreich zu ersuchen, [...] zu bedenken, dass das Vergehen Ludwigs XVI. erwiesen ist und dieser König abgedankt hat; demnach seine Abdankung anzunehmen und eine neue Verfassunggebende Versammlung zu berufen, welche auf eine wahrhaft nationale Weise zur Aburteilung des Schuldigen schreiten und vor allem die Ablösung der alten und Bildung einer neuen Exekutivgewalt vornehmen kann.

Walter Grab (Hrsg.), a.a.O., S. 58

1. *Ordnen Sie die Petition in den Zusammenhang des bisherigen Revolutionsverlaufes ein. Nutzen Sie dazu die Zeittafel auf Seite 140 ff.*
2. *Erörtern Sie mögliche Gründe für das Vorgehen der Nationalgarde.*

M12
Die erste Verfassung

Am 3. September 1791 verabschiedet die Konstituante die erste Verfassung im Verlauf der Französischen Revolution. Den Gesetzen vorangestellt waren die Menschen- und Bürgerrechte (siehe M4, Seite 47 f.).

Titel III. Von den öffentlichen Gewalten

Artikel 1: Die Souveränität ist einheitlich, unteilbar, unveräußerlich und unverjährbar. Sie gehört der Nation. Kein Teil des Volkes und keine einzelne Person kann sich ihre Ausübung aneignen.
Artikel 2: Die Nation, von der allein alle Gewalten ihren Ursprung haben, kann sie nur durch Übertragung ausüben. Die französische Verfassung ist eine Repräsentativverfassung. Ihre Repräsentanten sind die gesetzgebende Körperschaft und der König.
Artikel 3: Die gesetzgebende Gewalt ist einer Nationalversammlung übertragen, die aus Ab-

[1] *domestizieren: zähmen, bändigen*

geordneten besteht, die durch das Volk frei und auf Zeit gewählt werden, um sie mit Billigung des Königs auf die Art auszuüben, die nachstehend bestimmt wird.

Artikel 4: Die Regierung ist monarchisch. Die ausführende Gewalt ist dem König übertragen, um unter seiner Autorität durch die Minister und andere verantwortliche Beamte auf die Art ausgeübt zu werden, die nachstehend bestimmt wird.

Artikel 5: Die richterliche Gewalt ist den durch das Volk auf Zeit gewählten Richtern übertragen.

Kapitel I. Von der gesetzgebenden Nationalversammlung

Artikel 1: Die Nationalversammlung, welche die gesetzgebende Körperschaft bildet, ist immerwährend und ist nur aus einer Kammer zusammengesetzt.

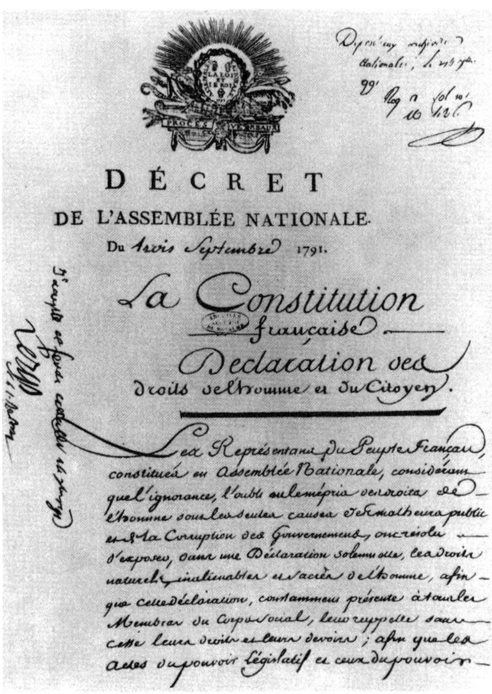
DÉCRET

DE L'ASSEMBLÉE NATIONALE.

Du trois Septembre 1791.

La Constitution françaises

Déclaration des droits de l'homme et du Citoyen.

Les Représentans du Peuple François, constitués en Assemblée Nationale, considérant que l'ignorance, l'oubli ou le mépris des droits de l'homme sont les seules causes des malheurs publics et de la Corruption des Gouvernemens, ont résolu d'exposer, dans une Déclaration solemnelle, les droits naturels, inaliénables et sacrés de l'homme, afin que cette déclaration, constamment présente à tous les Membres du Corps social, leur rappelle sans cesse leurs droits et leurs devoirs; afin que les actes du pouvoir législatif et ceux du pouvoir –

▲ Verordnung der Nationalversammlung vom 3. September 1791 über die Verfassung.

Artikel 2: Sie wird alle zwei Jahre durch Neuwahlen gebildet. Jeder Zeitraum von zwei Jahren bildet eine Legislaturperiode. [...]

Artikel 5: Die gesetzgebende Körperschaft kann durch den König nicht aufgelöst werden. [...]

Abschnitt I. Zahl der Abgeordneten. Grundlagen der Abordnung [...]

Abschnitt II. Urversammlungen. Bestellung der Wahlmänner

Artikel 1: Um die gesetzgebende Nationalversammlung zu wählen, treten die aktiven Bürger alle zwei Jahre in den Städten und den Kantonen zu Urversammlungen zusammen. [...]

Artikel 2: Um aktiver Bürger zu sein, ist es notwendig: als Franzose geboren oder Franzose geworden zu sein, das 25. Lebensjahr vollendet zu haben, seinen Wohnsitz in der Stadt oder dem Kanton seit der durch das Gesetz festgelegten Zeit zu haben, in irgendeinem Orte des Königreiches eine direkte Steuer zu zahlen, die wenigstens dem Wert von drei Arbeitstagen gleichkommt, und darüber eine Quittung vorzulegen, nicht dem Bedientenstand anzugehören, d. h. Lohndiener zu sein, im Rathaus seines Wohnsitzes in die Liste der Nationalgarde eingeschrieben zu sein, den Bürgereid geleistet zu haben. [...]

Abschnitt III. Wahlversammlung. Wahl der Abgeordneten

Artikel 1: Die in jedem Departement gewählten Wahlmänner treten zusammen, um die Anzahl der Abgeordneten, die ihrem Departement zugeteilt ist, und eine Anzahl von Stellvertretern, die einem Drittel der Abgeordneten gleichkommt, zu wählen. [...]

Artikel 2: Die Abgeordneten und ihre Stellvertreter werden mit absoluter Stimmenmehrheit gewählt. Sie können nur unter den aktiven Bürgern des Departements gewählt werden.

Artikel 3: Alle aktiven Bürger, gleich welchen Standes, Berufes oder welcher Steuerleistung, können zu Abgeordneten der Nation gewählt werden. [...]

Artikel 7: Die in einem Departement gewählten Abgeordneten sollen nicht Abgeordnete eines

▲ **Ludwig XVI. nimmt die Verfassung an.**
Anonymer zeitgenössischer Stich.
Am 13. September 1791 erklärte Ludwig XVI.: „Meine Herren! Die Verfassung, die Sie mir zur Annahme vorgelegt haben, wurde von mir einer genauen Prüfung unterzogen. Ich genehmige sie, und ich werde sie in Kraft setzen. [...] Ich nehme also die Verfassung an. Ich verpflichte mich, sie im Innern aufrechtzuerhalten, sie gegen äußere Angriffe zu verteidigen und sie mit allen Mitteln, die sie in meine Gewalt legt, durchzusetzen."*

besonderen Departements, sondern der ganzen Nation sein. Und es kann ihnen kein Auftrag gegeben werden. [...]

Kapitel II. Vom Königtum, der Regentschaft und den Ministern

Abschnitt I. Vom Königtum und dem König

Artikel 1: Das Königtum ist unteilbar und dem regierenden Hause im Mannesstamm nach dem Rechte der Erstgeburt erblich übertragen unter dauerndem Ausschluss der Frauen und ihrer Nachkommenschaft. [...]

Artikel 2: Die Person des Königs ist unverletzlich und heilig. Sein einziger Titel ist König der Franzosen.

Artikel 3: Es gibt in Frankreich keine Autorität, die über dem Gesetz steht. Der König regiert nur durch dieses. Und nur im Namen des Gesetzes kann er Gehorsam verlangen.

Artikel 4: Der König soll bei seiner Thronbesteigung, oder sobald er großjährig geworden ist, der Nation in Gegenwart der gesetzgebenden Körperschaft den Eid leisten, der Nation und dem Gesetze treu zu sein, alle ihm übertragene Macht zur Aufrechterhaltung der durch die Verfassunggebende Nationalversammlung in den Jahren 1789, 1790 und 1791 beschlossenen Verfassung anzuwenden und die Gesetze ausführen zu lassen.

Abschnitt III. Von der königlichen Bestätigung

Artikel 1: Die Beschlüsse der gesetzgebenden Körperschaft werden dem König vorgelegt, der ihnen seine Zustimmung verweigern kann.

Artikel 2: Im Falle, dass der König seine Zustimmung verweigert, ist diese Verweigerung nur von aufschiebender Wirkung.

Wenn die beiden Legislaturperioden, die derjenigen folgen, die den Beschluss vorgelegt hat, nacheinander den gleichen Beschluss in der gleichen Fassung wieder vorlegen, so wird angenommen, dass der König seine Bestätigung erteilt hat.

Günther Franz (Hrsg.), Staatsverfassungen, München ^{3}1975, S. 315 ff.

1. *Bestimmen Sie das Machtverhältnis zwischen Königtum und Nationalversammlung.*
2. *Vergleichen Sie das Wahlrecht der Verfassung mit Artikel 1 und 6 der Menschenrechtserklärung (siehe M3, Seite 47 f.). Nennen Sie mögliche Gründe für die hier vorgesehene Ausgestaltung des Wahlrechts.*

M13
Über die Gleichberechtigung der Juden

Nachdem die Protestanten am 24. Dezember 1789 die vollen Bürgerrechte erhalten, werden den Juden spanisch-portugiesischer Herkunft in Bordeaux am 28. Januar 1790 die staatsbürgerlichen Rechte zuerkannt. Die elsässischen Juden müssen darauf bis zum 28. September 1791 warten.

In der Erwägung, dass die notwendigen Voraussetzungen dafür, ein französischer Bürger zu sein, durch die Verfassung festgelegt sind und dass jeder, der diese Voraussetzungen erfüllt und sich durch die Leistung des Bürgereides[1] zur Erfüllung aller von der Verfassung ihm auferlegten Pflichten bereit erklärt, ein Recht auf sämtliche Vorteile hat, die sie zusichert, widerruft die Nationalversammlung alle in ihre früheren Dekrete aufgenommenen Benachteiligungen, Vorbehalte und Ausnahmebestimmungen bezüglich der jüdischen Personen, die den Bürgereid leisten; dieser gilt als Verzicht auf alle in der Vergangenheit zu ihren Gunsten beschlossenen Privilegien und Befreiungen[2].

▲ **Henri Baptiste Grégoire.**
Ölgemälde (129 x 98 cm) von Pierre-Joseph-Célestin François, 1800 (Ausschnitt).
Der 1750 geborene katholische Priester Grégoire stammte aus Lothringen. Er war einer der ersten Vertreter des Klerus, die sich 1789 den Abgeordneten des Dritten Standes angeschlossen hatten. Schon vor der Revolution hatte er sich für eine Versöhnung mit den Juden eingesetzt. Als Mitglied des Nationalkonvents und Bischof sprach er sich auch für die Emanzipation der schwarzen Sklaven aus.

Ein Leipziger Zeitungsartikel berichtet im Oktober 1791 aus Straßburg:

Am Sonntage haben die christlichen und jüdischen Einwohner zu Bischheim die Vollendung der Constitution gemeinschaftlich gefeiert. In der jüdischen Synagoge wurde die Constitutionsakte von den vier ältesten Juden des Ortes auf einem roten seidenen Kissen getragen und auf den hohen Altar gelegt, wo gewöhnlich die heil. Schrift abgelesen wird. Dann wurden in der Synagoge verschiedene Lob- und Dankpsalme gesungen, und zuletzt auch das bekannte Revolutionslied: „Ah, ça ira".[3] Darauf zogen Juden und Christen, Arm in Arm geschlungen, nach der Gemeindestube, wo sie der katholische konstitutionelle Priester des Ortes also anredete: „Mitbürger ohne Unterschied! Heute ist der Tag der Verbrüderung, atmet Menschen- und Bruderliebe, vereinigt euch innigst miteinander durch den Bürgereid. Hier legt eure Hand auf die Constitutionsakte!" Der erste, der den Bürgereid schwor, war ein Jude von etlichen 70 Jahren; ihm folgten alle anwesenden Christen und Juden nach.

Erster Text: Walter Grab (Hrsg.), a. a. O., S. 93 f.; zweiter Text: Walter Markov, a. a. O., S. 182 f.

1. *Erarbeiten Sie aus dem Gesetz die bisherige gesellschaftliche und politische Stellung der Juden.*
2. *Überlegen Sie, welche Zukunftschancen sich die jüdische Bevölkerung erhoffte.*

---

[1] *Vergleichen Sie mit Kapitel II, Artikel 4 der Verfassung von 1791 (M12, Seite 57).*
[2] *Juden waren u. a. vom Militär ausgeschlossen und unterlagen nicht der allgemeinen Gerichtsbarkeit.*
[3] *Ah, ça ira: Ah, es wird gehen (Ah, wir werden es schaffen); populäres Lied gegen alle Revolutionskritiker; es entstand auf dem Förderationsfest vom 14. Juli 1790 (siehe Seite 117). Die Zeile erinnert an den erfolgreichen Slogan „Yes, we can!" von Barack Obama im amerikanischen Präsidentsschaftswahlkampf 2008.*

▲ **„Die Nationalschuld."**

Ausschnitt aus einem 1793 von Jean-Baptiste Letourmi in Orléans verlegten kolorierten Holzschnitt, der vier „Denkwürdige Szenen" aus den Jahren 1789 bis 1791 enthält. Unter dem Bild steht: „Die Gegenwart verlangt, dass jedermann die große Steuerlast Frankreichs mitträgt."

Die Ablösung der ständischen Gesellschaftsordnung

Die Aufstände in den Städten und auf dem Lande hatten den König zur Anerkennung der Nationalversammlung gezwungen. Das entlassene Reformkabinett, mit *Necker** an der Spitze, wurde vom Monarchen zurückgerufen, und am 17. Juli zeigte er sich in Paris der „jubelnden" Bevölkerung. Gleichzeitig emigrierten die ersten Adligen.

Die politischen Hoffnungen richteten sich auf die seit dem 9. Juli 1789 tagende *Konstituante*. Von den fast 1.200 Abgeordneten zählten etwa 300 zum *Klerus*, circa 250 zum *Adel* und die Mehrzahl zum „Dritten Stand", darunter zahlreiche Beamte, Advokaten, Notare sowie Vertreter von Handel, Banken und Industrie. Bauern, Handwerker und Arbeiter fanden sich nicht unter den Deputierten.

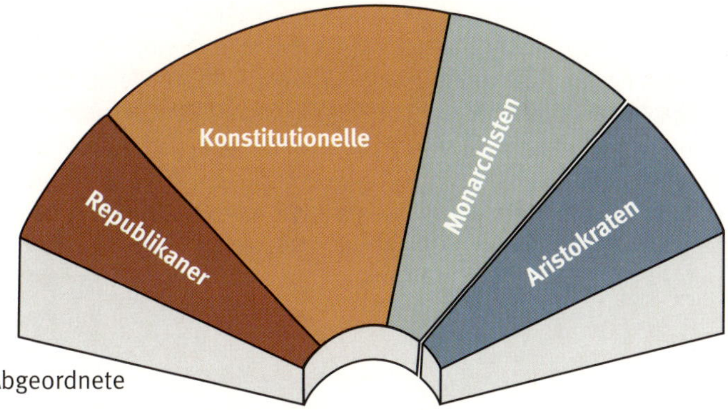

▲ **Die politische Zusammensetzung der Verfassunggebenden Nationalversammlung (Assemblée nationale constituante): 17. Juni 1789 bis 30. September 1791.**

Nach: Axel Kuhn, Die Französischen Revolution, Stuttgart 1999, S. 90

Waren diese Männer in der Lage, die ständische Gesellschaftsordnung in eine auf Freiheit und Gleichheit beruhende bürgerliche Ordnung umzuwandeln? Diese Aufgabe verlangte nicht nur eine neue Staatsverfassung, sondern auch eine Umwandlung der ständischen in eine zivile (bürgerliche) Rechtsordnung. Von den städtischen und ländlichen Unruhen betroffen, politisch taktierend und besonders auf breite öffentliche Wirkung bedacht, entschieden sich die reformorientierten Abgeordneten in der Nacht vom 4. zum 5. August, in einem „Augenblick patriotischer Trunkenheit" – so der Abgeordnete Marquis *Charles-Elie de Ferrières* – für die Abschaffung des Zehnten und die Ablösung der Sonderrechte von Ständen, Provinzen und Städten. Die darauf basierenden Gesetze regelten erstmals die politische Gleichberechtigung aller Stände und – daraus resultierend – die rechtliche und steuerliche Gleichheit der Bürger. Feudalistische Beschränkungen sollten entfallen, und der freie (ständisch ungebundene) Staatsbürger sollte von nun an frei über sein Eigentum (vor allem Grund und Boden) verfügen können. Eine Grundlage der „modernen" bürgerlichen Gesellschaft war geschaffen.
Nur eine Minderheit kritisierte die *Augustbeschlüsse* (▸ M1 und M2). Die ökonomischen und sozialen Konsequenzen der Beschlüsse wurden erst mit den späteren Ausführungsbestimmungen deutlich. Es zeigte sich, dass nur die vermögenden Bauern Vorteile hatten, denn die Rechte auf Grund und Boden konnten nur käuflich abgelöst werden. Die Kritik blieb nicht aus, und auf dem Lande zogen sich die Konflikte um die Befreiung von Lasten noch bis zum Sommer 1793 hin.

Die Erklärung der Menschen- und Bürgerrechte

Die Auseinandersetzungen um die Ablösung der ständischen Privilegien hatten die Beratung der Grundsätze, nach denen die zukünftige Verfassung Frankreichs gestaltet werden sollte, nur unterbrochen. Bereits am 26. August 1789 wurde der Rahmen der kommenden Verfassung in Form der *Erklärung der Menschen- und Bürgerrechte* in der Konstituante beschlossen (▸ M3). Das naturrechtliche Denken der *Aufklärung, Montesquieus* Lehre von der Gewaltenteilung und *Rousseaus* Gedanke vom Allgemeinwillen (*volonté générale*) fanden hier ebenso ihren Einfluss wie die *Amerikanische Unabhängigkeitserklärung* und die *Virginia Bill of Rights* von 1776. Die Erklärung verkündete die wirkungsmächtigsten Prinzipien der Französischen Revolution von 1789: die Freiheit des Individuums (*Liberté*), die Gleichheit der Bürger (*Égalité*) sowie – weniger deutlich und wirksam – die Brüderlichkeit (*Fraternité*) aller Menschen. Die Prinzipien dieser „Charta der modernen Demokratie" – so der Historiker *François Furet* – hatten auch Grenzen, dies zeigte sich bald in der Diskussion um die Verfassung.
Die Revolution fand in dieser ersten Phase auch die Anerkennung von Revolutionstouristen, die nach Paris gekommen waren, um sich vor Ort einen Eindruck von den Ereignissen zu machen (▸ M4).

Grundbegriff: Menschenrechte ···› Wo immer Menschen heute Freiheit und Gerechtigkeit fordern, berufen sie sich direkt oder indirekt auf die „Erklärung der Menschen- und Bürgerrechte“ von 1789. Diese Erklärung ist das wirkungsmächtigste Vermächtnis der Französischen Revolution – eine Kampfansage gegen jede Form der Unterdrückung.
Vorbilder lieferten die *Virginia Bill of Rights* von 1776 und die amerikanische Verfassungsdiskussion von 1787/89. Im 19. Jahrhundert wurden die Menschenrechte Gegenstand nationaler Verfassungen und im 20. Jahrhundert auch Bestandteil internationaler Abkommen. Die *Vereinten Nationen*, der *Europarat*, die *Konferenz für Sicherheit und Zusammenarbeit in Europa*, die *Organisation für Afrikanische Einheit* und die *Organisation der Islamischen Konferenz* haben Menschenrechtsvereinbarungen getroffen, die von ihren Mitgliedstaaten anerkannt wurden. Innerstaatliche Voraussetzungen für die Bewahrung der Menschenrechte sind demokratische Verhältnisse und ein unabhängiges Rechtssystem. Dies wird in vielen muslimischen Staaten noch anders gesehen.
Ihre zwischenstaatliche Unverbindlichkeit verloren die Menschenrechte, als sie zur internationalen Bedingung für die Aufnahme in internationale Organisationen bzw. zum Maßstab für die Unterstützung oder Ächtung von Regierungen gemacht wurden. Seither müssen sich alle Staaten an der Einhaltung der von den Vereinten Nationen verkündeten *Allgemeinen Erklärung der Menschenrechte* von 1948 messen lassen.
Die Verwirklichung und Sicherung der Menschenrechte bleibt auch in Zukunft eine ständige nationale und internationale politische Aufgabe. Sie steht und fällt mit dem Engagement der Bürger.

Auseinandersetzung um das Vetorecht des Königs

Die Abgeordneten setzten ihre Arbeit fort, ohne zunächst die entscheidende Frage zu klären, inwieweit die Zustimmung des Monarchen für Beschlüsse der Konstituante notwendig war. Das Problem wurde akut, als *Ludwig XVI.** die Anerkennung der „Augustbeschlüsse“ verweigerte. Die verfassungsrechtliche Frage, welche Macht dem Monarchen in der zukünftigen Verfassung zugestanden werden sollte, bekam zentrale Bedeutung. Die traditionsorientierten Monarchisten wollten dem König in der Gesetzgebung ein Einspruchsrecht (*Vetorecht*) einräumen, um eine starke Exekutive wiederherzustellen. Ein solches Vetorecht lehnten die Anhänger der sogenannten „Verfassungspartei“ ab. Schließlich räumte die Mehrheit der Parlamentarier dem König ein aufschiebendes (*suspensives*) Vetorecht ein, das aber nicht für verfassungsrechtliche und fiskalische Maßnahmen gelten sollte. Damit konnte der Monarch zukünftig Gesetze nicht generell verhindern, doch für zwei Legislaturperioden (vier Jahre) blockieren. Trotz dieser verfassungsmäßig garantierten Zugeständnisse wollte der König die bisherigen Dekrete nicht anerkennen.

▲ **„Rückkehr der Pariser Marktfrauen und der Nationalgarde nach Paris."**
Anonyme, kolorierte Radierung (18,5 x 34,5 cm), 1789.
In Versailles hatten die Frauen am 5./6. Oktober 1789 demonstriert und den Abgeordneten einen Gesetzesentwurf zur Sicherung der Brotversorgung diktiert. Ihr Protest trug auch dazu bei, dass Ludwig XVI. seine Zustimmung zur Verfassung gab.
• Erläutern Sie, wie der Zeichner Anlass und Verlauf des Zuges deutet.

Anerkennung der „Augustbeschlüsse" durch den König

Während man in Versailles politisch nicht vorankam und der König sich weigerte, die Augustbeschlüsse zu unterschreiben, nahmen die Versorgungsschwierigkeiten in Paris zu. Mit der Bemerkung, „die Männer trödeln, die Männer sind feige, jetzt nehmen wir die Sache in die Hand" zogen am 5. Oktober 1789 etwa 6.000 Frauen nach Versailles, um gegen die Not zu demonstrieren; ihnen folgten rund 20.000 Nationalgardisten. Im Verlauf des Protestes erkannte Ludwig XVI. die von der Konstituante erarbeiteten Verfassungsartikel einschließlich der „Augustbeschlüsse" und der Menschenrechtserklärung an. Außerdem wurde er gezwungen, mit seiner Familie in die Hauptstadt zu ziehen. Die Abgeordneten folgten ihm; auch der am 30. April 1789 im Café Amaury in Versailles gegründete „Bretonische Klub", in dem sich Mitglieder der *Generalstände* zusammengefunden hatten, um mit anderen Deputierten zu beraten. Die erste Sitzung des Klubs, der sich nun „Gesellschaft der Verfassungsfreunde" nannte, fand am 6. Oktober 1789 im ehemaligen Kloster der *Jakobiner* (*Dominikaner*) statt. Das war die Keimzelle des „Jakobinerklubs", in dem sich Mandatsträger und politisch interessierte Bürger trafen.[1)] Paris wurde zum Zentrum der parlamentarischen und außerparlamentarischen Macht.

Die Reformarbeit der Konstituante

In der Konstituante hatte man begonnen, über ein aktives und passives Bürgerrecht zu diskutieren (▸ M5), als eine weitere spektakuläre Entscheidung fiel: Am 19. Juni 1790 wurde der erbliche Adel abgeschafft – eine folgerichtige Konsequenz aus der Beseitigung aller Privilegien. Erstaunlich war dieser Akt aber angesichts der Tatsache, dass maßgebliche Mitglieder der Nationalversammlung selbst Angehörige des Adels waren.

[1)] *Siehe dazu auch das Kapitel über die neue revolutionäre Kultur auf Seite 113 f.*

▲ **Abschaffung der Adelstitel: Scheiterhaufen der Eitelkeiten.**
Ausschnitt aus einem 1793 von Jean-Baptiste Letourmi in Orléans verlegten kolorierten Holzschnitt, der vier „Denkwürdige Szenen" aus den Jahren 1789 bis 1791 enthält.
Übersetzt lautet die Bildunterschrift: „Der [erbliche] Adel wird für immer abgeschafft, die Titel Prinz, Marquis, Baron, Ritter und Monseigneur sind beseitigt." Das Gesetz vom 19. Juni 1790 verbot darüber hinaus das Führen eines Wappens sowie die Benutzung der Titel Exzellenz, Hohheit, Euer Gnaden etc.
• *Deuten Sie die dargestellte Szene.*

Die Entscheidung beeinflusste andere Verfassungsfragen nicht. Die Abgeordneten diskutieren über die Zulassung der Frauen zum Bürgerrecht[1)], über die Frage, ob das Wahlrecht nur für die gelten dürfte, die ein bestimmtes Einkommen nachweisen konnten (*Zensuswahlrecht*) und welche Bedeutung der Verfassung innerhalb der Monarchie zukommen sollte. Diese Diskussion machte die Grenzen der Menschenrechtserklärung deutlich, indem sie die verkündete Gleichheit aller in der Verfassung einschränkte (➧ M6 und M7).
Weitreichend waren zugleich die Bemühungen der Abgeordneten, ein neues Regierungssystem zu schaffen, das die oft willkürlichen Zuständigkeitsbereiche der alten Feudalordnung aufhob. Zum Teil konnten sie dabei auf die im *Ancien régime* begonnenen Reformen zurückgreifen. Als erstes wurden die Obersten Gerichtshöfe (*Parlements*) im November 1789 suspendiert (und dann im September 1790 aufgelöst). Die nach 1789 durchgeführten Verwaltungs-, Justiz-, Finanz-, Steuer- und Gemeindereformen griffen ineinander. An die Stelle der alten, unterschiedlich strukturierten Provinzen wurde das Land in 83 etwa gleich große Verwaltungsbezirke (*Departements*) eingeteilt und mit einem neuen dreigliedrigen Verwaltungsapparat ausgestattet: Gemeinde, Distrikt und Departement. Die Gerichtsbarkeit wurde unabhängig. Eine allgemeine Grundsteuer wurde eingeführt, die Binnenzölle aufgehoben und ein einheitlicher Wirtschaftsraum entstand. Dazu wurden Zünfte, Gilden und Innungen abgeschafft und die *Berufs- und Gewerbefreiheit* erlassen. Um jeden Rückfall in die

[1)] *Siehe dazu auch das Kapitel „Die Revolution und die Frauen", Seite 119 ff.*

alte Wirtschaftsordnung zu unterbinden, untersagte im Juni 1791 ein Gesetz allen „Bürgern gleichen Standes und Berufes“ eine gemeinsame wirtschaftliche Interessenvertretung (*Gesetz Le Chapelier**). Diese Regelung kam einem Streik- und Koalitionsverbot gleich; sie wurde erst 1864 bzw. 1884 aufgehoben (▸ M8).
Alle diese Maßnahmen formten das Land nachhaltig um. Damals wurden die Weichen für das moderne Frankreich gestellt. Dies hinderte den englischen Politiker *Edmund Burke* nicht, die revolutionäre Entwicklung in Frankreich scharf zu kritisierten (▸ M9).

Die Assignaten: Versuche, die Finanzkrise des Staates zu überwinden

Die Revolution lähmte Handel und Gewerbe. Der Staat nahm kaum noch Steuern ein. Dabei brauchte die Regierung dringend Mittel, um den übernommenen katastrophalen Staatshaushalt sanieren zu können. Auf Initiative *Talleyrands**, des 35-jährigen Bischofs von Autun (Burgund), wurden in der Konstituante im Dezember 1789 nach harten Auseinandersetzungen die Einziehung der Kirchengüter und deren Verkauf mehrheitlich beschlossen. Die gesamten kirchlichen Besitztümer wurden konfisziert, zu Nationalgütern (*biens nationaux*) erklärt und zum Verkauf angeboten.
Auf die Nationalgüter wurden verzinsliche Schuldscheine der Staatskasse (*Assignaten*) ausgestellt, mit denen der Staat das Grundeigentum der Kirche (später auch des Königs und der Emigranten) belieh. Bei der Veräußerung der Grundstücke sollten die Schuldscheine aus dem Erlös befriedigt und an den Staat zurückgegeben werden. Nach und nach wurden jedoch zur Finanzierung des Staatshaushalts immer mehr „ungedeckte“ Assignaten ausgegeben. Eine Inflation setzte ein. Die zu Papiergeld umgewandelten Assignaten verloren schnell an Wert. Der im April 1792 begonnene Krieg[1] beschleunigte den Wertverfall und die Inflation. Als die Assignaten 1796 außer Kurs gesetzt wurden, waren sie praktisch wertlos. Leidtragende der Entwicklung war vor allem die lohnabhängige Bevölkerung, die die gestiegenen Preise der Nahrungsmittel bald nicht mehr aufbringen konnte. Wer Nationalgüter auf Kredit erworben hatte, profitierte dagegen von der Geldentwertung.

	1790	1795
1 Scheffel Mehl	2	225
1 Scheffel Bohnen	4	120
1 Scheffel Erbsen oder Linsen	4	130
½ Fass Wein aus Orléans	80	2.400
2 Fuder Holz	20	500
1 Paar Schuhe	5	200
1 Paar Socken	3	100

▲ **Die Entwicklung der Preise (in Livres).**
Nach: Jean Robiquet, La vie quotidienne au temps de la révolution, Paris 1958, S. 217
Zur Lohnentwicklung: 1790 verdiente ein Handwerker 45 Sous, bis Mitte 1794 stieg der Lohn auf 75 Sous (1 Livre = 20 Sous = etwa 15 Euro).

[1] *Weiterführende Informationen zum ersten Koalitionskrieg (1792–1797) finden Sie auf Seite 93.*

Die Trennung von Kirche und Staat

Eine wesentliche Konsequenz aus der Nationalisierung der Kirchengüter war eine staatliche Kirchenverfassung. Der Staat übernahm die sozialen Aufgaben des Klerus, wie Schulen, Kranken- und Armenpflege. Geistliche wurden zu wählbaren Staatsdienern gemacht: Die Departementversammlungen wählten die Bischöfe und die „Aktivbürger“ der Distrikte die Priester. Die Bezahlung der Bischöfe und Priester übernahm der Staat. Gleichzeitig setzte er die Zahl der Diözesen von 135 auf 83 herab. Ein Gesetz vom 26. Dezember 1790 nötigte die Geistlichen zum Eid auf die noch nicht fertige Verfassung. Der Papst wehrte sich gegen die massiven Eingriffe in Kirchenangelegenheiten und verbot den Priestern den *Bürgereid*. Eine offene Spaltung zwischen eidverweigernden und eidleistenden Priestern war die Folge. Die Gegner der Revolution fanden unverhofft und unerwartet weiteren Rückhalt.

Die Flucht des Königs

Das Ende der Konstituante wurde geprägt von dem Doppelspiel des Königs, der einerseits die neuen Verhältnisse hinhaltend anerkannte und andererseits nach Möglichkeiten suchte, mithilfe des Auslands die Verhältnisse rückgängig zu machen. Ausdruck dieses Taktierens war der Fluchtversuch der königlichen Familie ins Ausland am 20./21. Juni 1791. Die Bevölkerung war schockiert und empört, erneut kam es im ganzen Land zu Unruhen.
Die meisten Abgeordneten wollten diesen königlichen Misstrauensbeweis übergehen, um die nun fast fertiggestellte Verfassung zu retten. Sie wollten die Revolution beenden, um endlich wieder zu stabilen Verhältnissen zurückzukehren (▶ M10). Die Gegner dieser pragmatischen Politik nahmen für sich in Anspruch, auf die „Reinhaltung“ der revolutionären Prinzipien zu achten. Sie forderten im Juli 1791 auf einer Massenkundgebung eine neue „Verfassunggebende Gewalt“ und „die Ablösung der alten und Bildung einer neuen Exekutivgewalt“. Erstmals wurden damit die Absetzung des Königs und die Errichtung einer Republik öffentlich gefordert. Die Demonstration wurde von der Nationalgarde niedergeschlagen (▶ M11).

Die Verfassung von 1791

Am 14. September 1791 leistete Ludwig XVI. einen Eid auf die Verfassung. Aus Frankreich war eine *konstitutionelle Monarchie* geworden. Der König stand nicht mehr „über dem Gesetz“, sondern regierte „nur durch dieses“, wie es die Verfassung bestimmte. Sein möglicher Einfluss auf die Arbeit der Gesetzgebenden Versammlung, die Legislative, war zwar begrenzt, immerhin wurde ihm aber eine starke Exekutivgewalt zugebilligt (▶ M12). Noch war nicht daran gedacht worden, den Monarchen auf Repräsentationsaufgaben zu beschränken und die Regierung von der Mehrheit des Parlaments abhängig zu machen (*parlamentarische Monarchie*).
Die Menschenrechte wurden dem Verfassungstext vorangestellt. Doch die Gleichheit der Bürger fand im Zensuswahlrecht, das im Parlament mit nur zehn Stimmen Mehrheit beschlossen worden war, und im Männerwahlrecht (das Frauenwahlrecht wurde in

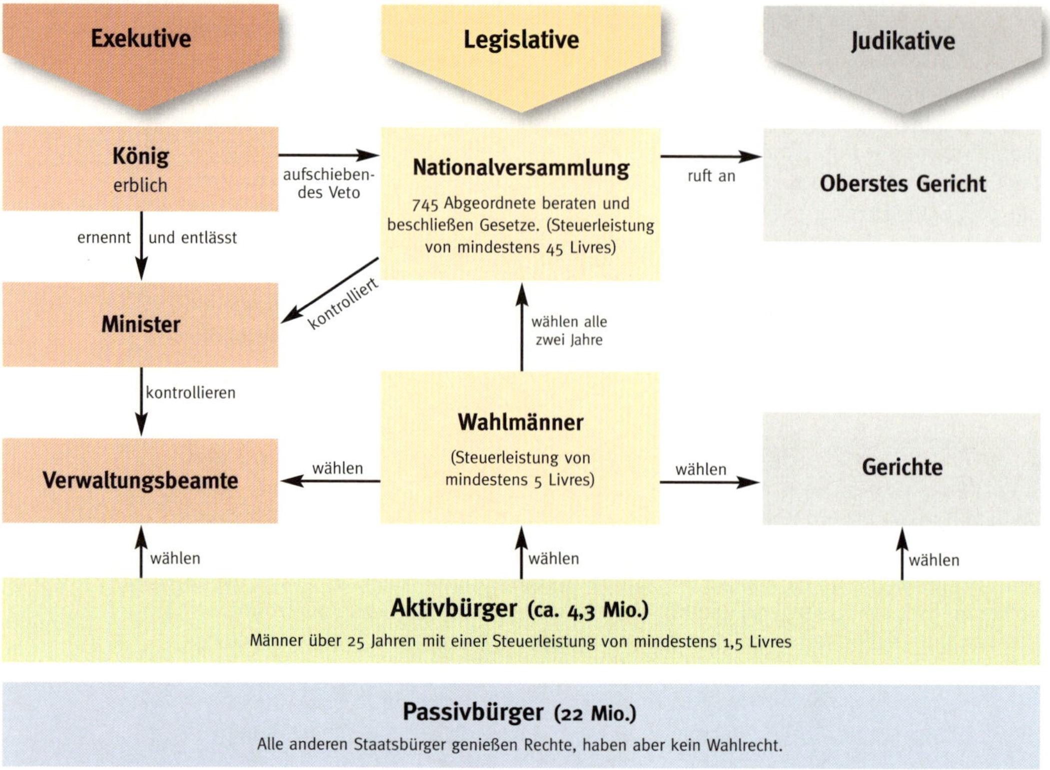

▲ **Die Verfassung von 1791.**

Frankreich erst 1944 beschlossen) ihre Grenzen. Die Bevölkerung wurde in politisch berechtigte (steuerzahlende) Aktivbürger (*Citoyens actifs*) und schutzbefohlene Passivbürger (*Citoyens passifs*) geteilt. Abgeordnete konnten nur Bürger werden, deren jährliche Steuerlast ausreichend hoch war. Größe des Besitzes und Geschlecht bestimmten somit die Möglichkeiten der Franzosen, im Staate politisch aktiv mitwirken zu können. Die bald getroffene Unterscheidung zwischen *Citoyen* und *Bourgeois* (Besitzbürger) sollte die weitere öffentliche Diskussion nachhaltig belasten.

Darüber hinaus hatten die Abgeordneten auch noch nicht die Abschaffung der Sklaverei und die bürgerliche Gleichstellung der farbigen Bevölkerung in den eigenen Kolonien durchsetzen können, obwohl sich dafür seit 1788 eine einflussreiche „Gesellschaft der Freunde der Schwarzen" (*Société des Amis des Noirs*), der auch zahlreiche Abgeordnete wie Grégoire[1], *Mirabeau**, *Lafayette** und *Condorcet** angehörten, eingesetzt hatte.

[1] *Siehe Seite 58.*

Die bürgerliche Gleichstellung der Juden

Umstritten war die Emanzipation[1] der etwa 40.000 in Frankreich lebenden Juden. Sie mussten zum großen Teil noch deutlich getrennt von der übrigen Bevölkerung leben, hatten hohe Schutzgelder zu zahlen und waren von Handel und Handwerk ausgeschlossen. Nach Ausbruch der Revolution kam es im Sommer 1789 vor allem im Nordosten Frankreichs zu vielen antijüdischen Ausschreitungen. Ende Januar 1791 hatte die Nationalversammlung die volle Rechtsgleichheit der im Südwesten Frankreichs lebenden Juden beschlossen. Erst kurz vor der Auflösung der Konstituante verkündeten die Abgeordneten dann am 28. September 1791 ein Gesetz, das den Juden im ganzen Lande die bürgerlichen und politischen Rechte und damit die Gleichstellung mit den übrigen Bürgern eröffnete (➧ M13).
Die französische Gesetzgebung ging mit ihrem Gesetz über die Toleranzpatente der Österreicher hinaus, die bereits zwischen 1781 und 1789 die rechtliche und wirtschaftliche Stellung der Juden verbessert, aber keine politische Gleichstellung eröffnet hatten. Mit den folgenden Eroberungszügen[2] wurde das Gesetz zum Ausgangspunkt und Maßstab der Judenemanzipation in vielen europäischen Ländern.

---

[1] Emanzipation: Befreiung aus der Bevormundung. Im alten Rom bezeichnete sie die Entlassung eines Familienmitgliedes aus der väterlichen Gewalt, später auch die Freilassung eines Sklaven.
[2] Siehe hierzu Seite 93.

Die konstitutionelle Monarchie zerbricht

27. August 1791
Deklaration von Pillniz: Der Kaiser des Heiligen Römischen Reiches Deutscher Nation und der König von Preußen erklären sich bereit, dem französischen König zu helfen.

1. Oktober 1791
Die erste Sitzung der Gesetzgebenden Versammlung (*Assemblée nationale législative*) findet statt.

20. April 1792
Frankreich erklärt Österreich und Preußen den Krieg; der Erste Koalitionskrieg beginnt.

11. Juli 1792
Die Legislative ruft den nationalen Notstand („Das Vaterland ist in Gefahr") aus.

25. Juli 1792
Der Oberbefehlshaber der preußisch-österreichischen Truppen, Herzog Karl Wilhelm Ferdinand von Braunschweig, droht den Parisern.

10. August 1792
Sturm auf die Tuilerien; die Monarchie wird suspendiert.

11. August 1792
Das Zensuswahlrecht wird aufgehoben.

2.–6. September 1792
Volksmassen dringen in die Pariser Gefängnisse ein und töten vermeintliche und tatsächliche Gegner der Revolution („Septembrisaden").

▲ **„Ludwig der Letzte und seine Familie."**
Anonyme Radierung, 1792.
Ludwig XVI. wird gefangen genommen und am 13. August 1792 in den „Temple", den ehemaligen Sitz des Ordens der Templer, überführt.*
• Beschreiben Sie die dargestellten Personengruppen und analysieren Sie die Haltung des Zeichners zu dem Ereignis.

M1

Drohungen aus Pillnitz

Kaiser Leopold II. und der preußische König Friedrich Wilhelm II. treffen sich am 27. August 1791 in Schloss Pillnitz unweit von Dresden. Sie veröffentlichen folgende Erklärung:

Der Kaiser und der König von Preußen haben die Wünsche und Vorstellungen Monsieurs, des ältesten Bruders des Königs von Frankreich und des Grafen Artois[1], vernommen und erklären gemeinschaftlich die Situation, in der sich der König von Frankreich gegenwärtig befindet, als ein gemeinsames Interesse für alle Könige Europas. Sie hoffen, dass dieses Interesse nicht verhehlen wird, von den Mächten anerkannt zu werden, deren Hilfe angerufen worden ist, und dass sie sich in der Folge nicht weigern werden, gemeinschaftlich mit den unterzeichneten Majestäten, gemäß ihren Kräften, die wirksamsten Mittel anzuwenden, um den König in den Stand zu setzen, in größter Freiheit die Grundlagen eines monarchischen Regiments zu festigen, die gleichermaßen den Rechten der Souveräne und dem Wohl der französischen Nation entsprechen. Dann und in diesem Falle sind der Kaiser und der König von Preußen entschlossen, sofort in wechselseitigem Verständnis mit den notwendigen Hilfsmitteln zu handeln, um gemeinsam den erstreben Zweck zu erreichen. In der Voraussetzung werden sie ihren Truppen die geeigneten Befehle erteilen, um sie in den Stand zu setzen, einzuschreiten.

Walter Grab (Hrsg.), Die Französische Revolution. Eine Dokumentation, München 1973, S. 59 f.

Verfassen Sie Antworten auf diese Erklärung aus der Sicht der Revolutionsanhänger und -gegner. Berücksichtigen Sie dabei die innen- und außenpolitische Wirkung der Erklärung.

---

[1] *Charles Philippe Graf d'Artois (1757–1836), Bruder von Ludwig XVI.; er war ein entschiedener Anhänger der unbeschränkten Königsherrschaft und verließ bereits am 16./17. Juli 1789 Frankreich. Im Exil organisierte er revolutionsfeindliche Aktionen. 1824 wurde er König von Frankreich, sechs Jahre später stürzte man ihn wieder.*

M2

Für und gegen den Krieg

Nach der Deklaration von Pillnitz (M1) beginnt die öffentliche Diskussion um die Führung eines Angriffskrieges, um den Gegnern zuvorzukommen (Präventivkrieg). Der Abgeordnete Maximin Isnard, ein etwa 40-jähriger ehemaliger Parfümhändler aus Südfrankreich, der sich den Girondisten angeschlossen hatte, spricht am 19. November 1791 zu den Abgeordneten der Konstituante:

Der Franzose wird sich zum erhabensten Volk der Welt entwickeln. Geknechtet war er unerschrocken und stolz; frei soll er furchtsam und schwach sein? [...]
Glaubt nicht, unsere augenblickliche Lage verwehre es uns, jene entscheidenden Schläge zu führen! Ein Volk im Zustand der Revolution ist unbesiegbar. Die Fahne der Freiheit ist die Fahne des Sieges. [...] Sagen wir Europa schließlich, dass zehn Millionen Franzosen, vom Feuer der Freiheit entflammt und bewaffnet mit dem Schwert, der Feder, mit Vernunft und Beredsamkeit, wenn man sie herausfordert, ganz allein imstande sind, das Antlitz der Erde zu verwandeln und alle Tyrannen auf ihren tönernen Thronen erzittern zu lassen.

Der König, der um den schlechten Zustand der Armee weiß und auf eine Niederlage hofft, spricht sich am 14. Dezember 1791 in der Legislative für den Krieg aus. Zwei Tage später erklärt der 1754 geborene Jurist und Schriftsteller Jacques Pierre Brissot, der ebenfalls zu den Girondisten zählt, im Jakobinerklub:*

Überlegungen und Tatsachen haben mich zu der Überzeugung gebracht, dass für ein Volk, das nach tausend Jahren Sklaverei die Freiheit erobert hat, der Krieg ein Bedürfnis ist. Der Krieg ist notwendig, um die Freiheit zu befestigen; er ist notwendig, um sie von den Lastern des Despotismus zu reinigen; er ist notwendig, um Männer zu entfernen, welche sie vergiften könnten.

Am 2. Januar 1792 spricht der aus der nordfranzösischen Stadt Arras stammende Maximilien de Robespierre im Jakobinerklub zu dem Thema. Der 34-jährige Anwalt kommt zu dem Ergebnis:*

Bevor Sie sich in die Politik und in die Staatsgeschäfte der europäischen Fürsten verirren, beginnen Sie gefälligst damit, Ihre Blicke auf Ihre eigene Lage im Innern zu richten; stellen Sie zunächst in Ihren eigenen Angelegenheiten die Ordnung wieder her, bevor Sie sich vornehmen, anderen die Freiheit zu bringen. [...]
Der Krieg ist gut für Armeeoffiziere, für Ehrgeizlinge und für Börsenspekulanten; er ist gut für die Minister, deren Unternehmungen er mit einem noch dichteren und fast für heilig gehaltenen Schleier bedeckt; er ist gut für den Hof, er ist gut für die Exekutive, deren Autorität, Ansehen und Einfluss er erhöht, und er ist gut für die Koalition der Adligen, der Intriganten und der Gemäßigten, die Frankreich regieren.

Erster Text: Walter Grab (Hrsg.), a. a. O., S. 94 ff.; zweiter Text: Peter Fischer (Hrsg.), Reden der Französischen Revolution, München ³1989, S. 144; dritter Text: Maximilien Robespierre. Ausgewählte Texte, deutsch von Manfred Unruh, Hamburg ²1989, S. 165 und 168

Analysieren Sie die Argumente für und gegen den Krieg. Begründen Sie die verschiedenen Perspektiven der Redner.

M3

„Wir wollen unser Leben verteidigen können!"

Am 6. März 1792 wird den Abgeordneten der Legislative eine von mehr als 300 Frauen unterschriebene Bittschrift vorgelegt:

Gesetzgeber! Patriotische Frauen stehen vor Euch, um ein Recht einzufordern, das jeder Einzelne hat: das Recht, sein Leben und seine Freiheit zu verteidigen. [...]
Ja, Messieurs, was wir brauchen, sind Waffen und wir kommen, um die Erlaubnis zu erlangen, uns welche zu besorgen.
Unsere Schwäche sei kein Hindernis: Mut und Furchtlosigkeit wiegen sie auf und die Liebe zum Vaterland, der Hass auf die Tyrannen wird uns leicht allen Gefahren trotzen lassen! Glaubt aber nicht, dass wir vorhaben, unsere Pflichten, die unserem Herzen immer teuer sind, aufzugeben, unsere Familie und unser Haus zu verlassen, um uns dem Feind entgegenzuwerfen.
Nein, Messieurs, wir wollen nur uns selbst verteidigen, ihr könnt uns dieses Recht nicht verweigern und die Gesellschaft kann es uns nicht nehmen, dieses Recht, das die Natur uns gibt, es sei denn, dass Ihr vorgebt, dass die Erklärung der Menschenrechte nicht für die Frauen Gültigkeit hat und dass sie sich abschlachten lassen sollen wie die Lämmer, ohne das Recht, sich zu verteidigen [...].
Messieurs, es folgt, was wir von Eurer Gerechtigkeit zu erlangen hoffen:

1. Die Erlaubnis, uns Piken, Pistolen und Säbel zu besorgen (und selbst Gewehre für diejenigen, die die Kraft haben, sie zu bedienen). Wir werden uns dabei den Vorschriften der Polizei unterwerfen.
2. Dass wir uns auf dem Föderations-Feld oder anderen geeigneten Orten an Sonn- und Feiertagen versammeln können, um uns im Gebrauch der oben genannten Waffen zu üben.
3. Dass wir unter das Kommando der Gardes-Françaises gestellt werden, immer gemäß den Vorschriften, die uns durch die Weisheit des Herrn Bürgermeisters gegeben werden, zur Aufrechterhaltung der öffentlichen Ordnung und Ruhe.

Brigitte Daners, Marianne Montrée und Wilma Wirtz-Weinrich, Frauen in der Französischen Revolution, Mülheim an der Ruhr 1987, S. 41 f.

1. *Ordnen Sie die Forderung in den Kontext des Revolutionsverlaufes ein.*
2. *Erörtern Sie das Selbstverständnis der Frauen, das in der Bittschrift deutlich wird.*

▲ **Erstürmung der Tuilerien am 10. August 1792.**
Ölgemälde (124 x 192 cm) von Jean Duplessi-Bertaux, um 1793.

M4
„La patrie est en danger“

Am 20. April 1792 erklärt Frankreich Österreich den Krieg. Es folgen die ersten Niederlagen, auf die die städtische Volksbewegung am 20. Juni 1792 mit Massendemonstrationen gegen den König reagiert. Die Legislative beschließt daraufhin am 11. Juli 1792 den militärischen Notstand:

Starke Truppenmassen marschieren auf unsere Grenze zu [...]. Bürger, das Vaterland ist in Gefahr. Diejenigen, denen die Ehre zuteil wird, sich als die Ersten in Marsch zu setzen, um das zu verteidigen, was ihnen am teuersten ist, sollen sich immer daran erinnern, dass sie freie Franzosen sind, dass ihre Mitbürger in der Heimat die Sicherheit der Person und des Eigentums schützen, dass die Beauftragten des Volkes aufmerksam darüber wachen; dass alle ruhigen Mutes, dem Kennzeichen der wahren Stärke, das Signal des Gesetzes erwarten, und das Vaterland wird gerettet sein.

Irmgard und Paul Hartig, Die Französische Revolution, Stuttgart 1984, S. 71

1. *Erläutern Sie die Funktion der Erklärung.*
2. *Beurteilen Sie die Erklärung aus der Sicht der Frauen (M3).*

M5
„Fürchtet die Reaktion ...“

In Paris reagiert die städtische Volksbewegung auf die Drohungen erneut mit einem Sturm der Empörung. Am 9. August 1792 wird das Rathaus besetzt und eine „Commune insurrectionelle“ („Kommune des Aufstands“) gebildet. Ein Tag später ziehen Aufständische vor das Königsschloss. Als auf sie geschossen wird, nehmen sie Rache und stürmen die Tuilerien. Madame Rosalie Jullien berichtet in einem Brief vom selben Tag ihrem Mann:

Tag des Blutes, Tag der Gewalttat und doch Tag des Siegs, der von unseren Tränen benetzt wird, höret und bebet! [...]
Heute, am 10. August, sollte die Gegenrevolution in Paris ausbrechen. Immer töricht, wie sie sind, glaubten unsere Widersacher, dass die Korruption der Führer eines Teils der Nationalgarde, gestützt von den Royalisten mit ihren Schweizern und allen Lakaien der Tuilerien, die Sache machen und den waffenlosen Sansculotten Schrecken einjagen würden. Sie sind niedergeschmettert, das Glück hat sich gewendet; und in weniger als zwei Stunden ist der Louvre gestürmt und der Sieg entschieden. Die Sturmglocken, der Generalmarsch, tausend Unheil verkündende Schreie: „Zu den Waffen! Zu den Waffen!“ ertönen in ganz Paris. Die Läden wer-

den geschlossen, Frauen und Kinder verbergen sich, nichts kann die Bestürzung und Verzweiflung schildern, in der wir waren. [...]

Das Volk hat alles im Schloss zertrümmert. Es hat den ganzen Pomp der Könige unter seinen Füßen zertreten. Die kostbarsten Schätze sind durchs Fenster geflogen. [...] Köpfe sind abgeschnitten worden, und es kam zu Ausbrüchen der Volkswut, deren Grausamkeit solchen, die nicht nachdenken, grässlicher vorkommt als die raffinierte und zivilisierte Ruchlosigkeit der Höflinge [...].

Das französische Volk hat in Paris Österreich und Preußen besiegt. [...]

Ludwig XVI. ist tatsächlich abgesetzt; er hat geduldet, dass man seine Trabanten[1)] gegen sein Volk bewaffnete, er hat mehr getan: Er hat es niederkartätscht! [...]

Paris ist illuminiert, und Patrouillen ziehen wie Anno 89 durch die Straßen. Die tiefste Ruhe herrscht, und die Sicherheitspolizei ist so tätig, dass man in Ruhe schlafen kann.

Jean Paul Marat schreibt über den Tag und das damit verbundene Programm in seinem „Volksfreund":*

Der ruhmreiche Tag des 10. August 1792 kann für den Triumph der Freiheit entscheidend sein, wenn ihr euren Vorteil zu benutzen versteht. [...] Hütet euch, der Stimme falschen Mitleids nachzugeben. Hütet euch, nachdem ihr euer Blut vergossen habt, um das Vaterland vor dem Abgrund zu retten, dass ihr nicht die Opfer der geheimen Ränke eurer Feinde werdet, hütet euch, dass ihr nicht in finsterer Nacht von einer wütenden Soldateska von euren Lagern gerissen und in Kerkerhöhlen geworfen werdet, wo ihr eurer Verzweiflung überlassen bleibt, bis man euch aufs Schafott zerrt.

Fürchtet die Reaktion, wiederhole ich euch; eure Feinde werden euch nicht schonen, wenn die Würfel wieder zu ihren Gunsten gefallen sind. Deshalb keine Gnade! Rettungslos seid ihr verloren, wenn ihr euch nicht beeilt, die verfaulten Mitglieder des Stadtrates und des Departements, alle vaterlandsfeindlichen Friedensrichter und die brandigsten Mitglieder der Nationalversammlung auszumerzen. [...] Unaufhörlich predigt man euch, dass alle sich um sie scharen müssten, so fehlerhaft sie auch sei. Mit anderen Worten, ihr solltet euren Fuß auf eine zugedeckte Fallgrube setzen und die Sorge für euer Schicksal Verbrechern überlassen, die entschlossen sind, euren völligen Untergang herbeizuführen. [...]

Niemand verabscheut Blutvergießen mehr als ich; aber um zu verhindern, dass das Blut in Strömen fließt, dringe ich in euch, einige Tropfen zu vergießen. Um die Pflicht der Menschlichkeit mit der Sorge für die öffentliche Sicherheit in Einklang zu bringen, schlage ich euch daher vor, die gegenrevolutionären Mitglieder des Stadtrates, der Friedensrichterkollegien, des Departements und der Nationalversammlung auszumerzen. Wenn ihr davor zurückschreckt, so denkt daran, dass das heute vergossene Blut ganz umsonst geflossen sein wird und ihr für die Freiheit nichts erreicht haben werdet. [...]

Fordert die Einberufung des Nationalkonvents, um den König abzuurteilen und die Verfassung zu reformieren; und fordert vor allem, dass seine Mitglieder nicht durch einen Wahlmännerausschuss, sondern von den Urwählerversammlungen bestimmt werden.

Erster Text: Gustav Landauer, Briefe aus der Französischen Revolution, Band 1, Berlin (Ost) ^{3}1985, S. 245 und 246 f.; zweiter Text: Walter Grab (Hrsg.), a. a. O., S. 117 ff. (stark gekürzt)

1. *Vergleichen Sie die Haltungen zu den Ereignissen.*
2. *Beziehen Sie Position zu den Äußerungen aus der Sicht eines Politikers, der für die Sicherheit in der Stadt verantwortlich ist.*

1) *Trabanten: Leibwächter*

▲ **„Massaker an den Gefangenen in der Abtei Saint-Germain“ im September 1792.**
Stich aus der Wochenzeitung „Révolutions de Paris“ (siehe Seite 112), (Ausschnitt).

M6

„Das Volk ist aufgestanden“

Der Volksaufstand vom 10. August 1792 hat den König gestürzt. Er wird mit seiner Familie gefangen genommen und von seinem Amt suspendiert. Die Regierung wird umgebildet und es werden Neuwahlen nach allgemeinem Wahlrecht ausgerufen. Zur selben Zeit erreichen schlechte Nachrichten von der Front die Bevölkerung. Es entsteht eine Atmosphäre der Angst und des Hasses, die sich gegen alle „Feinde der Revolution“ richtet und zu den „Septembermorden“ führt. Madame Jullien berichtet am 2. September 1792 ihrem Mann aus Paris:

Das Volk ist aufgestanden, das Volk, schrecklich in seiner Wut, rächt die Verbrechen dreier Jahre voll des feigsten Verrats! [...]
Ich bin von Grauen, von Entsetzen gepackt; ich weiß nicht, was ich empfinden soll. Vernimm die Einzelheiten, die ich von sechs Maurern höre, die von ihrer Arbeit kommen. Ein Bataillon von Leuten aus dem Volke hat sich, unter dem Eindruck der drohenden Gefahr, im Fall des Gelingens eines Komplotts oder des Herannahens der Preußen die Übeltäter aller Gefängnisse über uns herfallen zu sehen, Richter zur Begleitung ausgewählt und ist von Gefängnis zu Gefängnis gezogen. Alle Gefangenenlisten wurden vorgeholt. Die Diebe wurden getötet, die Assignatenfälscher getötet; die Schuldhäftlinge freigelassen, die Händelsucher entlassen, die jungen Leute, die wegen leichsinniger Streiche festgesetzt waren, in die Bande aufgenommen. So hat man die Gefängnisse völlig geleert [...]. Die nationale Gendarmerie und die andern Truppen sagen zu den Bürgern: „Kameraden, wir lassen euch unsre Frauen, unsre Kinder; schützt sie vor den Feinden im Innern, die sie töten könnten, während wir fort sind, um die von draußen zu bekämpfen.“ Diese neuen Exekutionen einer schrecklichen und barbarischen Justiz vollzogen sich, heißt es, in ungewöhnlicher Ruhe. Mehrere Priester sind der Volksrache geopfert worden. Diese Maurer haben an den Toren der Gefängnisse Haufen von Leichen gesehen. Meine tiefe Menschlichkeit lässt mich über das Schicksal weinen, das Schuldige und unglückliche Unschuldige zusammenwirft. Mein Gott!, habe Erbarmen mit einem Volk, das man so reizt, dass es auf den Weg des Blutbads getrieben wird; rechne es ihm nicht an – –.

Gustav Landauer, a. a. O., S. 250 f.

1. *Setzen Sie sich mit der Haltung Madame Julliens kritisch auseinander.*
2. *Berücksichtigen Sie dabei die innen- und außenpolitische Lage ebenso wie die Menschen- und Bürgerrechte (siehe M3, Seite 47 f.)*

Die Legislative und die städtische Volksbewegung

Nach der feierlichen Zustimmung des Königs zur Verfassung löste sich die *Konstituante* am 30. September 1791 auf. Einen Tag später begann die Arbeit der *Gesetzgebenden Nationalversammlung* (*Assemblée nationale législative*), kurz *Legislative* genannt. Da die Vorgängerversammlung eine Wiederwahl ihrer Abgeordneten ausgeschlossen hatte, setzte sich dieses Parlament völlig anders zusammen. Seine 745 Abgeordneten hatten bislang lediglich auf lokaler und regionaler Ebene politische Erfahrungen sammeln können. Ihre Arbeit wurde beeinflusst von den anhaltenden wirtschaftlichen Problemen (Staatsverschuldung, Teuerung, Lebensmittelknappheit, Kapitalflucht, Arbeitslosigkeit), durch die Kriegsereignisse und die immer einflussreicher werdende außerparlamentarische Bewegung.

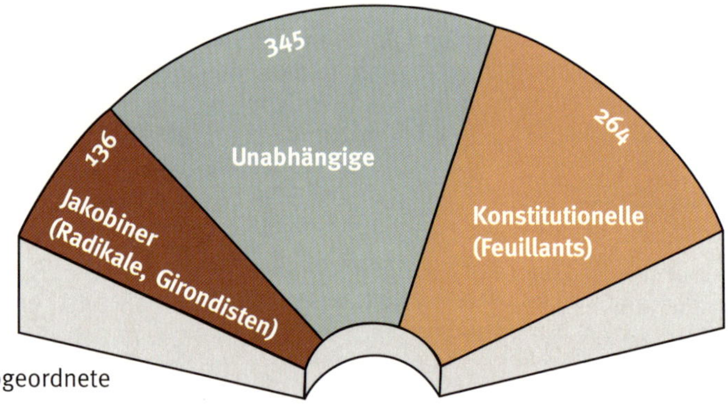

▲ **Die politische Zusammensetzung der Gesetzgebenden Versammlung (Assemblée nationale législative): 1. Oktober 1791 bis 20. September 1792.**
Nach: Axel Kuhn, Die Französische Revolution, Stuttgart 1999, S. 90

Die Mehrheit der jungen bürgerlichen Repräsentanten (die „Generation der Dreißigjährigen") war konstitutionell orientiert. 345 Abgeordnete bildeten – aus der Sicht des Parlamentspräsidenten – die *Mitte*. Sie bezeichneten sich selbst als politisch „Unabhängige" und besaßen keine direkten Bindungen zu bestimmten Klubs.[1] 264 Deputierte gehörten zur konservativen *Rechten*. Sie waren oder wurden Mitglieder im Klub der *Feuillants* und wollten die konstitutionelle Monarchie sichern und die Revolution beenden. Die zahlenmäßig kleinste Gruppierung des Parlaments bildeten die 136 Abgeordneten der *Linken* aus den Klubs der *Jakobiner* und *Cordeliers*. Sie forderten wirkungsvoll ein *allgemeines Wahlrecht* und waren gegen das *Vetorecht* des Königs. Zu diesen Abgeordneten gehörten auch die *Girondisten*[2], die ihren Rückhalt im mittleren und gehobenen Provinzbürgertum hatten, und radikale Kräfte, die ihren Aufstieg den *Sansculotten*[3] verdankten, der städtischen, kleinbürgerlichen Volksbewegung von Paris.

[1] *Zu den im Folgenden genannten Klubs wie die Jakobiner und Cordeliers siehe Seite 113 f.*
[2] *Die Bezeichnung geht auf Alphonse de Lamartines Werk „Histoire des Girondins" (1847/48) zurück, in dem die profiliertesten Vertreter nach ihrer Herkunft, dem Departement Gironde, benannt wurden.*
[3] *Weitere Informationen über die „Sansculotten" erhalten Sie auf Seite 82 f.*

Ein „Kreuzzug für die Freiheit der Welt“

Zwei Jahre nach dem *Sturm auf die Bastille* hatten über 40.000 Franzosen ihr Land verlassen, nicht nur Adlige und Geistliche, sondern auch Bürger und Bauern. Die Emigranten, unter ihnen auch die beiden Brüder *Ludwigs XVI.**, hatten versucht, die europäischen Regierungen gegen die Revolution zu mobilisieren. Im Kurfürstentum Trier und dem Fürstbistum Speyer hatten sich Interventionstruppen aus Emigranten formieren können. Österreich und Preußen drohten in der *Deklaration von Pillnitz* vom 27. August 1791 damit, die Monarchie in Frankreich notfalls militärisch „retten“ zu wollen (▸ M1). Angesichts dieser Situation setzte sich in der Legislative nach heftigen Diskussionen die Vorstellung der Girondisten durch, einen „Kreuzzug für die Freiheit der Welt“ – so der 38-jährige Abgeordnete *Jacques Pierre Brissot** – führen zu müssen (▸ M2 und M3). Am 20. April 1792 erklärte der „König von Frankreich“ dem Willen der Legislative entsprechend dem „König von Böhmen und Ungarn“ (nicht dem Kaiser des Deutschen Reiches) den Krieg. Der Konflikt sollte begrenzt bleiben. Er wurde mit dem Angriff auf die österreichischen Niederlande (Belgien) eröffnet. Dies war der Anfang eines, mit nur kurzer Unterbrechung (1801/03), bis 1814/15 andauernden Krieges zwischen Frankreich und dem größten Teil Europas. Der Krieg veränderte die Ziele der Revolution und trug zur Radikalisierung bei.

„Das Vaterland ist in Gefahr“

Dem Angriff folgte bald der Rückzug. Die französische Armee war – wie Ludwig XVI. wusste – schlecht ausgerüstet, und die Offiziere desertierten reihenweise. Wenige Monate nach der Kriegserklärung marschierten die verbündeten österreichischen und preußischen Truppen, unterstützt von Emigrantenheeren, in Frankreich ein. Die innenpolitischen Probleme wurden noch größer. In dieser angespannten Situation wies der Monarch mehrere Gesetzesvorlagen der Legislative zurück. Damit provozierte er geradezu die Forderung nach der Abschaffung seines Vetorechts. Gleichzeitig forderten die städtischen Volksmassen unterstützt von den linken Parlamentariern das allgemeine Wahlrecht. Drohungen und gewaltige Angriffe gegen den König folgten. Am 11. Juli 1792 musste die Legislative den „nationalen Notstand“ gegen die „inneren“ und „äußeren“ Feinde ausrufen (▸ M4). Von nun an tagten alle gewählten Gremien (Gemeinde-, Stadt-, Distrikts- und Departements-Abgeordnete) permanent. Die Nationalgarde wurde in ständiger Bereitschaft gehalten, und weitere Freiwilligenverbände wurden im ganzen Land aufgestellt. Auch die Gesinnungskontrollen begannen. Wer von nun an keine oder die falsche *Kokarde*[1] trug, galt schon als verdächtig und konnte vor Gericht gestellt werden.

Die Zweite Revolution

Als Ende Juli/August der Oberbefehlshaber der preußisch-österreichischen Invasionstruppen, Herzog *Karl Wilhelm Ferdinand von Braunschweig*, den Franzosen mit einer „beispiellose[n] und für alle Zeiten denkwürdige[n] Rache“ drohte, falls „die mindeste Beleidigung dem Könige, der Königin und der gesamten königlichen Familie zugefügt“ werde, verschärfte sich die innenpolitische Lage weiter. Für die Linke war diese Erklärung ein erneuter

---

[1] *Zur Kokarde siehe Seite 110.*

Beweis für die Zusammenarbeit des Königs mit den „Feinden des Vaterlandes“. Am 3. August 1792 forderten 47 der 48 Sektionen von Paris die Absetzung des Monarchen. Die städtische Volksbewegung setzte die königstreue Stadtverwaltung ab und bildete die „Kommune des Aufstands“ (*Commune insurrectionelle*), unter deren Führung am 10. August die *Zweite Revolution* ausbrach. Sektionäre, Teile der Nationalgarde und revolutionär gesinnte Truppen aus den Departements (*Föderierte*) zogen vor das königliche Schloss (*Tuilerien*). Als die königliche Garde das Feuer eröffnete und 400 Aufständische tötete, metzelte die aufgebrachte Volksmenge Hunderte von Soldaten nieder. Ludwig XVI. musste mit seiner Familie Schutz in der benachbarten Legislative suchen. Unter dem massiven Druck der Aufständischen blieb den Abgeordneten nur noch, den König von seinem Amt zu suspendieren und die aufständische Kommune anzuerkennen (➧ M5). Der Monarch wurde mit seiner Familie festgesetzt. Die konstitutionelle Monarchie war zerbrochen.

Der grausame September 1792: die „Septembrisaden“

Die Legislative akzeptierte die Forderung der Aufständischen nach einer neuen Verfassunggebenden Versammlung, die nun nach dem allgemeinen Wahlrecht gewählt werden sollte. Die Agitation des einsetzenden Wahlkampfs, aber vor allem Angst vor den Invasionstruppen und vor gegenrevolutionären Aktionen schufen eine gewalttätige Atmosphäre; die erste „Herrschaft des Schreckens“ begann. Die konservativen Abgeordneten wurden verfolgt und die royalistische Presse unterdrückt. Willkürliche Hausdurchsuchungen und Verhaftungen waren an der Tagesordnung, erste politisch motivierte Hinrichtungen folgten. Die staatlichen Organe waren nicht mehr in der Lage, überall Recht und Ordnung zu sichern. In einer Art Angstpsychose, die von *Jean Paul Marat** und anderen Journalisten publizistisch angeheizt wurde, drangen Gruppen der städtischen Volksbewegung in die Gefängnisse ein und töteten wahllos alle Gefangenen, deren sie habhaft werden konnten, getrieben von der Furcht, dass die Feinde der Revolution sich mit den Inhaftierten zu einer Gegenrevolution verbünden könnten (➧ M6). Der Terror blieb nicht auf Paris beschränkt, aber allein hier wurden über 1.100 Menschen (Aristokraten, eidverweigernde Priester und Strafgefangene) ermordet. Weder der von der Legislative ernannte *Provisorische Vollzugsrat*, dem der 33-jährige *Georges Jacques Danton** als Justizminister angehörte, noch die Führer der Pariser Kommune waren fähig oder willens gewesen, das Blutbad zu unterbinden.

Republik und Schreckensherrschaft

▲ **„Unité – Indivisibilité – De La République. Liberté – Égalité – Fraternité Ou La Mort."**
Plakat (61,5 x 45 cm), Herbst 1793.
Der Anschlag zeigt die Trikolore (siehe dazu Seite 117), die Jakobinermütze (siehe Seite 111) mit Kokarde (siehe Seite 110), ein mit Eichenkranz eingefasstes Motto (siehe dazu auch Seite 118) und ein Rutenbündel (lat. fasces); das altrömische Abzeichen symbolisiert die staatliche Strafgewalt über Leben und Tod.
* *Interpretieren Sie die „Botschaft" des Plakats.*

21. September 1792
Der Konvent tritt zusammen, schafft die Monarchie ab und verkündet die „einheitliche und unteilbare Republik".

21. Oktober 1792
Französische Truppen marschieren in Mainz ein; zwei Tage später wird der Mainzer Jakobinerklub gegründet.

21. Januar 1793
Ludwig XVI. wird hingerichtet.

9./10. März 1793
Aufruhr in Paris; das Revolutionstribunal wird eingerichtet und die erste Phase der „Schreckensherrschaft" (*La Terreur*) beginnt.

11. März 1793
In der Vendée beginnt ein gegenrevolutionärer Aufstand.

2. Juni 1793
Die Girondisten werden gestürzt und festgenommen; die „Jakobinerdiktatur" entsteht.

10. August 1793
Das Ergebnis der Volksabstimmung über die republikanische Verfassung wird verkündet, wegen der innen- und außenpolitischen Lage tritt sie nicht in Kraft.

23. August 1793
Die Allgemeine Wehrpflicht (*Levée en masse*) wird eingeführt.

17. September 1793
Das Gesetz über die „Verdächtigen" eröffnet die zweite Phase der „Schreckensherrschaft".

27. Juli 1794
Robespierre und seine Anhänger werden gestürzt (9. Thermidor des Jahres II); die Schreckensherrschaft endet.

M1

Bericht aus Mainz

Über die politische Haltung der Mainzer Bürger nach der Besetzung berichtet der kaiserliche Gesandte Graf J. H. von Schlik an den Reichsvizekanzler Fürst Fr. G. Colloredo am 2. November 1792:

Die Anhänger der einen, welche jedoch sowohl an der Zahl als auch nach ihrem Gewichte und sonstigen Verhältnissen ohne Vergleich die geringeren sein sollen, träumen nichts als Freiheit und Gleichheit und wünschen, dass die französische Verfassung im ganzen Umfange die ihrige werden möge.

Der größere, bescheidenere und vermöglichere Teil der Mainzer Bürger, worunter namentlich der Handelsstand und 10 bis 12 Zünfte begriffen sind, ist von diesem Schwindelgeiste noch bei Weitem nicht genugsam eingenommen, um seine bisherige glückliche Lage gänzlich zu verkennen und sich durch den Strom einer eingebildeten Freiheit hinreißen zu lassen.

Aber auch dieser klügere Volksteil äußert Wünsche und macht Entwürfe, die wenigstens mit der bisherigen Landesverfassung zum Teil nicht vereinbarlich sind, zum Teil hingegen, wenn solche durchgesetzt werden sollten, von einem höchst schädlichen Beispiele für Untertanen anderer Staaten sein würden. Unter die erstere Klasse gehört das dringende Verlangen, dass

1) von der hohen und niederen Geistlichkeit, vom Adel, sowie auch von dem Bürger- und Bauernstande eine Repräsentanz oder ein Ausschuss zusammengesetzt werden soll, welcher die Gestalt förmlicher Landstände bekommen und sich das Recht, über Gesetze und Landeseinrichtungen zu beratschlagen, zueignen würde;

2) dass die Geistlichkeit und der Adel, deren Besitzungen ohnehin beinahe zwei Drittteile des ganzen Landes ausmachten, künftighin zu den gemeinschaftlichen bürgerlichen Lasten und Abgaben verhältnismäßig beitragen sollten;

3) soll einem jeweiligen Kurfürsten eine sog. Liste civile oder eine jährliche Geldsumme angewiesen werden, von welcher er seinen Hofstaat zu unterhalten und seine Privatausgaben zu bestreiten hätte, wohingegen alle übrigen Staats- und Kameralgefälle[1] von einer durch obigen Ausschuss niederzusetzenden Kommission zu verwalten wären;

4) scheint die Person des Kurfürsten fast durchgehends gehässig zu sein, und derselbe das Vertrauen seiner Bürger und Untertanen dergestalt verloren zu haben, dass man von seiner Rückkunft gar nichts mehr hören, sondern vielmehr den förmlichen Antrag machen will, er solle mittels einer feierlichen Renunziationsakte[2] der Regierung entsagen und solche gegen ein ihm auszuwerfendes jährliches Sustentationsquantum[3] an den Koadjutor[4] abtreten.

[...] Der klügere Teil der Mainzer Bürgerschaft, so er an den schwärmerischen Motionen des neuerrichteten Klubs noch zur Stunde keinen tätigen Anteil nimmt, auch nicht einmal die französische Kokarde[5] trägt, dürfte, wenn er anders durch die ehester Tage eintreffen sollende Deputierte des Nationalkonvents nicht gänzlich irregeführt wird, wohl noch zurechtzuweisen sein.

Joseph Hansen (Hrsg.), Quellen zur Geschichte des Rheinlandes im Zeitalter der Französischen Revolution 1780–1801, Band 2, Bonn 1933, S. 557 f.

1. *Arbeiten Sie aus dem Bericht die politische Haltung der Mainzer heraus.*
2. *Erörtern Sie mögliche Maßnahmen der alten Mächte gegenüber den Mainzern.*

---

1) *Staats- und Kameralgefälle: Einkünfte des Staates bzw. der Kammer*

2) *Renunziationsakte: Verzichtserklärung*

3) *Sustentationsquantum: Versorgungsleistung*

4) *Koadjutor: Beistand*

5) *Kokarde: siehe hierzu Seite 110*

M2

Wie sollen die Franzosen in den besetzten Gebieten vorgehen?

Nachdem der Nationalkonvent am 19. November 1792 die Unterstützung aller Völker beschlossen hat, „die ihre Freiheit wiedererlangen wollen", beschließen die Abgeordneten am 15. Dezember 1792 folgendes Gesetz:

Artikel 1: In den Ländern, die von den Armeen der Französischen Republik besetzt sind oder noch besetzt werden, proklamieren die Generäle unverzüglich im Namen der französischen Nation die Abschaffung der bisher dort geltenden Abgaben und Steuern, des Zehnten, der widerruflichen und der unwiderruflichen Feudalrechte, der dinglichen und persönlichen Leibeigenschaft, des alleinigen Jagdrechts, des Adels und überhaupt alle Privilegien. Die Generäle erklären dem Volke, dass sie ihm Frieden, Beistand, Brüderlichkeit, Freiheit und Gleichheit bringen.
Artikel 2: Sie proklamieren die Souveränität des Volkes und die Aufhebung aller bisher bestehenden Gewalten. [...]
Artikel 4: Die Generäle stellen sodann alles bewegliche und unbewegliche Gut, das sich im Besitz des Fiskus, des Fürsten, seiner Helfershelfer, Parteigänger und freiwilligen Mitläufer sowie öffentlicher Anstalten, weltlicher und geistlicher Körperschaften und Vereinigungen befindet, unter den Schutz und die Obhut der Französischen Republik. [...]
Artikel 5: Die vom Volk ernannten vorläufigen Behörden werden mit der Bewachung und Verwaltung der unter den Schutz und die Obhut der Französischen Republik gestellten Werte beauftragt.

Walter Grab (Hrsg.), Die Französische Revolution. Eine Dokumentation, München 1973, S. 127

Beurteilen Sie das Gesetz. Welche Aufgabe kam ihm zu?

M3

„Ich sterbe unschuldig ..."

Der Konvent führt im „Namen der Nation" ab dem 11. Dezember 1792 gegen Ludwig XVI. einen Prozess. Er wird wegen Hochverrats angeklagt. Seine Korrespondenz mit den Emigranten und feindlichen Mächten belegt seine Schuld. Über das Urteil entscheiden die Abgeordneten vom 15. bis 17. Januar 1793 in vier namentlichen Abstimmungen. 673 von 718 Abgeordneten halten ihn für schuldig. Die Fragen nach dem Strafmaß und den Strafvollzug werden unterschiedlich beantwortet: Während 387 von 721 Abgeordneten für die Todesstrafe stimmen, sind 334 dagegen. Für eine sofortige Vollstreckung des Urteils stimmen 361 Abgeordnete mit Ja und 360 mit Nein. Am 19. Januar wird nochmals wegen des sofortigen Strafvollzugs abgestimmt. 383 Abgeordnete sind gegen, 310 für den Strafaufschub. Zwei Tage später findet die Hinrichtung statt. Der Geistliche, der Ludwig XVI. zum Schafott begleitet hat, schreibt unter dem 21. Januar 1793 in sein Tagebuch:*

Die Fahrt dauerte fast zwei Stunden. Überall am Straßenrand standen Bürger mit Piken und Gewehren in mehreren Reihen. Außerdem war der Wagen selbst von einem imposanten Korps Soldaten umgeben, das offensichtlich aus den korruptesten Individuen von Paris gebildet war. Um die Vorsicht auf die Spitze zu treiben, ließ man vor den Pferden eine Menge Trommler marschieren, die eventuelle Sympathiekundgebungen für den König übertönen sollten. Aber wie hätte man etwas hören können? Keiner zeigte sich an den Türen oder Fenstern, und auf den Straßen waren nur bewaffnete Bürger zu sehen, die, zumindest aus Schwäche, zu einem Verbrechen beitrugen, das sie vielleicht aus tiefstem Herzen verabscheuten.
Der Wagen erreichte so in vollkommener Stille die Place Louis XV. und hielt mitten auf dem Platz, den man um das Schafott freigehalten hatte. Ringsum standen Kanonen; und dahinter sah man, so weit das Auge reichte, eine bewaffnete Menschenmenge. [...]
Die Stufen, die zum Schafott führten, waren äußerst steil. Der König musste sich auf meinen Arm stützen, und wegen der Mühe, die ihm das

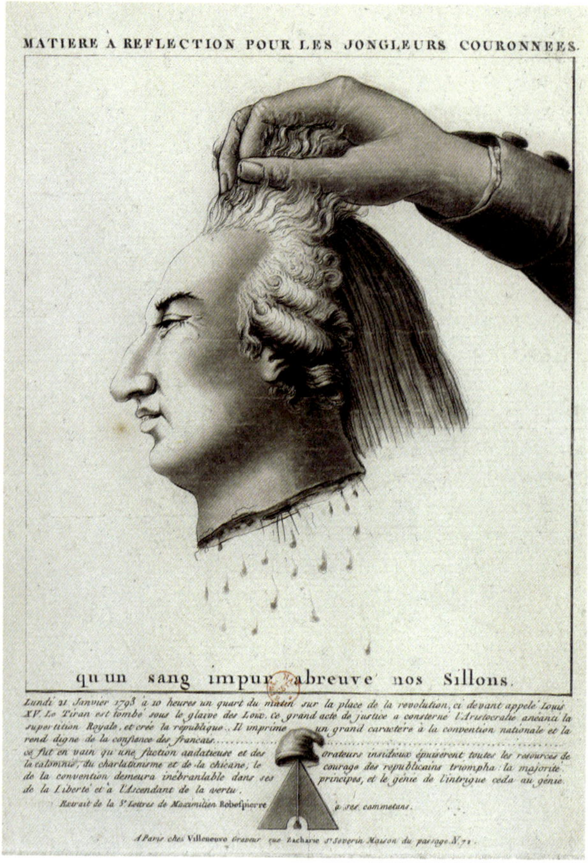

▲ **Das Haupt Ludwigs XVI. in der Hand des Henkers.**
Radierung (16,0 x 14,1 cm) des Kupferstechers und Verlegers Villeneuve aus Paris, 1793.
Der obere Schriftzug lautet übersetzt: „Gegenstand zum Nachdenken für gekrönte Jongleure.“ Die untere Zeile stammt aus dem im April 1792 verfassten revolutionären Kriegslied, der Marseillaise (siehe Seite 107). Sie hat übersetzt folgenden Wortlaut: „Das unreine Blut tränke unserer Äcker Furchen.“ Darunter eine Passage aus einem Brief Robespierres an seine Wähler, in dem er die Hinrichtung des ehemaligen Königs als Akt der Gerechtigkeit und als Triumph der Freiheit und der Tugend über die Intrigen der Verleumdung preist.
- *Überlegen Sie, an wen sich diese Darstellung richtet.*

Steigen zu bereiten schien, fürchtete ich einen Augenblick, sein Mut würde schwinden. Aber wie erstaunt war ich, als ich oben auf der letzten Stufe sah, dass er sich gewissermaßen meinen Händen entzog, festen Schritts über das ganze Schafott ging, mit einem einzigen Blick fünfzehn oder zwanzig Trommler, die ihm gegenüberstanden, zum Schweigen brachte und mit so lauter Stimme, dass man es bis zum Pont-Tournant hören konnte, die für immer denkwürdigen Worte deutlich aussprach: „Ich sterbe unschuldig an den Verbrechen, die man mir vorwirft. Ich vergebe den Urhebern meines Todes und bitte Gott, das Blut, das sie vergießen werden, möge niemals über Frankreich kommen.“

Georg Wilhelm Böhmer, der vor der Revolution Lehrer am evangelischen Gymnasium in Worms gewesen ist, berichtet am 21. Januar 1793 aus Paris nach Mainz:

Heute ist sie entschieden, jene große Wahrheit, welche die Vorurteile so vieler Jahrhunderte erstickt hatten; heute hat man endlich sich überzeugt, dass ein König nur ein Mensch und dass niemand über die Gesetze ist. Völker in Europa! Völker des Erdbodens! Betrachtet die Thronen, sehet, dass sie nichts weiter als Staub sind. – Frankreich hat ein großes Beispiel den Völkern, eine wichtige Lehre den Fürsten gegeben. Möge Ludwigs Haupt der große Weltmagnet werden, der früher oder später die Häupter aller großen und kleinen, geist- und weltlichen Tyrannen nach sich zieht.
Um 5 Uhr heute Morgen wurden alle Sektionen dieser Stadt zusammenberufen. Zwischen 7 und 8 Uhr war die ganze bewaffnete Macht unter dem Gewehr, und alle Bataillone begaben sich jedes auf seinen Posten. [...]
Er [Ludwig XVI.] stieg sodann allein aufs Blutgerüst, die Kommissarien und selbst sein Beichtvater blieben zu den Füßen desselben. Seine Kleidung war ein weißes Kamisol[1)], Hals und Brust waren unbedeckt. Seine Haare waren hinten rund aufgerollt wie die der Abbés. Mit herzhafter Miene und emporgehobenem Haupt näherte

[1)] *Kamisol: enge Jacke, Wams*

er sich dem Werkzeug seines Todes, sah umher von der Rechten zur Linken und sagte mit starker Stimme: „Franken! Ich sterbe unschuldig; ich verzeihe meinen Feinden, ich wünsche, dass mein Tod dem Volke nützlich sei." – Man führte ihn hierauf näher zur Köpfmaschine (*Guillotine*[2)]), um ihm die gehörige Stellung zu geben, wobei er noch die Worte aussprach: „Ich befehle meinen Geist in die Hand Gottes." Wenige Augenblicke darauf fiel das Haupt desjenigen, um dessentwillen schon Tausende derer fielen, die er stolz seine Untertanen nannte. Damals war es 10 Uhr 24 Minuten. Die Exekution dauerte nur einige Sekunden. Noch immer herrschte die größte Stille, aber in dem Augenblick, wo einer von den drei Scharfrichtern Ludwigs Kopf nahm und ihn den Zuschauern zeigte, erscholl ein allgemeines Geschrei: „Es lebe die Nation! Es lebe die Republik!", und alle Hüte wurden auf Bajonetten und Piken in die Höhe gehoben.

Erster Text: Chris E. Paschold und Albert Gier, Die Französische Revolution. Ein Lesebuch mit zeitgenössischen Berichten und Dokumenten, Stuttgart 1989, S. 260 und 262; zweiter Text: Walter Markov, Revolution im Zeugenstand. Frankreich 1789–1799, Band 2: Gesprochenes und Geschriebenes, Leipzig ²1986, S. 348 ff.

Vergleichen und bewerten Sie die beiden Berichte.

M4
Freiheit und Brot!

In einer im Frühjahr 1793 in Paris verfassten Petition, die auch als Plakat verbreitet wird, stellen die Sansculotten (siehe M5 und M6) folgende Forderungen:

Jeder Handel, der die Existenz der Bürger beeinträchtigt, stellt einen Missbrauch dar, der augenblicklich unterdrückt werden muss. Denn von allen Arten der Aristokratie ist jene die schlimmste, die die gewaltige Mehrheit der Bürger Sansculotten aushungert, die wahren Freunde der Republik und einzigen Stützen der Revolution. Ohne Gleichheit keine Republik, ohne Gerechtigkeit keine Gleichheit. Man öffne allerorts die Speicher des reichen Kornhamsterers; und man sichere die Versorgung mit Lebensmitteln, die aller Eigentum sind, für jedermann.
Man lege den Kornpreis auf jene Summe fest, die der Reiche unmittelbar nach der Ernte entrichtet hat, zuzüglich einem Zehntel oder sogar einem Fünftel. Diese Preisfestsetzung schmälert lediglich den unerlaubten Gewinn des Reichen, der daran immer noch genug verdient. Besitzt die Gesellschaft nicht das Recht, zum Nutzen aller das zu tun, was der Einzelne für seinen eigenen Nutzen unternehmen wagte?
Die Grundnahrungsmittel aller müssen auf einen Preis festgesetzt und gehalten werden, den jedermann aufbringen kann.

Walter Markov (Hrsg.), Die Französische Revolution. Bilder und Berichte 1789–1799, Berlin 1989, S. 205 f.

1. *Ordnen Sie die Forderungen der Sansculotten in den Verlauf der Revolution ein. Nutzen Sie dazu die Zeittafel auf Seite 140 ff.*
2. *Erörtern Sie den Grundsatz: „Ohne Gleichheit keine Republik, ohne Gerechtigkeit keine Gleichheit." Vergleichen Sie die Aussage mit Artikel 1 der Menschen- und Bürgerrechte (siehe M3, Seite 47 f.)*

---

2) *Guillotine: siehe die Bildlegende zur Abbildung auf Seite 91*

▲ **Sansculottin.**
Radierung (26,2 x 18 cm), um 1793.

▲ **Sansculotte.**
Radierung (25 x 17 cm), um 1793.

M5
„Was ist denn eigentlich ein Sansculotte?“

In Paris und anderen Städten bestimmen die Forderungen der „Sansculotten“ die außerparlamentarische Bewegung. Über ihre Haltung und Einstellung informiert uns der 29-jährige Soldat und Handwerker Jean Baptiste Vingternier. Er war Mitglied der „Verteidiger der Republik“ und beantwortet im April 1793 die in der Überschrift gestellte Frage so:

Ein Sansculotte, Ihr Herren Schufte? Das ist einer, der immer zu Fuß geht, der keine Millionen besitzt, wie Ihr sie alle gern hättet, keine Schlösser, keine Lakaien zu seiner Bedienung, und der mit seiner Frau und seinen Kindern, wenn er welche hat, ganz schlicht im vierten oder fünften Stock wohnt.
Er ist nützlich, denn er versteht ein Feld zu pflügen, zu schmieden, zu sägen, zu feilen, ein Dach zu decken, Schuhe zu machen und bis zum letzten Tropfen sein Blut für das Wohl der Republik zu vergießen. [...]
Am Abend tritt er vor seine Sektion, nicht etwa mit einer hübschen Larve[1], gepudert und gestiefelt, in der Hoffnung, dass ihn alle Bürgerinnen auf den Tribünen beachten, sondern vielmehr, um mit all seiner Kraft die aufrichtigen Anträge zu unterstützen und jene zunichte zu machen, die von der erbärmlichen Clique der regierenden Politikaster[2] stammen.
Übrigens: Ein Sansculotte hat immer seinen Säbel blank, um allen Feinden der Revolution die Ohren abzuschneiden. Manchmal geht er mit seiner Pike ruhig seiner Wege; aber beim ersten Trommelschlag sieht man ihn nach der Vendée[3] eilen, zur Alpenarmee oder zur Nordarmee.

Walter Markov und Albert Soboul (Hrsg.), Die Sansculotten von Paris. Dokumente zur Geschichte der Volksbewegung 1793–1794, Berlin (Ost) 1957, S. 3 f.

Erläutern Sie das Politikverständnis des Scansculotten.

[1] *Larve: Gesichtsmaske*
[2] *Politikraster: politischer Schwätzer*
[3] *Vendée: Hinweis auf die Unruhen, die in der Vendée und anderen Orten nach der Aushebung von Soldaten im Frühjahr 1793 entstanden; siehe M12, Seite 88*

M6

Wer waren die Sansculotten?

Der 1940 geborene Rolf E. Reichardt, ein international anerkannter Revolutionsforscher, beschreibt die 1793/1794 agierenden Sansculotten so:

Ihre Hauptkennzeichen waren: äußerlich eine den Kniehosen und Seidenstrümpfen der Oberschichten bewusst entgegengesetzte einfache Arbeitskleidung, dazu die rote Freiheitsmütze, patriotische Anstecker und die Pike, Zeichen des wehrhaften Bürgers; sozial die gemischte Herkunft vorwiegend aus dem Kleinbürgermilieu der Handwerker, Krämer und Schankwirte, aber auch aus dem „Arbeitermilieu" der Gesellen und Tagelöhner sowie aus einer lokalen Elite kleiner Juristen, Verwaltungsbeamter und radikaler Intellektueller; sozio-ökonomisch ein Programm der „moralischen Wirtschaft", der „gerechten" Lebensmittelpreise, des vorrangigen Existenzrechts der Armen, des Kampfes gegen die Reichen sowie einer egalitären Gesellschaft selbstständiger Kleinproduzenten; politisch-ideologisch die solidarische Organisation in den Sektionen und Klubs, ein militanter Patriotismus und Republikanismus gegen „Gemäßigte" und „Laue" sowie der Anspruch, selbst unmittelbar Träger der Volkssouveränität zu sein; sozio-kulturell eine von Nachbarschaft, abendlichen Palavern, gemeinschaftlichen Banketten und Festen der Stadtviertel geprägte Eigenkultur, eine damals überdurchschnittliche Lesefähigkeit (80-100%) und ein scharfer Antiklerikalismus, gepaart mit einem neuen religionsartigen Kult um Revolutionsheilige.

Rolf E. Reichardt, Das Blut der Freiheit. Französische Revolution und demokratische Kultur, Frankfurt am Main [3]2002, S. 157 f.

1. *Vergleichen Sie die Definitionsbemühungen von Reichardt mit der Selbsteinschätzung von Vingternier (M5).*
2. *Den Sansculotten werden nostalgisch-reaktionäre Züge unterstellt. Nehmen Sie dazu Stellung.*

M7

Was verlangt das Wohl des Volkes?

Im Konvent werden die Forderungen und Aktionen der Sansculotten heftig diskutiert. Während die Girondisten sie als ungesetzmäßige Angriffe auf das Eigentum verurteilen, überlegt die Linke, wie sie die städtische Bewegung kontrollieren kann. An der Diskussion über die Einrichtung eines Revolutionsgerichts beteiligt sich am 10. März 1793 auch der wortgewaltige 34-jährige Rechtsanwalt Georges Jacques Danton:*

Nichts ist schwieriger als zu bestimmen, was ein politisches Verbrechen ist. Wenn es aber so ist, dass ein Mann aus dem Volke für ein bestimmtes Verbrechen sofort bestraft wird, hingegen ein politisches Verbrechen nur schwer zu verfolgen ist, braucht man da nicht außerordentliche Gesetze, die außerhalb der gesellschaftlichen Institutionen wurzeln, welche die Rebellen schrecken und die Schuldigen treffen?

Das Wohl des Volkes verlangt jetzt große Mittel und furchtbare Maßnahmen. Ich sehe keinen Mittelweg zwischen einem ordentlichen Gericht und einem Revolutionstribunal. Diese Wahrheit wird von der Geschichte bestätigt. Und da man in dieser Versammlung gewagt hat, an jene blutigen Tage zu erinnern, über die jeder gute Bürger seufzt, sage ich nun, dass, wenn damals ein Tribunal bestanden hätte, das Volk, dem man so oft und so grausam ungerecht diese Tage zum Vorwurf macht, diese nicht mit Blut überzogen hätte, sage ich weiterhin – und ich bin mir der Zustimmung jener sicher, die Zeugen dieser Ereignisse waren –, dass es keiner menschlichen Macht möglich war, der Woge der nationalen Rache Einhalt zu gebieten.

Lernen wir aus den Fehlern unserer Vorgänger. Tun wir, was die Gesetzgebende Versammlung nicht getan hat: Seien wir schrecklich, damit das Volk nicht schrecklich sein muss; organisieren wir ein Tribunal – nicht gut, denn das ist unmöglich, aber so wenig schlecht als möglich, damit das Volk wisse, dass das Schwert des *Gesetzes* über dem Haupt all seiner Feinde schwebt. [...]
Wohlan, der Augenblick ist gekommen, seien wir verschwenderisch mit Menschen und mit

Geld; entfalten wir alle Mittel der nationalen Gewalt, doch legen wir die Führung dieser Angelegenheiten in die Hand von Männern, mit denen wir ständig in Kontakt sind und die Euch die Ausführung der Maßnahmen garantieren, die Ihr für die öffentliche Wohlfahrt beschlossen habt. [...]
Ich verlange also, dass noch im Laufe der Sitzung das Revolutionstribunal organisiert wird, dass im Rahmen der Neuorganisierung die Exekutive die zu energischen Handlungen notwendigen Vollmachten erhält. [...]

Peter Fischer (Hrsg.), Reden der Französischen Revolution, München ³1989, S. 279 f.

Danton versucht, zwischen dem Konvent und der Volksbewegung zu vermitteln. Erläutern Sie diese Aussage.

M8

„Ihr kennt Eure Feinde, erhebt Euch!"

Die Beschwichtigungspolitik der Linken im Konvent gegenüber der städtischen Volksbewegung ist erfolglos. Der Konvent kann sich gegen die militante außerparlamentarische Bewegung, die sich vor allem gegen die Girondisten richtet, nicht behaupten. Die ganze Entwicklung missfällt auch der 25-jährigen Charlotte Corday aus der Normandie. Sie macht Jean Paul Marat*, den Wortführer der „Volksfreunde", dafür verantwortlich und ermordet ihn am 13. Juli 1793. Ihre Motive hat sie einen Tag zuvor in einer „Adresse an die Franzosen" zusammengefasst.*

Freunde der Gesetze und des Friedens.
Wie lange noch, o unglückliche Franzosen, wollt Ihr in Wirrwarr und Spaltungen fortfahren! Genug und übergenug haben Aufrührer und Bösewichter das Interesse ihrer Ehrsucht an die Stelle des allgemeinen Interesses gesetzt, warum, o Unselige, Opfer ihres Wütens, warum Euch selbst umbringen, Euch vernichten, um den Bau ihrer Tyrannei auf den Ruinen des verödeten Frankreich zu errichten!
Machenschaften und Parteiungen brechen überall aus; der Berg[1)] triumphiert durch Verbrechen und Gewalttat; ein paar Ungeheuer, die sich an Eurem Blut vollgetrunken haben, leiten seine abscheulichen Komplotte und führen uns auf tausend verschiedenen Wegen zum Abgrund.
Wir arbeiten an unserm eigenen Untergang mit größerer Energie, als man je an die Eroberung der Freiheit gesetzt hat! O Franzosen, kurze Zeit nur noch, und es wird nichts von Euch übrig bleiben als die Erinnerung an Euer Dasein!
Schon setzen sich die erzürnten Departements in Marsch gegen Paris; schon setzt das Feuer der *Zwietracht* und des Bürgerkriegs die Hälfte dieses weiten Reichs in Flammen. Noch gibt es ein Mittel, sie zu löschen, aber es tut Eile not, wenn es angewandt werden soll. Schon bringt der ruchloseste der Bösewichte, Marat, dessen Name allein das Bild all seiner Verbrechen ins Gedächtnis ruft, Marat, der jetzt unter dem Rachestahl fällt, den Berg ins Wanken und lässt Danton und Robespierre, die andern Räuber, die auf diesem blutigen Throne sitzen, erbleichen. [...]
Franzosen! Ihr kennt Eure Feinde, erhebt Euch! Vorwärts marsch! Der Berg werde vernichtet, auf dass es nur noch Brüder und Freunde gebe! Ich weiß nicht, ob der Himmel uns eine republikanische Regierung bescheren will, aber nur im Übermaß seiner Rache kann er uns einen vom Berge zum Herrn geben. – –
O Frankreich, deine Ruhe hängt davon ab, dass das Gesetz befolgt wird, ich taste es durchaus nicht an, wenn ich Marat töte, der vom Universum verurteilt ist, er steht außerhalb des Gesetzes.

Gustav Landauer, Briefe aus der Französischen Revolution, Band 2, Berlin (Ost) ³1985, S. 118 f.

1. *Bewerten Sie Cordays Einschätzung der politischen Lage.*
2. *Arbeiten Sie Cordays politische Vorstellungen heraus.*
3. *Erörtern Sie die ethnische Frage, ob Frau Corday für die Tat ein Widerstandsrecht beanspruchen konnte.*

---

1) *Hinweis auf die radikal-demokratische „Bergpartei", die Montagnards, im Nationalkonvent, die von den Sansculotten unterstützt wurden*

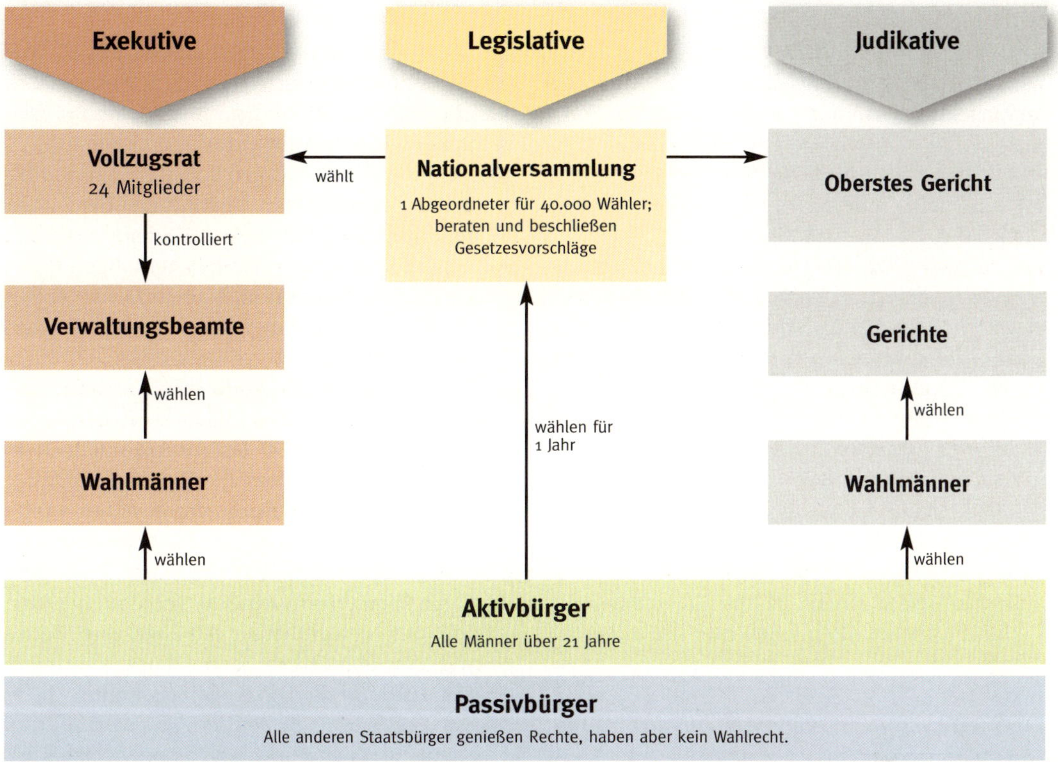

▲ **Die Verfassung von 1793.**

• *Vergleichen Sie die Verfassung mit der von 1791 (siehe Seite 66 und die Übersicht hinten im Buch). Was hat sich geändert?*

M9
Die Verfassung von 1793 und das Recht auf Eigentum

Der Nationalkonvent verabschiedet am 24. Juni 1793 eine republikanische Verfassung. Sie wird durch einen Volksentscheid bestätigt, aber wegen der innen- und außenpolitischen Konflikte nicht in Kraft gesetzt. Die Urkunde beginnt mit einer neuen Erklärung der Menschen- und Bürgerrechte, die auch auf die Rolle des Eigentums eingeht.

Artikel 16. Das Recht auf Eigentum ist das, das jedem Bürger erlaubt, seine Güter, seine Einkünfte, den Ertrag seiner Arbeit und seines Fleißes zu genießen und über sie nach seinem Gutdünken zu verfügen.
Artikel 17. Keine Art der Arbeit, des Erwerbes und des Handels kann dem Fleiße der Bürger verwehrt werden.
Artikel 18. Jeder Mensch kann über seine Dienste und seine Zeit verfügen; aber er kann sich nicht verkaufen noch verkauft werden; seine Person ist kein veräußerliches Eigentum. Das Gesetz erkennt keine Dienstbarkeit an; nur über die Dienstleistungen und die Entschädigung dafür kann zwischen dem Menschen, der arbeitet, und dem, der ihn anstellt, eine Vereinbarung stattfinden.
Artikel 19. Ohne seine Einwilligung darf niemand des geringsten Teiles seines Eigentumes beraubt werden, wenn es nicht die gesetzlich festgestellte öffentliche Notwendigkeit erfordert, und unter der Bedingung einer gerechten und vorher festgesetzten Entschädigung. [...]
Artikel 21. Die öffentliche Unterstützung ist eine heilige Schuld. Die Gesellschaft schuldet ihren unglücklichen Mitbürgern den Unterhalt, indem

sie ihnen entweder Arbeit verschafft oder denen, die außerstande sind zu arbeiten, die Mittel für ihr Dasein sichert.

Günther Franz (Hrsg.), Staatsverfassungen, München ^{3}1975, S. 377

1. *1791 hieß es zu dem Thema: „Die Verfassung verbürgt die Unverletzlichkeit des Eigentums oder die gerechte und vorherige Entschädigung von dem, was die gesetzlich festgestellte, öffentliche Notwendigkeit als Opfer erfordert." Vergleichen und erläutern Sie die Unterschiede.*
2. *Über die Eigentumsartikel kam es zu heftigen Auseinandersetzungen innerhalb der Sansculotten. Überlegen Sie, welche Artikel hier aus welchen Gründen umstritten waren.*
3. *Das Grundgesetz der Bundesrepublik Deutschland enthält in Artikel 14 und 15 Aussagen zum Eigentum. Vergleichen Sie diese mit denen von 1793.*

Internettipp Den vollständigen Text der Verfassung finden Sie unter *www.verfassungen.de*

M10

„Macht alle gleich!"

Die Pariser Sektion Sans-Culottes beschließt am 2. September 1793 die nachfolgende Petition. Sie wird den übrigen 47 Sektionen der Hauptstadt und dem Nationalkonvent mitgeteilt.

Abgeordnete des Volkes!

[...] Beeilt euch, den Preis der Grundnahrungsmittel unverrückbar festzusetzen, ebenso den der Rohstoffe, den Arbeitslohn, die Industrieprofite und die Handelsgewinne; ihr habt dazu das Recht und die Macht ... „Aber wie?", werden euch die Aristokraten, die Royalisten, die Gemäßigten, die Ränkeschmiede sagen. „Heißt das nicht, Hand an das Eigentum legen, das heilig sein soll und unverletzlich?" [...]

Zweifellos; aber wissen sie nicht, diese Schurken, wissen sie nicht, dass Eigentum nur so weit gut ist, als es den Bedarf des Einzelnen befriedigt? Wissen sie nicht, dass keiner das Recht hat, etwas zu tun, was dem anderen schaden kann? Was gibt es Schändlicheres, als willkürlich einen Preis für die Lebensmittel zu verlangen, den sieben Achtel der Bürger nicht aufbringen können? [...]

1. Die ehemaligen Adligen sollen keinerlei militärische Funktionen mehr ausüben noch irgendein öffentliches Amt bekleiden dürfen, welcher Art es auch sei; die ehemaligen Priester, Parlamentsräte und Finanzleute sollen aus allen Verwaltungs- und Gerichtsämtern entfernt werden.
2. Alle Grundnahrungsmittel sind unveränderlich auf den Preis der sogenannten „früheren Jahre" 1789 bis 1790 festzusetzen, jedoch in Ansehung ihrer unterschiedlichen Qualität.
3. Ebenso sollen die Rohstoffpreise festgesetzt werden, und zwar so, dass die Industrieprofite, die Arbeitslöhne und die Handelsgewinne durch Gesetz in Grenzen gehalten werden und den gewerblichen Arbeiter, den Bauer und den Kaufmann in die Lage versetzen, sich nicht nur die Dinge zu verschaffen, die er zum Leben braucht, sondern auch all das, was es ihm angenehm machen kann.
4. Alle Bauern, die durch irgendein Missgeschick keine Ernte hatten, werden aus dem Staatsschatz entschädigt.
5. Jedem Departement wird eine genügende Summe bewilligt, damit der Preis der Grundnahrungsmittel für alle Einwohner der Republik auf gleicher Höhe gehalten werden kann. [...]

7. Die Pachtverträge werden aufgehoben und zu dem Preis wieder geschlossen, den sie in den Durchschnittsjahren hatten, die ihr auswählen werdet, um ein für allemal das Maximum der notwendigen Lebensmittel und anderen Dinge festzusetzen.
8. Es soll ein Maximum für Vermögen festgesetzt werden. [...]

10. Keiner soll mehr Ländereien pachten dürfen, als für eine festgesetzte Anzahl von Pflügen gebraucht wird.
11. Ein Bürger soll nicht mehr als eine Werkstatt oder einen Laden besitzen dürfen.
12. Alle, die Waren oder Grund und Boden unter ihrem Namen innehaben, sollen als deren Eigentümer gelten.

Die Sektion Sans-Culottes meint, dass diese Maßnahmen Überfluss und Ruhm wieder herbeiführen, nach und nach die zu große Ungleichheit der Vermögen beseitigen und die Zahl der Eigentümer ansteigen lassen werden.

Walter Markov (Hrsg.), Revolution im Zeugenstand. Frankreich 1789–1799, Band 2: Gesprochenes und Geschriebenes, Leipzig ²1986, S. 489 ff.

1. *Arbeiten Sie die Einstellung der Sansculotten zum Eigentum aus den Forderungen heraus. Vergleichen Sie sie mit den 1793 verkündeten Menschen- und Bürgerrechten (M3, Seite 47 f.).*
2. *Überlegen Sie, ob die Erfüllung der Forderungen die Misere des Wirtschaftslebens beendet hätte. Ziehen Sie dazu Parallelen aus dem 20. Jahrhundert heran.*

M11

„Gesetz über die Verdächtigen"

Am 4./5. September 1793 erheben sich die Sansculotten von Paris erneut gegen den Konvent. Die Abgeordneten beschließen am 17. September 1793 das „Gesetz über die Verdächtigen", damit beginnt die zweite Phase der „Schreckensherrschaft".

Artikel 1: Unmittelbar nach Verkündung des vorliegenden Dekrets sind alle verdächtigen Personen, die sich auf dem Gebiet der Republik [aufhalten] und noch in Freiheit befinden, in Haft zu nehmen.

Artikel 2: Als Verdächtigte gelten:

1. alle, die sich durch ihr Verhalten, ihre Beziehungen oder ihre in Wort oder Schrift geäußerten Ansichten als Anhänger der Tyrannei, des Föderalismus[1)] und als Feinde der Freiheit erwiesen haben;

2. alle, die sich nicht auf die durch das Gesetz vom 21. März dieses Jahres[2)] vorgeschriebene Weise über die Mittel ihrer Existenz und die Erfüllung ihrer Bürgerpflichten ausweisen können[3)];

3. alle, denen die Beglaubigung der Staatsbürgertreue verweigert worden ist;

4. durch den Nationalkonvent oder seine Kommissare von ihren Ämtern suspendierte oder abgesetzte und nicht wieder eingesetzte öffentliche Beamte, namentlich diejenigen, die Kraft des Gesetzes vom 12. August dieses Jahres abgesetzt worden sind oder noch abgesetzt werden müssen;

5. jene unter den ehemaligen Adligen, ob Männer, Frauen, Väter, Mütter, Söhne oder Töchter, Brüder oder Schwestern wie auch Bevollmächtigte von Emigranten, die nicht beständig ihre Verbundenheit mit der Revolution kundgetan haben;

6. alle, die in dem Zeitraum zwischen dem 1. Juli 1789 und der Verkündung des Gesetzes vom 8. April 1792 emigriert sind, auch wenn sie in der von diesem Gesetz bestimmten Frist oder davor nach Frankreich zurückgekehrt sein sollten. [...]

Artikel 8: Die Bewachungskosten gehen zu Lasten der Inhaftierten und werden unter ihnen gleichmäßig aufgeschlüsselt. Die Bewachung ist vorzugsweise Familienvätern und Vätern von Bürgern, die an der Front stehen oder dorthin marschieren, anzuvertrauen. Das Entgelt für jeden Wärter wird auf den Gegenwert von anderthalb Tagewerken festgesetzt.

Walter Markov, a. a. O., S. 499 f.

1. *Ordnen Sie das Gesetz in den Revolutionsverlauf ein. Benutzen Sie dazu die Zeittafel auf Seite 140 ff.*
2. *Erläutern Sie die Gefahren, die das Gesetz eröffnete.*
3. *Erörtern Sie alternative Möglichkeiten zur Sicherung der republikanischen Ordnung.*

[1)] *Als Parteigänger des Föderalismus galten alle, die die Einheit der Republik infrage stellten.*

[2)] *Gesetz, mit dem die Überwachungsausschüsse geschaffen wurden*

[3)] *Dieser Artikel ist gegen die Spekulanten gerichtet.*

M12
Gegen die Vendée

Die Regierung führt im Herbst 1793 einen „Vernichtungskrieg" gegen die katholische und antizentralistische Bewegung in der Vendée. Ihm fallen zwischen 140.000 und 190.000 Menschen zum Opfer. Einen Einblick in das „ideologische Klima" der Zeit gibt eine Rede, die Bertrand Barère am 1. Oktober 1793 vor dem Konvent hielt. Der 1755 geborene Barère war Jurist und Publizist und seit April 1793 Mitglied des Wohlfahrtsausschusses:

Bürger, die nicht erklärbare Vendée gibt es immer noch, den Anstrengungen der Republikaner ist es noch nicht gelungen, mit den Räubereien und Verschwörungen dieser Royalisten fertig zu werden.

Wie sollten die Feinde der Republik nicht alle ihre Anstrengungen, alle ihre Projekte auf die Vendée richten? Die Vendée ist das Herz der Republik; dorthin hat sich der Fanatismus geflüchtet, dort haben die Pfaffen, die roten Bänder, die blauen Bänder und die Kreuze des Heiligen Ludwig[1] ihre Altäre errichtet; dort haben die Emigranten und die koalierten Mächte die Trümmer eines verräterischen Throns gesammelt. Es ist die Vendée, mit der die Aristokraten, die Föderalisten[2] [...] korrespondieren; es ist die Vendée, wohin sich die schuldigen Wünsche Marseilles, die schändliche Käuflichkeit Toulons, die aufrührerischen Rufe der Aufständischen in Lyon [...] richten. [...]

Zerstört die Vendée, und Valenciennes und Condé werden nicht mehr unter Kontrolle der Österreicher sein.

Zerstört die Vendée, und der Engländer wird davon ablassen, Dünkirchen erobern zu wollen.

Zerstört die Vendée, und der Rhein wird von den Preußen befreit werden. [...]

Zerstört die Vendée, und Lyon wird keinen Widerstand leisten, Toulon wird sich gegen die Spanier und Engländer auflehnen, und die politische Einstellung Marseilles' wird das Niveau der republikanischen Revolution erreichen. [...]

Die Vendée und immer wieder die Vendée. Die Vendée ist das politische Krebsgeschwür, das die Republik auffrisst: Es ist hier, wo man zuschlagen muss.

Rolf Reichardt (Hrsg.), Ploetz. Die Französische Revolution, Freiburg/Würzburg 1988, S. 107

[1] *Anspielung auf von der Monarchie verliehene Orden*

[2] *Siehe Seite 87, M11, Anm. 1.*

1. *Nehmen Sie Stellung zu den Ausführungen Borères. Berücksichtigen Sie dabei, dass er diese Rede im Parlament hielt.*
2. *Überlegen Sie, wie die Bewohner der Vendée auf diese Ausführungen reagiert haben mögen.*

M13
Robespierre über Revolution und Terror: Text und Interpretation

Robespierre rechtfertigt am 5. Februar 1794 vor dem Nationalkonvent das Ziel der Revolution und den Terror.*

Welches Ziel streben wir an? Wir wollen den friedlichen Genuss der Freiheit und der Gleichheit [...]. Wir wollen die Dinge so ordnen, dass alle niedrigen und grausamen Leidenschaften im Zaum gehalten und alle wohltätigen und edlen Leidenschaften durch die Gesetze geweckt werden; wir wollen eine Ordnung schaffen, in der sich der Ehrgeiz auf den Wunsch beschränkt, Ruhm zu erwerben und dem Vaterland zu dienen; in der Vornehmheit nur aus der Gleichgewicht entsteht; wo der Bürger dem Magistrat, der Magistrat dem Volke und das Volk der Gerechtigkeit unterworfen ist; eine Ordnung, in der das Vaterland das Wohlergehen eines jeden Einzelnen sichert und jeder Einzelne stolz das Gedeihen und den Ruhm des Vaterlandes genießt [...].

Wir wollen in unserem Lande die Moral gegen den Egoismus, die Rechtschaffenheit gegen die Ehre [...] ein großherziges, mächtiges und glückliches Volk gegen ein bloß liebenswürdiges, leichtfertiges und beklagenswertes Volk eintauschen, das heißt, alle Tugenden und alle Wunder der Republik gegen alle Laster und alle Lächerlichkeiten der Monarchie.

▲ **Maximilien de Robespierre.**
Anonymes französisches Gemälde (60 x 49 cm), um 1790.

Mit einem Wort: Wir wollen den Willen der Natur erfüllen, das Schicksal der Menschheit vollenden, das Versprechen der Philosophie halten und die Vorsehung von der langen Herrschaft des Verbrechens und der Tyrannei befreien [...]. Welche Regierungsform kann diese Wunder vollbringen? Nur die demokratische oder republikanische Regierung! Denn diese beiden Wörter sind synonym[1] trotz aller Missbräuche der volkstümlichen Sprache. Die Aristokratie ist ebenso wenig republikanisch wie die Monarchie. Die Demokratie ist kein Staat, in dem sich das Volk ständig versammelt und alle seine öffentlichen Angelegenheiten selbst regelt; sie ist noch weniger ein Staat, in dem hunderttausend Volksparteien durch isolierte, übereilte und widersprüchliche Maßnahmen über das Schicksal der gesamten Gesellschaft entscheiden. Eine solche Regierung hat niemals bestanden und sie könnte auch nur bestehen, um das Volk zum Despotismus zurückzuführen.

Die Demokratie ist ein Staat, in dem das souveräne Volk sich nach Gesetzen richtet, die sein eigenes Werk sind, indem es von selbst alles tut, was es tun kann, und indem es durch seine Abgeordneten tun lässt, was es nicht selbst tun kann. [...]

Von außen werden wir von allen Tyrannen umzingelt; im Innern konspirieren alle Freunde der Tyrannen gegen uns: Sie werden solange konspirieren, bis dem Verbrechen jede Hoffnung genommen ist. Man muss die inneren und äußeren Feinde der Republik beseitigen oder mit ihr untergehen. Deshalb sei in der gegenwärtigen Lage der erste Grundsatz eurer Politik, das Volk durch Vernunft und die Volksfeinde durch Terror zu lenken.

Wenn in friedlichen Zeiten der Kraftquell der Volksregierung die Tugend ist, so sind es in Zeiten der Revolution Tugend und Terror zusammen. Ohne die Tugend ist der Terror verhängnisvoll, ohne den Terror ist die Tugend machtlos. Der Terror ist nichts anderes als die unmittelbare, strenge und unbeugsame Gerechtigkeit: Er ist also eine Emanation[2] der Tugend; er ist nicht so sehr ein besonderer Grundsatz als vielmehr die Folge des allgemeinen Grundsatzes der Demokratie: angewandt auf die dringenden Bedürfnisse des Vaterlandes.

Der Historiker Joachim Rohlfes interpretiert 1981 Robespierres Rede vom 5. Februar 1794:

Der Redner bringt seinen antithetisch aufgebauten Wertekatalog zum Schluss auf die Generalformel Monarchie gegen Republik. Die Monarchie wird zum Inbegriff der Laster und Torheiten, die Republik zur Garantin der Tugenden und Wunder. [...] Indem Robespierre die unterschiedlichen Wertvorstellungen und Haltungen der Menschen zu den politischen Verfassungen in Beziehung setzt, unter denen sie gedeihen, behauptet er, dass man vor allem (oder ausschließlich) die politische Ordnung verändern muss, wenn man die Menschen besser (oder schlechter) machen will. Der Mensch wird damit zum Produkt der politischen Verhältnisse.

[1] *synonym: sinnverwandt, gleichbedeutend*
[2] *Emanation: von lat. emanare: hervorgehen, herausfließen*

[...] Es gibt für Robespierre [...] keine private Moral, weil alle Moral politisch ist. Der Mensch der jakobinischen Demokratie kann sich auf keinen Freiraum neben der Politik – Gewissen, Religion, Kunst, Familie – berufen, weil ihm eine Flucht aus den politischen Bindungen nicht gestattet ist. [...]

Es entspricht der Logik des Entweder-Oder und der Allgegenwart des Politischen, dass eine politische Opposition nicht geduldet und jeder, der sich der Politik entziehen will, als „gegenrevolutionär" gebrandmarkt wird. In Robespierres Gedankenwelt gehört dies alles nahtlos zusammen: unpolitisch sein ist unmoralisch, und was unmoralisch ist, ist konterrevolutionär. Entschiedener lässt sich die Verabsolutierung der Politik kaum ausdrücken: Wer falsche politische Auffassungen vertritt, ist ein Verbrecher; Gesinnung und Haltung sind politische Kategorien. [...] Politische Neutralität und Passivität sind nicht erlaubt: Man ist Patriot oder Verräter und hat dafür mit seiner ganzen Existenz einzustehen.

Erster Text: Maximilien Robespierre, Ausgewählte Texte, Hamburg ²1989, S. 582 ff.; zweiter Text: Joachim Rohlfes, Robespierres Rede „Über die Prinzipien der politischen Moral", in: Geschichte in Wissenschaft und Unterricht, 32. Jg. (1981), H. 8, S. 480 f. (stark gekürzt)

1. *Beurteilen Sie die Ziele Robespierres.*
2. *Nennen Sie die Gefahren, die bei der Verfolgung seiner Ziele deutlich werden.*
3. *Hätte es Ihrer Ansicht nach andere Wege als den Terror gegeben, die Absichten Robespierres in die Tat umzusetzen?*
4. *Rohlfes unterstellt Robespierre die Einführung einer „totalitären Demokratie". Nennen Sie Beispiele für „totalitäre Demokratien" und erläutern Sie Rohlfes' Kritik an Robespierres Vorstellungen.*
5. *Prüfen Sie, ob Rohlfes' Kritik zutreffend ist.*

M14
Politisch motivierte Todesurteile

Während der Terrorherrschaft wurden rund 500.000 Franzosen als Verdächtige festgenommen und jeder Zehnte hingerichtet. Die Opferzahlen sind umstritten. Grundlage der folgenden Statistik sind Angaben von Hinrichtungen, die zwischen März 1793 und August 1794 stattfanden.

Von den Verurteilten waren: *Angaben auf der Grundlage von 14.080 Hinrichtungen*		
Adlige	1.158	(8,25 %)
Geistliche	920	(6,50 %)
Gehobenes Bürgertum[1]	1.964	(14,00 %)
Kleinbürgertum[2]	1.488	(10,50 %)
Lohnempfänger[3]	4.389	(31,25 %)
Bauern[4]	3.961	(28,50 %)
Sonstige	200	(1,50 %)

Begründung der Todesurteile: *Angaben auf der Grundlage von 16.594 Hinrichtungen*	
Verurteilungen wegen	
- bewaffneten Aufruhrs und Verrat	78 %
- föderalistischen Bestrebungen	10 %
- eidverweigernder Agitation	9 %
- Wirtschaftsverbrechen	1,25 %

Regionale Verteilung der Todesurteile: *Angaben auf der Grundlage von 16.594 Hinrichtungen*	
Paris	16 %
Südosten	19 %
Westen (Vendée)	52 %
Rest des Landes	13 %

Nach: Donald Greer, The Incidence of the Terror during the French Revolution. A Statistical Interpretation, Cambridge, Mass. 1935 (ND Gloucester, Mass. 1966), S. 143 und 165

Bestimmen und interpretieren Sie die soziale und regionale Zusammensetzung der Todesurteile. Beachten Sie dabei auch den historischen Kontext.

---

[1] *Kaufleute, Bankiers, hohe Staatsdiener etc.*

[2] *Handwerker, Kleinhändler etc.*

[3] *Sansculotten*

[4] *Die Zahl ist aufgrund der Vendée so hoch (siehe M12, Seite 88).*

▲ **Hinrichtung mit der Guillotine.**
Jugendbuchillustration von Michael Welply, 2007. Benannt wurde dieses Hinrichtungsgerät nach Dr. Joseph-Ignace Guillotin (1738–1814). Er hatte sich als Vorsitzender des Gesundheitsausschusses für diese Maschine aus humanitären Gründen eingesetzt, damit Hinrichtungen nicht mehr mit dem Handbeil vollzogen werden mussten. Konstruiert wurde die seit 1792 eingesetzte Guillotine von dem in Paris lebenden deutschen Mechaniker Tobias Schmidt.

M15
Über den revolutionären Terror

Der französische Schriftsteller und Politiker Alexis de Tocqueville stellt um 1850 fest:

Der Kontrast zwischen der Menschenfreundlichkeit der Theorien und der Wildheit der Taten, der einer der seltsamsten Charakterzüge der Französischen Revolution gewesen ist, wird niemand überraschen, der erwägt, dass diese Revolution von den zivilisiertesten Klassen der Nation vorbereitet und von den ungebildetsten und rohesten ausgeführt worden ist. Da die Mitglieder der ersteren kein schon vorhandenes Band verknüpfte, da sie auch nicht gewohnt waren, sich untereinander zu verständigen, und gar keine Verbindung mit dem Volke hatten, wurde dieses fast sofort zur führenden Macht, als die alten Gewalten vernichtet waren. Da, wo es nicht selbst regierte, verlieh es der Regierung wenigstens seinen Geist; und wenn man andererseits die Art bedenkt, in der das Volk im alten Staat gelebt hatte, so kann man sich leicht vorstellen, was aus ihm werden musste. [...]
Die Bücher hatten die Theorie geliefert; das Volk übernahm die Praxis und passte die Ideen der Schriftsteller seiner eigenen Wut an.

Der Freiburger Historiker Ernst Schulin sagt am 5. Januar 1989 in einem Rundfunkbeitrag:

Es war eine große, schreckliche Erfahrung der Revolutionszeit, dass der Terror kam und dass man ihn zu einem gewissen Grade sogar erklären und rechtfertigen kann. Der Terror meint ja nicht einfach Grausamkeit, dass also einfach dahingemordet wurde. Es heißt ja eigentlich, bewusster Terror. Es wird bewusst ganz Frankreich in Schrecken versetzt, damit Frankreich zusammenhält gegen die äußeren Feinde, es ist ja während der beginnenden Kriegszeit, und gegen die gefürchteten inneren Feinde und die mit Recht gefürchteten inneren Feinde in Frankreich. Man hat es immer so erklärt: Wir müssen den Terror machen, damit es keinen ungebundenen Terror und Mord gibt. Und das war die Rechtfertigung der Montagnards, der Jakobiner, bei dem man immerhin sagen muss, es ist sehr schwer, sich vorzustellen, die Revolutionsentwicklung hätte weitergehen können ohne diese schreckliche Zwischenphase. Es ist ja eine Phase, die dann aufhört '94, '95 und zur Phase der Republik und dann in ein Direktorium übergeht. Es ist ja nicht das Ende der Revolution, sondern es ist eine sehr schwere und blutige Zwischenphase.

Erster Text: Alexis de Tocquevilles, Der alte Staat und die Revolution, übersetzt von Theodor Oelckers, herausgegeben von Jacob Mayer, Reinbek bei Hamburg 1969, S. 177; zweiter Text: Deutschlandfunk vom 5. Januar 1989 (Manuskript der Sendung, S. 15)

Vergleichen und beurteilen Sie die historischen Erklärungsversuche. Berücksichtigen Sie dabei, welche den Tätern und welche den Opfern gerecht zu werden versuchen.

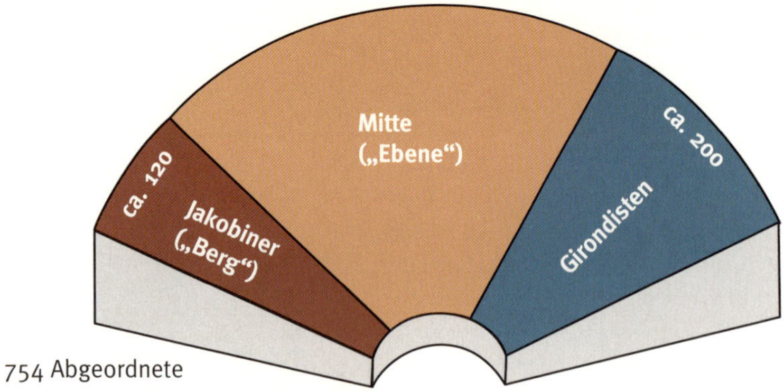

▲ **Die politische Zusammensetzung des Nationalkonvents (Convention nationale): 21. September 1792 bis 26. Oktober 1795.**

Zu den 754 Abgeordneten kamen weitere 28 aus den Kolonien.

Nach: Axel Kuhn, Die Französische Revolution, Stuttgart 1999, S. 91 (geändert)

Ein neuer Anfang: der Nationalkonvent

Am 21. September 1792 trat der *Nationalkonvent* (*Convention nationale*), kurz *Konvent* genannt, zusammen. Die Abgeordneten erklärten einstimmig, das „Königtum in Frankreich ist abgeschafft“, und riefen die „einheitliche und unteilbare Republik“ aus. Damit hatte das *Jahr I der Republik* begonnnen.[1] Der Konvent sollte eine republikanische Verfassung erarbeiten. Bis zu deren Abschluss übernahmen die Abgeordneten die Exekutivgewalt und setzten damit die *Gewaltenteilung* außer Kraft. Bis zum Herbst 1795 blieb der Konvent bestehen, doch die eigentliche Politik wurde in neu gebildeten Parlamentsausschüssen gemacht.

An der Wahl der 754 Abgeordneten hatten sich trotz des allgemeinen Wahlrechts für alle Männer über 21 Jahre (das *Zensuswahlrecht* war aufgehoben worden) nur etwa sechs bis zehn Prozent der Wahlberechtigten – zum Teil offen und mündlich – beteiligt. Auch in diesem Parlament dominierte das Bürgertum. Über ein Drittel der Gewählten hatte bereits in der *Konstituante* oder in der *Legislative* politische Erfahrungen sammeln können. Die neue „Mitte“, auch „Ebene“ (*Plaine*) oder abfällig „Sumpf“ (*Marais*) bezeichnet, bildete mit fast 400 Abgeordneten die wankende Mehrheit. Nachdem die *Feuillants* fehlten, wurden die über 200 *Girondisten* zur neuen „Rechten“. Sie setzten sich ein für eine dezentrale Verwaltung des Landes („Paris muss auf den 83. Teil des Einflusses herabgesetzt werden“), die Unverletzlichkeit des Eigentums, Wirtschaftsfreiheit und Rechtssicherheit. Aus ihrem Kreis stammten die wichtigsten Minister. Zur radikalen „Linken“ entwickelten sich die rund 120 Abgeordneten der „Bergpartei“ (*Montagnards*). Sie hatten ihre Hochburg in Paris, sympathisierten mit den militant vorgetragenen Forderungen der städtischen Volksbewegung nach wirtschaftslenkenden Maßnahmen und versuchten einen staatlichen Zentralismus durchzusetzen.

---

[1] *Zur neuen Zeitrechnung siehe auch Seite 115 f.*

„Krieg den Palästen, Friede den Hütten!“

Militärische Erfolge stützten anfangs die Politik des Konvents. In der *Schlacht von Valmy* (20. September 1792) vertrieben die Revolutionstruppen das Invasionsheer. Nach dem Motto „Krieg den Palästen, Friede den Hütten!“ – so der 32-jährige Abgeordnete *Pierre Joseph Cambon* am 15. Dezember 1792 im Konvent – zogen jetzt die Revolutionstruppen in Speyer, Worms, Mainz und Frankfurt am Main ein. Belgien, Savoyen und Nizza wurden nach einem weiteren Sieg über die Österreicher in der Folgezeit besetzt.

Die französischen Soldaten wurden von den Bürgern zum Teil hoffnungsvoll begrüßt (➧ M1). Während sie voranzogen, erörterten die Abgeordneten die Frage, ob Frankreich als „Befreier“ oder „Besatzer“ in die unterworfenen Gebiete einmarschiere. Mit Nachdruck boten die Parlamentarier noch im November 1792 allen Völkern, die ihre Freiheit gegen die Fürsten erkämpfen wollten, „brüderliche“ Hilfe an (➧ M2), doch schon einen Monat später beschlossen sie, dass in den besetzten Gebieten die französischen Verhältnisse übernommen werden müssen. Aus Befreiern wurden Eroberer. Der Ozean, der Rhein, die Alpen und die Pyrenäen sollten zu den „natürlichen Grenzen“ Frankreichs werden.

Die „Mainzer Republik“

Angeregt von den Franzosen und gefördert von dem im Oktober 1792 gegründeten *Mainzer Jakobinerklub* wurde in den von den alten Herrschern befreiten Gebieten Anfang 1793 ein *Rheinisch-Deutscher Nationalkonvent* gewählt. Es war das erste deutsche Landesparlament und bestand aus 130 Abgeordneten, die auf der Grundlage eines allgemeinen, gleichen und direkten (Männer-)Wahlrechts gewählt worden waren. Am 18. März riefen die Abgeordnete einen *Rheinisch-Deutschen Freistaat* für das Gebiet zwischen Landau und Bingen aus, stellten sich unter den „Schutz der Frankenrepublik“ und erklärten den „Zusammenhang mit dem deutschen Kaiser und Reich“ für beendet. Doch der erste deutsche Versuch, eine auf Freiheit, Gleichheit und Brüderlichkeit beruhende demokratische Staats- und Gesellschaftsordnung einzuführen, scheiterte wenige Monate später: Einerseits, weil die Franzosen begannen, das Land auszubeuten, andererseits, weil zur gleichen Zeit Rheinhessen und die Pfalz von den Deutschen zurückerobert wurden.

▲ **Sitzung des Mainzer Jakobinerklubs im Akademiesaal des Kurfürstlichen Schlosses.**
Federzeichnung (44,3 x 57,9 cm) von Johann Jakob Hoch, 1792.
Zwei Tage nach dem Einmarsch der Franzosen wurde in Mainz der Jakobinerklub gegründet; er hatte zeitweise bis zu 500 Mitglieder.

Das Ende Ludwigs XVI.

Der Prozess gegen den abgesetzten Monarchen bestimmte die Schlagzeilen Ende 1792 bis Anfang 1793. Der Konvent hatte sich zum Gericht gemacht und den abgesetzten König wegen „Verschwörung gegen die öffentliche Freiheit“ und „Anschlägen gegen die nationale Sicherheit“ angeklagt. Die Beweise sprachen gegen ihn. Über 90 % der Abgeordneten hielten *„Bürger Capet“* – so genannt nach dem Herrschergeschlecht der *Capetinger* – für schuldig. Uneinigkeit entstand über den Zeitpunkt der Strafvollstreckung. Während die radikalen Kräfte um *Robespierre** sich an die Spitze der städtischen Volksbewegung stellten und für die sofortige Vollstreckung des Todesurteils stimmten, plädierten die Girondisten für einen Aufschub. Die Kontroverse spaltete den Jakobinerklub ein weiteres Mal. Die gemäßigten Kräfte wurden ausgeschlossen und die radikalen übernahmen die Macht – im Konvent und im Jakobinerklub. Die Phase der sogenannten „Jakobinerherrschaft“ begann. Am 21. Januar 1793 wurde „Ludwig der Letzte“ – so bezeichnete der radikale „rote Priester“ *Jacques Roux** den Monarchen während des Prozesses – vor den Augen des Volkes auf der „Place de la Révolution“ (seit 1795 „Place de la Concorde“) hingerichtet (▸ M3). In ganz Europa, nicht nur in den Fürstenhäusern, waren viele Bürger erschrocken über das gewaltsame Ende eines fast tausendjährigen, christlich legitimierten Königtums.

Die Revolution in der Krise: Es geht nicht ohne Exekutive

In den Wintermonaten 1792/93 kam es in Paris und anderen Städten Nordfrankreichs zu erneuten Brotaufständen, gewaltsamen Preisfestsetzungen von Lebensmitteln und Aktionen gegen Wucherer und Spekulanten. Die *Sansculotten* – vor allem die Frauen – führten diese Aufstände an. Sie forderten vom Konvent Maßnahmen zur Lebensmittelversorgung und Preisfestsetzungen (▸ M4–M6). Gleichzeitig brachte die begonnene französische Annexionspolitik sowie die Hinrichtung *Ludwigs XVI.** die europäischen Mächte zusammen. Der Konvent reagierte darauf mit Kriegserklärungen gegen England und Holland und der Einberufung von 300.000 Soldaten. Diese Maßnahmen schürten neue gegenrevolutionäre Aktionen. Im Departement Vendée und in der Bretagne weigerten sich die Bauern, ihre Söhne für die „Republik der Königsmörder und Wucherer“ zu „opfern“.

Von nun an bestimmten Bürger- und Eroberungskrieg die Politik des Konvents. Kommissare wurden zur Durchsetzung des Rechts der Republik in die Departements geschickt, revolutionäre Überwachungsausschüsse gebildet und ein außerordentliches Gericht, das spätere *Revolutionstribunal*, gefordert (▸ M7). Um das Gewaltmonopol des Staates zurückzugewinnen, erhielt der am 6. April 1793 anstelle des unwirksamen Verteidigungsausschusses eingesetzte *Wohlfahrtsausschuss* (*Comité de salut public*) weitgehende Ermächtigungen. Es stellte seitdem das Exekutivorgan des Konvents dar. Die neu geschaffenen Instanzen sollten zu einer Stärkung der Zentralgewalt führen. Sozialpolitische Maßnahmen, wie die Einführung eines Zwangskurses für die *Assignaten* und eine Preisfestsetzung für Getreide, sollten die Pariser Stadtbevölkerung beruhigen. Darüber hinaus versuchte Robespierre die Sympathien der städtischen Volksbewegung damit zu behalten, in dem er am 24. April 1793 in einer programmatischen Rede an die „Pflichten der Brüderlichkeit“ erinnerte und darauf verwies, dass das Eigentum „weder die Sicherheit, die Freiheit, die Existenz noch das Eigentum unserer Mitmenschen beeinträchtigen“ dürfe.

Das Ende der Girondisten – eine weitere Revolution

Die Girondisten wurden von den Montagnards und der städtischen Volksbewegung für die katastrophale innen- und außenpolitische Situation verantwortlich gemacht. Im Konvent konnten die Gemäßigten sich nicht mehr durchsetzen, da die Parlamentsmitte sie nicht unterstützte. Die Entscheidung in dem Machtkampf zwischen Montagnards und Girondisten führten die *Enragés*, die „wilden Heißsporne“ der städtischen Volksbewegung, herbei. Sie organisierten einen Aufstand. Am 31. Mai 1793 umstellten etwa 60.000 bewaffnete Sansculotten den Konvent und forderten die Verhaftung von 22 führenden Girondisten. Als die Aktion fehlschlug, wurde sie am 2. Juni wiederholt. Unterstützt von der Nationalgarde zogen zwei Tage später rund 80.000 Menschen mit Kanonen vor das Parlament und erzwangen die Festsetzung von nunmehr 29 girondistischen Abgeordneten und zwei Ministern. Diese Aktion, die von einigen Historikern als eine weitere Revolution gewertet wurde, war ein schwerer Schlag gegen das repräsentative System – und das Ende der Girondisten. Selbst den Montagnards ging die Macht der Straße inzwischen zu weit. Ihre Abgeordneten übernahmen aber nun die Führung im Konvent und in den Ausschüssen.

Im ganzen Lande reagierte man auf die Ereignisse in Paris mit Aufständen. Zwei Drittel der Departements kämpften für die Girondisten und gegen die „Diktatur“ von Paris. Truppen wurden gegen Paris mobilisiert, und der Bürgerkrieg breitete sich weiter aus. Dazu marschierten von Norden, Osten und Süden fremde Truppen ins Land. Frankreich schien zu zerbrechen. Die Lage verschärfte sich noch, als am 13. Juli *Charlotte Corday** den „Volksfreund“ *Marat** in seiner Pariser Wohnung ermordete – und damit die Möglichkeit schuf, ihn zum Märtyrer zu stilisieren (➧ M8).[1]

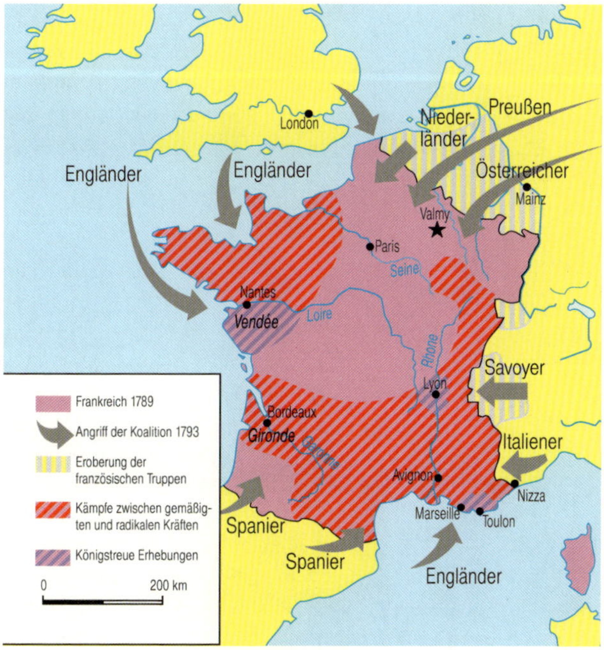

▲ **Die belagerte Republik im Sommer 1793.**
Auseinandersetzungen zwischen Regierungstruppen und ausländischen Heeren oder konterrevolutionären Gruppen erschütterten weite Teile Frankreichs.

[1] *Siehe dazu auch den Methoden-Baustein „Historiengemälde interpretieren“ (Seite 100–103).*

Eine neue Verfassung und weitere Reformen

Im August 1793 stimmte das Volk über die am 24. Juni 1793 im Konvent verabschiedete Verfassung ab. Damit wollten die Abgeordneten neues Vertrauen stiften. Doch die Bevölkerung reagierte verhalten auf das Gesetzeswerk, welches das „allgemeine Glück" zum Ziel der Gesellschaft erklärte, jedem Bürger erlaubte, „den Ertrag seiner Arbeit und seines Fleißes zu genießen und über sie nach seinem Gutdünken zu verfügen" (▸ M9) und das erstmals soziale Grundrechte wie das Recht auf Arbeit, öffentliche Unterstützung der „unglücklichen Mitbürger" und Unterricht für alle garantierte sowie alle Gesetze durch Volksabstimmungen beschließen lassen wollte. 4,3 Millionen Franzosen enthielten sich der Stimme, 1,8 Millionen sprachen sich für und 17.000 gegen die Verfassung aus. Trotz des Volksentscheids (*Plebiszit*) blieb die Verfassung nur Programm. Auf Druck des Wohlfahrtsausschusses beschlossen die Abgeordneten, sie erst nach Beendigung der innen- und außenpolitischen Probleme in Kraft zu setzen, weshalb auch der Konvent bestehen blieb.

Anfang 1794 schaffte dieser die Sklaverei ab. Die Abgeordneten erklärten damit die rund 600.000 Farbigen in den Kolonien zu französischen Bürgern und garantierte ihnen die in der Verfassung festgeschriebenen Rechte. Alle vorherigen Versuche, die Sklaverei abzuschaffen, hatten trotz Aufständen in den Kolonien wie in Saint-Domigue (Haiti) keine Mehrheit gefunden.

Außerdem führte der Konvent einen neuen *Kalender*[1] sowie einheitliche Maß- und Währungseinheiten ein.

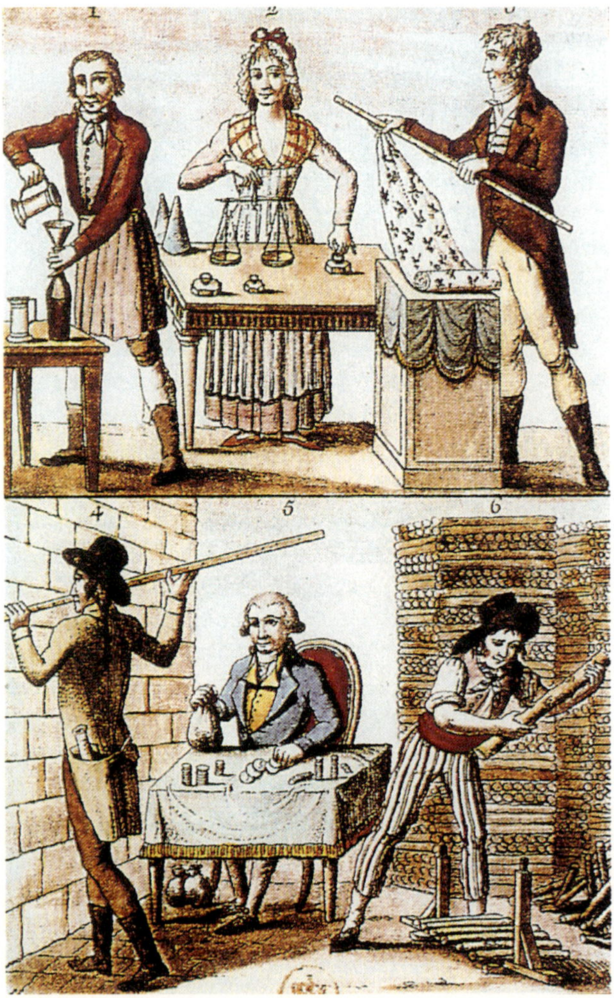

◂ **„Usage des Nouvelles Mesures."**
Kupferstich nach J.-P. Delion, um 1800.
Am 26. März 1791 hatte die Nationalversammlung auf Vorschlag der „Académie des sciences" die Einführung einer universellen Längeneinheit beschlossen. Die Umsetzung der Idee dauerte bis zum 1. August 1793. An dem Tag wurden die neuen Maß- und Währungseinheiten (Meter, Gramm, Liter, Franc) mit Wirkung zum 1. Juli 1794 eingeführt.
• Erläutern Sie die Veränderungen, die mit der Einführung der neuen Maß- und Währungseinheiten für den Alltag der Menschen verbunden waren.

[1] *Siehe dazu Seite 115.*

Neue Zugeständnisse

In der Folgezeit machten die Abgeordneten des Konvents weitere Zugeständnisse an die Bevölkerung: Den Bauern wurde der Grundbesitz der Emigranten zum Kauf angeboten. Mittels Parzellierung und langer Zahlungsfristen konnten nun auch die ärmeren Bauern ihren Grundbesitz vergrößern. Mit dieser Maßnahme und der vorangegangenen Nationalisierung der Kirchengüter wechselte rund ein Sechstel des Grundbesitzes die Eigentümer. Um die Bauern mit der Politik der Montagnards zu versöhnen, wurden jetzt alle verbliebenen grundherrlichen Rechte entschädigungslos abgeschafft. Das städtische Kleinbürgertum sollte durch eine staatlich kontrollierte Vorratswirtschaft zufrieden gestellt werden.
Schwieriger war es, materielle und personelle Mittel für den Krieg zu finden. Der Konvent beschloss auf Empfehlung des Wohlfahrtsausschusses, „von jetzt an bis zu dem Tage, an dem die Feinde vom Gebiet der Republik vertrieben sind", die *Allgemeine Wehrpflicht* (*Levée en masse*) einzuführen. Alle unverheirateten Männer im Alter von 18 bis 25 mussten sich zum Dienst melden. Aus dem bisherigen Berufsheer wurde ein Volksheer. Zwar konnten damit bis zum Sommer 1794 etwa 800.000 Soldaten aufgestellt werden, aber gleichzeitig belasteten die Einberufungen die innenpolitische Lage weiter.

„Gesetzgeber! Setzt den Terror auf die Tagesordnung!"

Die Hauptprobleme der Bevölkerung von Paris blieben. Teuerung und Hunger trugen zur weiteren Radikalisierung der Sansculotten bei und ließen die Forderung nach weitreichenden Eingriffen in die Eigentums- und Wirtschaftsordnung wachsen (▸ M10). Nachdem es zu neuen Unruhen gekommen war, umstellten am 5. September 1793 Sansculotten wieder den Nationalkonvent und forderten: „Gesetzgeber! Setzt den Terror auf die Tagesordnung!" Dies galt allen Wucherern, Spekulanten und Kriegsgewinnlern. Die Abgeordneten mussten die Forderung ernst nehmen, da nur mit Unterstützung der Sansculotten die Aufstellung der Volksarmee durchzuführen, die notwendigen Waffen, Kleider und Lebensmittel für das Heer zu beschaffen sowie die aufständischen Gebiete unter Kontrolle zu bringen waren.
Die Montagnards unter Führung Robespierres versuchten, die Sansculotten-Bewegung zu lenken. Es begann die zweite Phase der „Schreckensherrschaft". Im Nationalkonvent wurde ein *Gesetz über die Verdächtigen* (17. September) verabschiedet, mit dem „alle, die sich durch ihr Verhalten, ihre Beziehungen oder ihre in Wort und Schrift geäußerten Ansichten als Anhänger der Tyrannei, des Föderalismus oder als Feinde der Freiheit erwiesen haben", in Schutzhaft genommen werden konnten (▸ M11). Es folgte Ende September die von den Sansculotten geforderte Einführung eines Höchstpreisgesetzes auf alle wichtigen Konsumgüter und Löhne.
Während die Revolutionsregierung soziale Zugeständnisse an die städtische Volksbewegung machte, trug sie gleichzeitig einen erbitterten Krieg gegen ihre „inneren" Feinde aus. Sie ließ Städte wie Lyon, in denen die jakobinische Stadtverwaltung von gemäßigten und aristokratischen Politikern vertrieben worden war, zerstören und führte einen „Vernichtungskrieg" gegen die Aufständischen in der *Vendée* (▸ M12). Eine Entwicklung, die auch im Ausland mit Sorge zur Kenntnis genommen wurde.

Wer war für den revolutionären Terror verantwortlich?

Während des revolutionären Terrors (*La Terreur*) konzentrierte sich die Macht auf zwei Parlamentsausschüsse: Der zwölfköpfige Wohlfahrtsausschuss (*Comité de salut public*) übernahm vollends die Leitung und Kontrolle über Verwaltung, Polizei, Waffenproduktion, Krieg, Wirtschaft und Diplomatie; der ebenfalls zwölfköpfige *Sicherheitsausschuss* (*Comité de sûreté générale*) wurde zu einem Polizeiministerium, das die Überwachungsmaßnahmen im ganzen Land koordinierte. Besetzt waren alle Ausschüsse und Organe, in Paris sowie in den Departements, mit Mitgliedern des Jakobinerklubs und dessen Tochtergesellschaften. An der Spitze des Wohlfahrtsausschusses stand seit Juli 1793 Robespierre, der „Unbestechliche", wie er genannt wurde – was einiges über die Bestechlichkeit der übrigen Revolutionäre aussagt. Er war verantwortlich für diesen „kontrollierten" Terror.

Ganz entgegen den ursprünglichen Absichten hatte die revolutionäre Regierung damit wieder wesentliche Charakterzüge eines absolutistischen Staatswesens eingenommen: Rückkehr zur staatlichen Wirtschaftslenkung, Aufbau eines starken Militärapparats, Monopol der staatlichen Strafgerichtsbarkeit sowie eine „amtliche" Staatsideologie statt freier Konkurrenz der politischen Ideen.

◀ Robespierre als Henker des Henkers.
Anonyme Kupferradierung (13,8 x 8,3 cm), Ende 1794.
„Hier ruht ganz Frankreich", steht auf der Grabpyramide. In der Amtstracht des Wohlfahrtsausschusses, die Verfassungen von 1791 und 1793 mit Füßen tretend, guillotiniert Robespierre, nachdem er alle Franzosen hat hinrichten lassen, auch noch den Henker.

„Die Revolution frisst, gleich Saturn, ihre eigenen Kinder“

Denunziantentum und Spitzelwesen stützten den einsetzenden Polizei- und Justizterror. Alle politischen Klubs, die nicht zu den Jakobinergesellschaften gehörten, wurden verboten. Dazu wurden Zeugnisse der Staatsbürgertreue verlangt. Zum Terror gehörten auch die Schändung von Kirchen oder der Abriss ganzer Häuserzeilen „als Wohnstätten des Verbrechens“. Hausdurchsuchungen waren an der Tagesordnung, die Gefängnisse füllten sich, Prozesse wurden zur Farce, und die *Guillotine* stand nicht mehr still. Sie, die „Sense der Gleichheit“, wie der Volksmund sie bald nannte, wurde zum Inbegriff der Schreckensherrschaft. Ihre blutige Herrschaft ließen sich die Verantwortlichen durch das „Grundgesetz der Revolutionsregierung“ legitimieren (4. Dezember 1793). Die Abgeordneten des Nationalkonvents stimmten aus Angst vor Terror oder Gleichgültigkeit zu.

Mit der neuerlichen Radikalisierung spalteten sich die Montagnards abermals. Rechts standen nun die von *Danton** geführten *Nachsichtigen* (*Indulgents*), die sich gegen die Fortsetzung des Terrors und für Verhandlungen mit den inneren und äußeren Feinden einsetzten. Links führte der 1757 geborene Journalist *Jacques René Hébert** die *Ultras* an, die die soziale Gleichheit, die Dechristianisierung und den Krieg radikal vorantreiben wollten. Beide Gruppierungen fielen dem Terror zum Opfer.

Mit der Radikalisierung verloren die Montagnards um Robespierre, der im Frühjahr 1794 den Terror noch zu rechtfertigen versuchte (▸ M13), den Rückhalt der Konventsmehrheit. Die geforderte weitere Verschärfung des Terrors im Juni 1793, mit der die dritte Phase der Schreckensherrschaft begann, war nach der Hinrichtung der inneren Feinde und dem Sieg über die Österreicher im Juni 1794 nicht mehr akzeptabel.

Am 27. Juli 1794, dem *9. Thermidor des Jahres II*, stürzte eine Mehrheit im Konvent Robespierre. Die „Schreckensherrschaft“ endete so gesetzlos, wie sie begann: Robespierre und 105 seiner Anhänger wurden nach dem Sturz ohne Prozess hingerichtet.

Die Zahl der Menschen, die der Schreckensherrschaft zum Opfer fielen, ist nicht genau bekannt. Geschätzt werden etwa 50.000. Die Zahl der „Verdächtigen“ liegt bei 500.000. Allerdings war nicht ganz Frankreich gleichermaßen betroffen. 90 % aller Hinrichtungen konzentrierten sich auf nur 20 Departements, neben Paris meist diejenigen Regionen, in denen Kämpfe stattfanden (▸ M14).

Die Revolution fraß – wie der 1793 hingerichtete girondistische Abgeordnete *Pierre Victurnien Vergniaud* am 13. März 1793 prophezeit hatte – „gleich Saturn, ihre eigenen Kinder“. Bis heute suchen Historiker Erklärungen für den Terror (▸ M15). Ihre Ergebnisse müssen sich daran messen lassen, ob sie den Opfern gerecht werden.

Methoden-Baustein: Historiengemälde interpretieren

Definitionsversuch

Historiengemälde stellen meist besondere Ereignisse wie Schlachten und Friedenschlüsse dar und/oder heben das Handeln bedeutender Personen hervor. Geben sie Ereignisse aus der unmittelbaren Gegenwart des Künstlers und der Betrachter wieder, werden sie auch Ereignisbilder genannt.

Herkunft

Historienbilder gab es schon bei den alten Ägyptern und Griechen. Ein bekanntes Beispiel ist das „Alexandermosaik“, das die Schlacht bei Issos (333 v. Chr.) darstellt und im 2. Jh. v. Chr. auf der Grundlage einer früheren Vorlage erstellte wurde. Die Darstellungen „Der Schwur im Ballhaus“ (siehe Seite 35) und „Der ermordete Marat“ (siehe Seite 101) des Zeitzeugen Jacques-Louis David* sind Ereignisbilder.

Seit der Renaissance gelten Historiengemälde als die Krönung der künstlerischen Tätigkeiten, da die gemalte Geschichte vom Künstler neben den handwerklichen Fähigkeiten auch literarische und historische Bildung erfordert und – ähnlich wie die Literatur – den Betrachter ergreifen, belehren und zur Tugend anhalten soll.

Historien- und Ereignisbilder als Quellen

In der Regel wurden Historien- und Ereignisbilder im Auftrag der Kirche und der Regierenden gemalt. Dabei hatten die Künstler die Taten im Sinne ihrer Auftraggeber darzustellen. Insofern sind viele der Kunstwerke letztlich eine Form der Propaganda. Sie sind wichtige Quellen für ihre Entstehungszeit, für die Vorstellungen der Auftraggeber und für die Einstellungen der Künstler.

Leitfragen für die Analyse

- ✔ Welches historische Thema/Ereignis wurde dargestellt?
- ✔ Aus welchem Anlass und zu welcher Zeit entstand das Kunstwerk?
- ✔ Wer war der Künstler, wer der Auftraggeber?
- ✔ Welche Symbole wurden verwendet?

Anregungen für die Interpretation

Für die Interpretation eines Historiengemäldes bzw. Ereignisbildes sind drei Arbeitsschritte sinnvoll:

1. Bildbeschreibung

- ✔ Beschreiben Sie, was zu sehen ist.
- ✔ Geben Sie Ihren ersten Eindruck wieder.

2. Bildanalyse

- ✔ Bestimmen Sie die Bildgattung und Darstellungstechnik (Gemälde, Holzschnitt, Kupferstich, Wandbild etc.) sowie die Größe.
- ✔ Nennen Sie Thema und Inhalt.
- ✔ Finden Sie heraus, welche Personen, Gegenstände, Orte und Handlungen im Einzelnen dargestellt sind.
- ✔ Beschreiben Sie Mimik, Gestik und Haltung der dargestellten Personen.
- ✔ Arbeiten Sie die verwendeten künstlerischen Stilmittel wie Perspektiven („Vogel-“, „Frosch-“ oder „Zentralperspektive“), Proportionen und Bildaufteilung heraus.
- ✔ Untersuchen Sie die Farbgebung und Lichtverhältnisse (Ton-in-Ton, Farbkontraste, Hervorhebung durch Helligkeit etc.) und die Verwendung (symbolischer) Farben für bestimmte Bildteile.

3. Bildinterpretation

- ✔ Deuten Sie die Ergebnisse der Bildbeschreibung und -analyse. Berücksichtigen Sie dabei Informationen über die dargestellte Zeit sowie über die Entstehungszeit, den Künstler, den Anlass und den Zweck.
- ✔ Fassen Sie die „Bild-Botschaft“ zusammen.
- ✔ Überlegen Sie, welche Bedeutung das Bild als Quelle für das dargestellte Ereignis aus heutiger Sicht hat.

Literaturtipps *Thomas W. Gaethgens, Davids Marat (1793) oder die Dialektik des Opfers, in: Alexander Demandt (Hrsg.), Das Attentat in der Geschichte, Frankfurt am Main 1996, S. 222–255; Jörg Traeger, Der Tod des Marat. Revolution des Menschenbildes, München 1986*

M1

Der ermordete Marat.
Ölgemälde (165 x 128 cm) von Jacques-Louis David, 1793.

M2

Was will David ausdrücken?

Am 13. Juli 1793 ermordet Charlotte Corday den 49-jährigen Marat* (siehe M8, Seite 84). Einen Tag später erhält der 45-jährige Künstler, Abgeordnete und Jakobiner Jacques-Louis David den Auftrag des Konvents, die Trauerfeierlichkeiten zu gestalten und das Bild Marats für die Nachwelt festzuhalten. Er bittet den Konvent, Marat in der Haltung zu malen, in der er ihn bei seinem letzten Besuch am 12. Juli angetroffen hatte: „Ich traf ihn in einer Haltung an, die mich frappierte. Er hatte neben sich einen Holzklotz mit Tinte und Papier, seine Hand schrieb aus der Wanne heraus seine letzten Gedanken für das Glück des Volkes nieder." Bei der Komposition des Bildes berücksichtigt David das von ihm bereits im gleichen Format gemalte Bild „Lepeletier", das an den von einem Royalisten am 20. Januar 1793 ermordeten Revolutionär Louis Michel Lepeletier (siehe M2, Seite 106) erinnert. Beide Gemälde sind für den Sitzungssaal des Nationalkonvents gedacht.[1)] Kopien hängen auch in zahlreichen Amtsräumen. Am 14. November 1793 übergibt David den Abgeordneten das Bild mit folgenden Worten:*

Mitbürger!

Das Volk wollte seinen Freund wiederhaben, es ließ verzweifelt seine Stimme erschallen und forderte meine Kunst; denn es wollte die Züge seines treuen Freundes wiedersehen: Sie riefen: „Nimm deinen Pinsel, David! Räche unseren Freund, räche Marat! Seine besiegten Feinde sollen erblassen vor dem Anblick seiner entstellten Züge; zwinge sie, das Los dessen zu beneiden, den sich nicht bestechen, sondern nur feige ermorden lassen konnten!" Ich habe die Stimme des Volkes gehört, ich bin ihr gefolgt.

Kommt herbei, alle! Die Mutter, die Witwe, die Waise, der unterdrückte Soldat, ihr alle, die er unter Gefahr seines Lebens verteidigt hat, kommt herbei! Seht, euer Freund, der da für euch wachte, ist nicht mehr; seine Feder, der Verräter Schrecken, ist seinen Händen entglitten. Verzweiflung! Unser Unermüdlicher ist nicht mehr.

Euer Freund ist tot – er gab euch sein letztes Stück Brot; er ist tot und besitzt nicht einmal genug, um sich begraben zu lassen. Nachwelt, du wirst ihn rächen, du wirst unseren Enkeln sagen, wie viele Reichtümer er hätte besitzen können, wenn er nicht die Tugend über allen Besitz gestellt hätte. Menschen, sagt denen, die ihn Blutsäufer nannten, dass euer Marat, der Menschheit liebstes Kind, ihr niemals Tränen abgepresst hat. Auch dich rufe ich, widerwärtige Verleumdung, ja, eines Tages werde ich dich mit deinen beiden Händen deine vertrockneten Vipern erdrücken und dich an deinem eigenen Gift ersticken sehen – der Tag ist nicht mehr fern.

Dann wird die Aristokratie, weithin und sichtbar erschöpft, bestürzt, nicht mehr wagen, sich im Licht zu zeigen.

Du aber, Marat, wirst in deinem Grab jubeln und deinen Tod nicht mehr beklagen: Dein ruhmvolles Werk ist vollbracht, und das Volk wird dich, deine Taten abermals krönend, auf seinen Händen in das Pantheon[2)] tragen.

Euch Kollegen, bringe ich die Huldigung meines Pinsels; wenn eure Blicke auf den bleichen, blutigen Zügen Marats ruhen, werdet ihr die Tugenden wieder lebendig vor euch sehen, die euren zu sein.

Walter Markov, Revolution im Zeugenstand. Frankreich 1789–1799. Band 2: Gesprochenes und Geschriebenes, Leipzig ²1986, S. 537 f.

[1)] *Am 10. Februar 1795 wurde das Gemälde aus dem Sitzungssaal der Nationalversammlung entfernt. Es befindet sich heute in den Musées royaux in Brüssel.*

[2)] *Pantheon (von griech. pan: alle; theos: Gott): nach römischen Vorbild errichtete Grabstätte berühmter Franzosen. Marat wurde am 21. September 1794 in die nationale Ruhmeshalle überführt und bereits am 8. Februar 1795 wieder daraus entfernt.*

M3
Über das revolutionäre „Andachtsbild"

Der britische Kunsthistoriker Simon Schama schreibt 1989 über das Gemälde Davids:

Von allen Generationen ist „Der ermordete Marat" als Verklärung verstanden worden, als aufregend realistischer Bericht über den Mord und als revolutionäres Andachtsbild. Das Blut des Märtyrers ist mit schockierender Deutlichkeit allgegenwärtig. Marat badet im eigenen Blut, überall stoßen tiefes Rot und lebloses Weiß zusammen. Blut befleckt die Reinheit des Lakens, ist auf Charlotte Cordays Brief[1)] verschmiert, überzieht das am Boden liegende Messer, dem David dem Kontrast zuliebe statt des hölzernen einen elfenbeinernen Griff gegeben hat. In und neben Marats Linker finden sich die unwiderleglichen Zeugnisse seiner Heiligkeit in grellem moralischem Kontrast aufgereiht. In der Hand des Toten der heuchlerische Brief der Mörderin mit der beschwörenden Formel: „Es genügt, dass ich zutiefst unglücklich bin, um ein Anrecht auf Ihr Wohlgefallen zu haben"; und daneben, auf der als Schreibtisch dienenden Kiste, die Papiere, die Marat als wahren Freund des Volkes ausweisen: Unter einem Geldschein die Notiz von Marats Hand, den „assignat" einer Witwe mit fünf Kindern zu überbringen, deren „Mann fürs Vaterland gestorben ist".[2)] Der Tod im Tod – im kalten Licht dieser Opferszene – bildet das moralische Herzstück des Gemäldes.

Simon Schama, Der zaudernde Citoyen. Rückschritt und Fortschritt in der Französischen Revolution, München 1989, S. 737 f.

1) *Marat hat den Brief gar nicht erhalten.*

2) *Die Assignate (Geldscheine) und Briefe auf der Holzkiste sind ebenfalls Davids Erfindungen.*

M4
„Der ermordete Marat" – eine Interpretation

In einem anerkannten Kunstlexikon wird Davids Gemälde wie folgt interpretiert:

Der Tod traf Marat in der Badewanne beim Verfassen des Antwortbriefs an Charlotte Corday. Der zerknitterte Geldschein war für sie, die in Not Geratene, bestimmt. Die von David deutlich akzentuierte Großzügigkeit Marats steht im Gegensatz zur kargen Umgebung: Beides betont seine republikanischen Tugenden, seine edle Gesinnung und moralische Integrität. In der von David gewählten zurückgeneigten, schlaffen Haltung Marats gestalteten Caravaggio, Michelangelo und andere den toten, vom Kreuz abgenommenen Christus. David stilisiert somit Marat zum Märtyrer der Französischen Revolution, als modernen Christus. Auch die strenge Tektonik des Bildaufbaus und eine scharf kalkulierte Anordnung der Bildgegenstände zielen auf die idealisierende Überhöhung des toten Helden.
Der wuchtige Holzblock im rechten Vordergrund bildet das kompositionelle Gegengewicht zum leicht aus der Wanne geneigten Oberkörper Marats. [...].
Im Gegensatz zum Dunkel um Marats Körper gewinnen die Gegenstände des Vordergrunds umso größere Klarheit – das helle, einheitliche Licht verleiht ihnen messerscharfe Konturen. Der Einfachheit der Bildgestaltung entspricht die Farbgebung, die sich auf einen einzigen, komplementären Kontrast konzentriert: Das kühle Grün der Wolldecke steigert die signalhafte Wirkung des roten Bluts.

Lexikon der Kunst, Band 3, Freiburg/Basel/Wien 1987, S. 363

1. *Arbeiten Sie heraus, welche Anregungen (siehe Seite 100) und Informationen (M2 und M3) die Interpretation (M4) nicht berücksichtigt hat. Überarbeiten und erweitern Sie den Lexikonbeitrag.*
2. *David liefert mit dem Gemälde (M1) eine Rechtfertigung für den Terror. Nehmen Sie Stellung zu dieser Aussage.*

Die politische Kultur der Revolution

▲ **„Liberté de la presse."** *Farbstich (28 x 34 cm), 1797.*

30. April 1789
Der „Bretonische Klub" wird in Versailles gegründet; er ist die Keimzelle des Jakobinerklubs.

26. August 1789
Artikel 11 der Menschen- und Bürgerrechtserklärung verkündet das Grundrecht auf freie Meinungsäußerung.

14. Juli 1790
Am Jahrestag des Sturms auf die Bastille findet auf dem Pariser Marsfeld ein „Fest der Föderation" statt.

4. Dezember 1792
Drei Monate nach der Einführung der Republik wird ein Gesetz gegen die royalistische Propaganda erlassen; die Pressefreiheit wird eingeschränkt.

5. Oktober 1793
Der Republikanische Revolutionskalender wird rückwirkend ab dem 22. September 1792 eingeführt; er ist bis zum 31. Dezember 1805 gültig.

8. Juni 1794
Das Fest des „Höchsten Wesens" bildet den Auftakt eines neuen republikanischen Kultes.

M1

Über die Arbeit der Klubs

Der 37-jährige Schriftsteller und Jurist Gerhard Anton von Halem aus Oldenburg berichtet am 7. November 1790 aus Paris:

Die öffentliche Meinung (*opinion publique*) giebt der National-Versammlung beym Volke eine Festigkeit und Autorität, von der ich bisher nur einen schwachen Begriff hatte. Die bessern und erleuchtetern Patrioten haben sich in Clubs vereiniget, und stärken und befestigen durch ihre Einflüsse diese so nöthige öffentliche Meinung. Der vorzüglichste der hiesigen Clubs, dem mehr als 200 andere in den verschiedenen Städten des Königreichs affiliiert[1] sind, ist der Club *des amis de la constitution*, deren Mitglieder unter dem Namen der *Jacobins* bekannt sind. Dieser Club, welcher aus 150 bis 200 Mitgliedern aller Stände, vom *ci-devant Duc*[2] bis zum Sattler herab, bestehet, und mit jedem Tage anwächst, zeichnet sich durch Reinheit und Unveränderlichkeit in seinen Grundsätzen vortheilhaft vor anderen Clubs aus. Nur erprüfter Patriotismus qualifiziert die Eingebornen zur Aufnahme. Bei Fremden ist man weniger schwierig. [...]
Ein großer Teil der Mitglieder der N[ational-] V[ersammlung] [...] sind Mitglieder des Clubs. Man sieht hier gleichsam hinter die Coulissen. Alles, was in der N. V. vorkommen soll, wird hier vorher discutirt und für den öffentlichen Vortrag vorbereitet. Die *Referenten* (*Rapporteurs*) der verschiedenen *Committés* eröffnen meist hier zuerst ihre Gedanken, erforschen die verschiedenen Meinungen der Kundigen, oder vertheidigen oder bestimmen darnach die ihrigen. Täglich laufen Briefe der affiliierten Societäten ein, welche Nachrichten von den dortigen Angelegenheiten geben und sich bey der Muttersozietät Raths erholen.

Neuer Teutscher Merkur, herausgegeben von Christoph Martin Wieland, Weimar/Leipzig, 12. Stück, Dezember 1790, S. 383 ff.

---

[1] *affiliiert: angeschlossen*
[2] *ci-devant Duc: ehemaliger Herzog*

1. *Fassen Sie Aufgaben und Funktion des Jakobinerklubs zusammen.*
2. *Überlegen sie, welches Grundrecht den Volksgesellschafen die Möglichkeit ihrer Aktivitäten ermöglichte.*

M2

Für eine neue Bildung und Erziehung

Um 1789 gibt es in Frankreich rund 30.000 Landschulen, kleine Lateinschulen oder Armenschulen, die von den Kirchen betrieben werden. In ihnen lernen die Kinder und Jugendliche neben Lesen, Schreiben und Rechnen vor allem die Grundlagen des Glaubens. Die höhere Bildung ist vor allem in den Collèges vertreten, die überwiegend von den religiösen Orden wie den Jesuiten als Internate geleitet werden. Mit der Revolution und der Trennung von Kirche und Staat setzt eine Diskussion über die Erziehung und Bildung ein. Am 20./21. April 1792 trägt Condorcet in der Legislative seine Überlegungen zum öffentlichen Unterrichtswesen vor:*

Den Unterricht so zu lenken, dass [...] eine immer größere Zahl von Menschen fähig wird, die für die Gesellschaft notwendigen Funktionen gut zu erfüllen; und dass die ständig wachsenden Fortschritte der Erkenntnisse eine unerschöpfliche Quelle erschließen, die unseren Bedürfnissen hilft, die unsere Schmerzen heilt, die uns Mittel gibt für das individuelle Glück und den allgemeinen Wohlstand; schließlich in jeder Generation die physischen, intellektuellen und moralischen Fähigkeiten auszubilden und dadurch zu jener allgemeinen und stufenweise fortschreitenden Vervollkommnung des Menschengeschlechts beizutragen, von der jede gesellschaftliche Institution als ihrem letzten Ziel geleitet sein soll: das muss außerdem der Zweck des Unterrichts sein; und der öffentlichen Gewalt ist diese Pflicht durch das allgemeine Interesse der Gesellschaft, ja durch das Interesse der ganzen Menschheit auferlegt.

Wir wollen nicht, dass in Zukunft auch nur ein einziger Mensch im Reich sagen könnte: Das Gesetz sichert mir vollständige Gleichheit der Rechte zu, aber man verweigert mir die Mittel, sie zu kennen. Ich soll nur vom Gesetz abhängig sein, aber meine Unwissenheit macht mich von allem abhängig, was mich umgibt. In meiner Kindheit hat man mich wohl gelehrt, was ich zu wissen bedurfte, aber da ich gezwungen war zu arbeiten, um zu leben, sind diese ersten Kenntnisse bald verblasst, und es blieb mir nur der Schmerz, in meiner Unwissenheit nicht den Willen der Natur zu fühlen, sondern die Ungerechtigkeit der Gesellschaft. Wir glaubten, dass die öffentliche Gewalt den armen Bürgern sagen muss: Das Vermögen eurer Eltern hat euch nur mit den unentbehrlichsten Kenntnissen versehen können; aber man sichert euch leicht zugängliche Mittel zu, diese zu bewahren und zu erweitern. Wenn die Natur euch Talente geschenkt hat: Ihr sollt sie entwickeln können, und sie sollen nicht verloren gehen, weder für euch, noch für das Vaterland.

Andere Vorstellungen entwickelt Louis Michel Lepeletier, der aus einer adligen Pariser Familie stammt und zu Beginn der Revolution 29 Jahre alt ist. Als Abgeordneter des Nationalkonvents schließt er sich der radikalen Linken an und fällt am 20. Januar 1793 einem Mordanschlag zum Opfer. Sein Plan einer Nationalerziehung wird im Juli 1793 im Jakobinerklub und im Nationalkonvent verlesen:

Lasst uns wagen, [...] eine Erziehung zu gründen, die wahrhaft national, republikanisch, in Form und Wirkung gemein für alle und allein imstande ist, das Menschengeschlecht zu regenerieren, sowohl am Leibe wie an der Seele; mit einem Wort, es ist dieses Gesetz die Errichtung der öffentlichen Erziehung. [...]

Ich verlange, dass Ihr dekretiert, dass vom fünften bis zwölften Jahre für die Knaben, vom fünften bis elften für die Mädchen, alle Kinder, ohne Unterschied und ohne Ausnahme, gemeinschaftlich erzogen werden sollen auf Kosten der Republik und dass alle unter dem heiligen Gesetz der Gleichheit dieselbe Kleidung, dieselbe Nahrung, denselben Unterricht, dieselbe Sorgfalt erhalten. [...]

Bis zum zwölften Jahr ist die gemeinschaftliche Erziehung gut, weil es sich bis dahin darum handelt, nicht Arbeitsleute, Künstler und Gelehrte zu bilden, sondern Charaktere für alle diese Fächer.

Es ist ferner die gemeinschaftliche Erziehung bis zum zwölften Jahr gut, weil es sich darum handelt, den Kindern diejenigen physischen und moralischen Eigenschaften, diejenigen Geschicklichkeiten und Kenntnisse zu verschaffen, welche für alle in gleicher Weise nützlich sind. Wenn das Alter für die Berufe da ist, dann muss die gemeinschaftliche Erziehung aufhören, weil für jeden Beruf der Unterricht verschieden sein muss; in einer und derselben Schule die Erlernung aller Berufe vereinigen ist unmöglich.

Ich schlage vor, dass für die Mädchen die öffentliche Erziehung mit dem elften Jahre aufhöre. Ihre Entwicklung ist schneller, und außerdem können sie viel früher die Geschäfte zu erlernen anfangen, zu denen sie geschickt sind, weil diese Geschäfte weniger Anstrengungen verlangen. [...]

Nach der Berechnung, die ich angestellt habe, scheint es mir, dass ein Lehrer für 50 Kinder ausreichen wird. Freilich könnte man meinen, dass dies eine zu schwere Last für eine Person sei; aber ich stelle mir vor, dass es leicht sein wird, die Kinder dergestalt einzuteilen, dass die älteren, das heißt die von zehn bis elf Jahren, den Lehrer in seinen Funktionen unterstützen, die jüngeren Kinder überwachen und ihnen bei ihren Repetitionen helfen könnten.

Erster Text: Condorcet, Bericht und Entwurf einer Verordnung über die allgemeine Organisation des öffentlichen Unterrichtswesens, Weinheim 1966, S. 20 ff.; zweiter Text: Michel Lepeletier, Plan einer Nationalerziehung, in: Erziehungsprogramme der Französischen Revolution. Mirabeau – Condorcet – Lepeletier. Eingeleitet und erläutert von Robert Alt, Berlin/Leipzig 1949, S. 124 ff.

1. *Condorcets Vorstellungen gelten als Grundmodell für eine demokratische Bildungspolitik. Begründen Sie diese Aussage.*
2. *Vergleichen Sie die Bildungs- und Erziehungsvorstellungen von Lepeletier mit denen Condorcets.*

M3
Die Marseillaise

„Ich füg' ein Liedchen bei, das von der höchsten Wirkung gewesen ist. – Es war der damals noch ganz neue Marseiller Marsch." Diese Zeile schreibt ein deutscher Reisender aus Paris am 19. August 1792 in einem Brief von der Ankunft revolutionärer Freiwilliger aus Marseille am 30. Juli 1792. Das Marschlied, das die Soldaten sangen, stammt nicht von ihnen. Ein Offizier aus Straßburg, Claude-Joseph Rouget de Lisle, dichtet es am 24./25. April 1792 als „Kriegslied für die Rheinarmee" („Chant de guerre pour l'armée du Rhin"). Das Lied überzeugt die Massen und wird als „Marseillaise" 1795 (endgültig 1880) zur Nationalhymne Frankreichs erklärt. Sie hat insgesamt sechs Strophen mit je acht Textzeilen; die ersten vier Zeilen der ersten Strophe lauten:

Allons, enfants de la Patrie!
Le jour de gloire est arrivé!
Contre nous de la tyrannie,
L'étendard sanglant est levé!
(Voran, Kinder des Vaterlandes!
Der Tag des Ruhms kam nun herbei!
Gegen uns ist blutig erstanden
Die Fahne der Tyrannei.)

Jede Strophe schließt mit folgendem zweizeiligen Refrain:

Aux armes! Citoyens, formez vos bataillons!
Marchons, qu'un sang impur abreuve nos sillons!
(Die Waffen in die Hand! Auf, Bürger, aufgestellt!
Marschiert, und böses Blut soll tränken unser Feld!)

Die vierte Strophe beginnt mit den Zeilen:

Zittert, Tyrannen und Treulose,
Jeder Partei verlorner Sohn,
Zittert! ... eure mörderischen Pläne
Nehmen endlich dahin ihren Lohn.
[...]

▲ **Marseillaise.**
Zeitgenössischer Stich.

In der fünften Strophe heißt es:

Franzosen, seid großmütige Krieger,
So geht und nehmt hin euren Streich;
Schont die traurigen Unterlieger.
Kämpfend ungern nur gegen euch.
[...]

Gerd Semmer (Hrsg.), Ça ira. 50 Chansons, Chants, Couplets und Vaudevilles aus der Französischen Revolution 1789 –1795, Berlin [2]1962, S. 113

Erörtern Sie die Funktionen der „Marseillaise" als „Kriegslied" und „Nationalhymne".

Internettipp Über die Marseillaise informiert die Homepage der französischen Botschaft in Deutschland: *www.botschaft-frankreich.de*

M4
Regieanweisungen

Der Maler und Politiker David wird 1794 vom Konvent beauftragt, das Fest des Höchsten Wesens zu organisieren. Am 7. Juni legt er den Abgeordneten seinen Plan vor.*

Eine Salve Kanonenschüsse kündigt den ersehnten Augenblick an: Das Volk vereinigt sich im Jardin National; es nimmt Aufstellung rings um ein Amphitheater, das für den Konvent bestimmt ist. [...] Wenn die Sektionen aufgestellt und die Autoritäten an Ort und Stelle sind, verkündet das Volk der Nationalrepräsentation, dass alles bereit ist, um das Fest des Höchsten Wesens feierlich zu begehen. [...]
Ein gewaltiger Berg dient als Altar des Vaterlandes; auf seinem Gipfel ragt der Freiheitsbaum; die Repräsentanten steigen bis unter seine schützenden Zweige empor. Die Väter mit ihren Söhnen gruppieren sich auf den ihnen zugewiesenen Teilen des Berges, die Mütter mit ihren Töchtern nehmen die andere Seite des Berges ein; ihre Fruchtbarkeit und die Tugenden ihrer Gatten sind die einzigen Ehrentitel, die sie hierher geführt haben. Überall herrscht tiefes Schweigen; die rührenden Akkorde einer harmonischen Musik sind zu hören, die Väter, von ihren Söhnen begleitet, singen eine erste Strophe[1)]; sie schwören gemeinsam, die Waffen nicht niederzulegen, bevor die Feinde der Republik vernichtet sind. Das ganze Volk wiederholt die Schlusszeile. Die Töchter mit ihren Müttern richten den Blick gen Himmel und singen eine zweite Strophe; sie versprechen, nur Männer zu heiraten, die dem Vaterlande gedient haben; die Mütter zeigen ihren Stolz über ihre Fruchtbarkeit. Sie sagen: Wenn unsere Kinder die Erde von den gegen uns verbündeten Tyrannen gereinigt haben, werden sie zurückkommen, um sich einer ihrem Herzen teuren Pflicht zu entledigen: Sie werden denen die Augen schließen, die ihnen das Leben gegeben haben. Das Volk wiederholt diesen Ausdruck edler Gefühle, die von der heiligen Liebe zur Tugend eingegeben sind.
Eine dritte und letzte Strophe singt das ganze Volk. Alles bewegt sich, alles steigt auf den Berg: Männer, Frauen, Mädchen, Greise, Kinder, die Luft erbebt von ihren Freudenrufen. Die Mütter pressen die Kinder, die sie säugen, an sich, sie ergreifen die jüngsten ihrer männlichen Kinder, diejenigen, die noch nicht stark genug sind, um ihre Väter zu begleiten, und weihen sie dem Schöpfer der Natur, die jungen Mädchen werfen gen Himmel die Blumen, die sie mitgebracht haben, der einzige Besitz eines so zarten Alters. Im gleichen Augenblick und gleichzeitig ziehen die Söhne, brennend von kriegerischem Feuer, ihre Degen; sie legen sie in die Hände ihrer alten Väter, sie schwören, sie immer siegreich zu führen, sie schwören, die Freiheit und die Gleichheit zum Triumph über die Unterdrückung durch die Tyrannen zu führen. An der Begeisterung ihrer Söhne nehmen die Greise teil, indem sie diese voller Freude umarmen und über sie ihren väterlichen Segen ausgießen.
Eine mächtige Artilleriesalve, ein Sinnbild der nationalen Rache, entflammt den Mut unserer Republikaner; sie verkündet ihnen, dass der Tag des Ruhmes gekommen ist. Ein männlicher und kriegerischer Gesang, der Vorläufer des Sieges, antwortet auf den Kanonendonner. Alle Franzosen vereinigen ihre Gefühle in einer brüderlichen Umarmung; sie haben nur noch eine einzige Stimme, deren allgemeiner Schrei: Es lebe die Republik!

Wolfgang Lautemann (Bearb.), Amerikanische und Französischen Revolution, München 1981, S. 388 und 390

[1)] *Die 1. Strophe lautet: „Mächtiger Gott, eines unerschrockenen Volkes Wälle schützest du; / Der Sieg hat in raschem Fluge / Unsere Banner begleitet. / Die Alpen und die Pyrenäen / haben den Stolz der Könige dahinsinken sehen. / [...] / Ehe wir unsere triumphierenden Schwerter niederlegen, / Wollen wir schwören, das Verbrechen und die Tyrannen zu vernichten."*

1. *Feste wurden zu einer „Kunstform". Belegen Sie diese Aussage anhand des Textes.*
2. *Arbeiten Sie heraus, welche Rolle David dem individuellen Teilnehmer des Festes zukommen lassen will.*

▲ **Das „Fest des Höchsten Wesens und der Natur“ vom 8. Juni 1794.**
Ölgemälde (53,5 x 88,5 cm) von Pierre Antoine de Machy, um 1794 (Ausschnitt).

M5
Endlich ist der „auf ewig glückliche Tag“ da

Am 8. Juni 1794 eröffnet Robespierre das Fest des Höchsten Wesens mit folgenden Worten:*

Republikanische Franzosen, endlich ist er da, der auf ewig glückliche Tag, den das französische Volk dem Höchsten Wesen weiht: Noch nie hat ihm die Welt, die es erschaffen hat, ein seiner Blicke so würdiges Schauspiel geboten. Es hat auf Erden die Tyrannei, das Verbrechen und den Betrug herrschen sehen; jetzt aber sieht es eine ganze Nation im Kampf mit allen Unterdrückern des Menschengeschlechts, sieht, wie sie ihre heldenhaften Arbeiten unterbricht, um ihr Sinnen und Trachten auf das Höchste Wesen zu richten, das ihm den Auftrag gegeben hat, sie in Angriff zu nehmen, und die Kraft, sie durchzuführen.
Hat nicht die Hand dieses Höchsten Wesens, als sie den Begriff der Gerechtigkeit und Gleichheit in das menschliche Herz einpflanzte, zugleich auch das Todesurteil über die Tyrannen mit hineingeschrieben? Hat nicht von Anbeginn der Zeiten dieses erhabene Wesen die Republik verordnet und für alle Jahrhunderte, für alle Völker die Freiheit, die Redlichkeit und die Gerechtigkeit auf die Tagesordnung gesetzt?
Es hat die Könige doch nicht erschaffen, damit sie das Menschengeschlecht verschlingen; es hat auch die Priester nicht geschaffen, damit sie uns wie niedriges Vieh vor den Karren der Könige spannen und der Welt das Beispiel der Niedertracht, des Hochmuts, der Falschheit, des Geizes, der Lasterhaftigkeit und der Lüge geben; sondern es hat die Welt erschaffen, damit seine Macht offenbar werde; es hat die Menschen erschaffen, damit sie sich gegenseitig helfen, einander lieben und auf dem Weg der Tugend zum Glück gelangen.

Walter Markov (Hrsg.), Die Französische Revolution. Bilder und Berichte 1789–1799, Berlin 1989, 289 f.

1. *Robespierre bemühte sich, dem republikanischen System eine Glaubensgrundlage zu geben. Erläutern Sie seine Position.*
2. *Untersuchen Sie, ob Davids Regieanweisungen für das Fest (M4) Robespierres Vorstellungen verdeutlichen half. Berücksichtigen Sie dazu auch die Abbildung.*

Kokarde.
Bandschleife in Form einer Rosette, die in der Regel am Hut getragen wurde. Am 21. Oktober1789 führte der Militärausschuss der Stadt Paris eine Kokarde ein, die aus einem weißen mit blauer und roter Borte eingefassten Band bestand. Damit verknüpfte man die Farben der Stadt (rot und blau) mit denen der Monarchie (weiß). Zwischen 1793 und 1794 mussten alle Franzosen in der Öffentlichkeit die Kokarde als Zeichen ihrer Gesinnung tragen.

M6
Quellen der rituellen Gebräuche

Der amerikanische Soziologe Crane Brinton befasst sich in den 1930er-Jahren mit den Ursprüngen der Revolutionskultur; er macht folgende „vier Hauptquellen“ für die rituellen Gebräuche fest:

Die unwichtigste von diesen Quellen ist das Volksbrauchtum, dessen Wurzeln bis in unvordenkliche Zeiten [...] zurückreichen. [...] Frühlingstänze, Freiheitsbäume und Volksfeste – das alles geht offensichtlich ebenso wie die Maibäume auf ein Europa zurück, das weit älter war als die französische Monarchie.
Auch das klassische Altertum und der klassische Geist, wie ihn das 18. Jahrhundert verstand, steuerte Ideen und Formen zum Aufbau der revolutionären Kulte bei. [...] Die Schmucksymbole der römischen Politik (allerdings zumeist missverstanden) gaben den Verhandlungen der Jakobinerklubs die Weihe. [...]
Bei manchen religiösen Riten der Jakobiner hat, wie es scheint, der Protestantismus Pate gestanden. [...] Wie die Protestanten, so sangen die Jakobiner Choräle, lasen sich in Rede und Gegenrede Stellen aus ihren heiligen Schriften, aus den Werken Rousseaus oder aus der Verfassung, vor – wobei der Vorsitzende die Rolle des Predigers, der Klub die Rolle der Gemeinde spielte – hörten sich endlose Predigten an, gründeten Sonntagsschulen und erlabten sich an „épurations“[1], die eine seltsame Ähnlichkeit mit den Erweckungsversammlungen gewisser protestantischer Sekten haben. Wie die Protestanten, so legen auch die Jakobiner schließlich den Ton auf die Erlösung allein durch den Glauben. Denn gute Werke kann selbst der Heuchler tun. Nie irrend ist nur das prüfend-metaphysische Auge des Glaubens.
Als letztes Element findet man [...] überall Spuren des katholischen Glaubens, in dem die meisten Revolutionäre aufgewachsen waren. Mitunter ist die Nachahmung der katholischen Bräuche so direkt, dass sie wie Kinderei [...] wirkt. In einer „Pratique des bon Française“, einer Nachahmung alter Erbauungsbücher, findet man ein republikanisches Gebet, das mit den Worten beginnt: „Freiheit, keusche Himmelstochter“; einen republikanischen Gruß: „Ich grüße Euch, sans-culottides, erhabener Name“; ein republikanisches Credo: „Ich glaube an ein Höchstes Wesen, das die Menschen frei und gleich geschaffen hat [...]“. [...]
Schon die flüchtige Analyse der kultischen Seite des Jakobinertums beweist zur Genüge, dass wenigstens eines der großen Allgemeinurteile des 19. Jahrhunderts über die Revolution vollkommen falsch ist: Die Schöpfer der revolutionären Religion waren weder Ignoranten noch Verächter der Geschichte. Eher litten sie an einem Übermaß geschichtlicher Bildung (oder Halbbildung). Die Schwäche der revolutionären Kulte ist gerade ihr Synkretismus[2], der auf einem wahllosen Hinnehmen der Vergangenheit beruht.

Crane Brinton, Europa im Zeitalter der Französischen Revolution, Wien ²1948, S. 260–263

Erarbeiten Sie aus den soziologischen Überlegungen Brintons ein historisches Urteil über die Funktion der Revolutionskultur.

[1] *Épuration: Säuberung*

[2] *Synkretismus: „Mischmasch“ aus verschiedenen Religionen und Philosophien*

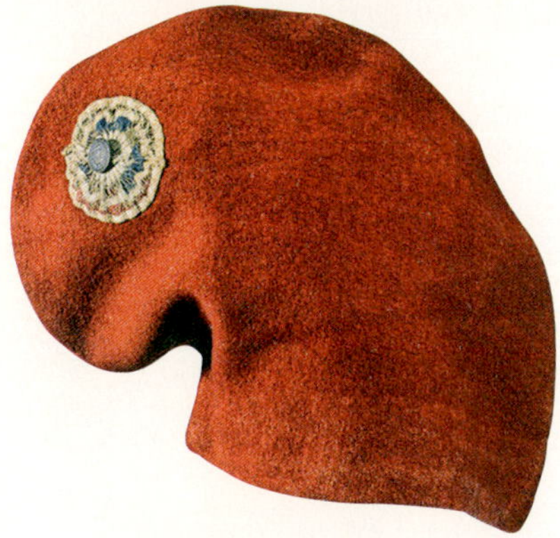

▶ **Jakobinermütze von 1792.**
Die Jakobiner trugen diese roten Mützen („Bonnet rouge") als Bekenntnis zu den revolutionären Idealen der Freiheit und Gleichheit. Im alten Rom kennzeichneten solche Kopfbedeckungen in Freiheit entlassene Sklaven. Die Jakobinermütze wurde von den Soldaten der Revolutionsarmee getragen. Sie gilt bis heute als Symbol für republikanische Gesinnung.

M7

Keine Herrschaft ohne Rituale und Symbole

Lynn Hunt, die in Berkeley Geschichte lehrt, hat 1984 die „Macht der Symbole" untersucht.

Die Ausübung von Macht erfordert stets symbolische Praktiken. Es gibt keine Regierung ohne Rituale und Symbole, so entmystifiziert und frei von magischen Elementen sie auch erscheinen mag. Regieren ist nicht möglich ohne Geschichten, Zeichen und Symbole, die auf tausenderlei unausgesprochene Weisen vermitteln und bestätigen, dass dieses Regieren legitim ist. In gewissem Sinne ist Legitimität die allgemeine Übereinstimmung hinsichtlich der Zeichen und Symbole. Wenn eine revolutionäre Bewegung die Legitimität einer überkommenden Regierung infrage stellt, muss sie notwendig auch die überkommenen Herrschaftssymbole infrage stellen. Und sie muss neue politische Symbole finden, in denen sie den Idealen und Prinzipien der neuen Ordnung Ausdruck verleiht. [...]
Die Politik drang nicht mit einem Schlage in das Alltagsleben ein, aber von Anfang an erkannten Beteiligte und Beobachter, dass etwas Unerhörtes in Frankreich geschah, und sie erfuhren und erklärten dieses Geschehen über Symbole. [...]
Wie die Kokarde, so kamen auch die Freiheitsmütze, der patriotische Altar und der Freiheitsbaum in den ersten Monaten der Revolution. Zwar hatte jedes dieser Symbole seine eigene Genealogie[1], doch sie alle fanden weite Verbreitung. Und sie boten immer wieder Anlass zu Wettstreit und Konfrontation. Gegner der Revolution legten Freiheitsbäume nieder oder zerstörten sie, und die lokalen Behörden richteten sie wieder auf. Die Symbole der Macht gingen nicht nur in die politischen Tageskämpfe ein, sondern auch in die eher unterschwelligen Spannungen zwischen den Behörden und den Freudensbekundungen des Volkes. [...]
Ursprünglich hatte der Enthusiasmus des Volkes diesen Symbolen Bedeutung verliehen; jetzt nahm der Staat sie durch offizielle Zeremonien unter seine Regie. So wurde der Beitrag des Volkes anerkannt und zugleich teilweise entschärft. [...]
Wie die katholische Kirche des späten siebzehnten Jahrhunderts in der Gegenreformation versuchte, die religiösen Feste des Volkes zu disziplinieren, so versuchten die Behörden des Revolutionsregimes, die politischen Feste des Volkes unter ihre Kontrolle zu bringen. Sie integrierten die volkstümlichen Symbole in organisierte Feste und Zeremonien, und sie entwarfen eigene Symbole für das Volk.

Lynn Hunt, Symbole der Macht – Macht der Symbole. Die Französische Revolution und der Entwurf einer politischen Kultur, Frankfurt am Main 1989, S. 73, 76 und 78 ff.

[1] *Genealogie: Lehre von der Abstammung, Herkunft*

1. *Der Textauszug nennt kein Datum für den „Disziplinierungsprozess" der Feste und Symbole. Überlegen Sie, in welche Phase der Revolution er einzuordnen ist. Begründen Sie Ihre Aussage.*
2. *Untersuchen Sie die Abbildungen in dem Band und prüfen Sie, welche der hier genannten Symbole benutzt worden sind.*
3. *Vergleichen Sie die Aussagen von Brinton (M6) und Hunt. Nennen Sie die unterschiedliche Herangehensweise.*

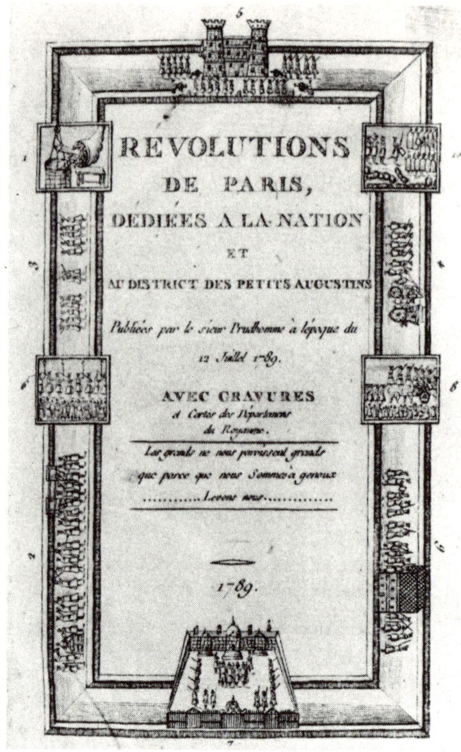

▲ **Titelblatt der Wochenzeitung „Révolutions de Paris".**

Sie erschien zum ersten Mal am 12. Juli 1789 und brachte es auf 225 Nummern. Die letzte Ausgabe kam am 28. Februar 1794 heraus. Jedes Heft umfasste 32 Seiten. Die Auflage betrug bis zu 15.000 Exemplare. Herausgeber war der Buchhändler und Publizist Louis Marie Prudhomme. Das Blatt informierte über alle politischen und gesellschaftlichen Themen und veröffentlichte auch wichtige Dokumente wie die Erklärung der Menschen- und Bürgerrechte.

- *Inwiefern ist der Titel der Zeitung bemerkenswert?*
- *Das Motto der Zeitung lautete: „Die Öffentlichkeit ist die Beschützerin des Volkes." Erläutern Sie diese Aussage.*

Eine neue politische Kultur

Mit der Revolution entwickelte sich eine eigenständige und selbstbewusste politische Kultur. Sie fand ihren Ausdruck in einer Flut von Broschüren, Zeitungen und Bildflugblättern[1)], endlosen öffentlichen Reden, zahlreichen politischen Plakaten, neuen Liedern ebenso wie in spontanen Volksfesten und inszenierten Feiern, im Sturz der Königsdenkmäler, der Umbenennung von Straßen und Plätzen, der Überführung der sterblichen Überreste bedeutender Franzosen ins Panthéon sowie die Einrichtung des Musée national im Louvre. Schriftsteller, Schauspieler, Musiker, Maler und Architekten setzten sich mit ihren Mitteln für die Revolution ein und gestalteten die neue politische Kultur mit. Der Sturz der Monarchie, die Revolutionskriege und die Radikalisierung der Revolution veränderten sie ständig. Diese Kultur erreichte und prägte in erster Linie die städtischen Massen. Die Menschen auf dem Lande reagierten auf die Veränderungen zurückhaltend bis ablehnend.

---

1) Ein Beispiel dafür ist die Abbildung auf dem Einband des Buches. Diese preisgünstigen Bildflugblätter hatten eine Auflage von bis zu 2.000 Exemplaren. Sie wurden auf den Straßen verkauft.

Die Medienrevolution

Die öffentliche Meinung wurde maßgeblich von Broschüren und Zeitungen geprägt. Nachdem der König im Juli 1788 die *Generalstände* einberufen und die Bevölkerung aufgefordert hatte, ihre Meinungen und Ratschläge in „Beschwerdeheften" zusammenzufassen, wurden die bisherigen Zulassungsbestimmungen für die Veröffentlichung von Schriften und Zeitungen praktisch außer Kraft gesetzt. Die bisherige königliche Zensur brach zusammen. Als dann die Pressefreiheit mit der *Erklärung der Menschen- und Bürgerrechte* im August 1789 verkündet wurde, hatte sich die Presselandschaft bereits grundlegend verändert. Gab es vor der Revolution nur vier autorisierte Blätter mit geringer Auflage, waren es Ende 1789 allein in Paris rund 180 Zeitungen, im darauffolgenden Jahr stieg die Zahl sogar auf über 300 Titel. Sie erschienen nicht mehr monatlich, sondern in der Regel wöchentlich bis täglich und wurden zunehmend auch auf der Straße verkauft. Ihre Auflagenhöhe vervielfachte sich; statt 3.000 bis 5.000 wurden bis zu 20.000 und mehr Exemplare gedruckt.

Die Presse wurde zum Sprachrohr der entstandenen und sich ständig wandelnden politischen Parteiungen. Mit ihr entstand eine demokratische politische Öffentlichkeit. Der Revolutionsverlauf änderte dies. Nach dem Sturz der Monarchie wurde die Pressefreiheit schrittweise eingeschränkt. Aus der freien Revolutionspublizistik entwickelte sich im Verlauf der Jakobinerherrschaft eine zentralistisch gelenkte Propagandapresse.

Pariser politische Zeitungen:	
sehr kurzlebig	89
kurzlebig	15
langlebig	31
Provinzzeitungen	25
wissenschaftliche Zeitungen	2
ausländische Zeitungen (in französischer Sprache)	13
Summe	175

▲ **Zeitungsgründungen im Jahre 1789.**
Nach: Pierre Rétat, Die Zeitungen des Jahres 1789: einige zusammenfassende Perspektiven, in: Reinhart Koselleck und Rolf Reichardt (Hrsg.), Die Französische Revolution als Bruch des gesellschaftlichen Bewusstseins, München 1988, S. 155

Volksgesellschaften entstehen, politisieren und polarisieren

Zahlreiche Zeitungen und Broschüren wurden von den neuen politischen Klubs und Volksgesellschaften initiiert und finanziert. Zu den ersten Klubs zählte die Vereinigung der bretonischen Abgeordneten zur Zeit der Generalstände im April 1789. Seit dem Umzug der *Nationalversammlung* nach Paris wurde der *Club breton* nach dem Dominikanerkloster Saint-Jacques, in dem er tagte, *Jakobinerklub* genannt. Der offizielle Name lautete: *Sociétié des Amis de la Constitution*. Dem Jakobinerklub schlossen sich Abgeordnete und vermögende Bürger an. Nur sie konnten die hohen Mitgliedsbeiträge zahlen. Politisch entwickelte er sich zur einflussreichsten politischen Vereinigung, weil es nur ihm gelang, ein breites Netzwerk von Tochtergesellschaften im ganzen Land an sich zu binden. Im Verlauf der Revolution spaltete sich der Jakobinerklub dann in eine gemäßigte und eine radikale Richtung. Seit dem Sturz der Monarchie im August 1792 öffnete er sich dazu den kleinbürgerlichen Schichten und änderte mit Beginn der *Republik* seinen Namen in *Société des Jacobins, Amis de la Liberté* (Kurzform: *Société des Jacobins*). Unter Führung *Robespierres** übernahm der Jakobinerklub die Forderungen der *Sansculotten*.

1789	20
1790	276
September 1791	über 1.000
Frühjahr 1794	etwa 6.000

▲ **Die landesweite Entwicklung der Jakobinerklubs.**
Im Durchschnitt waren 15 bis 30 % der erwachsenen Männer einer Stadt in einem Klub organisiert, bei Kleinstädten und Dörfern lag die Organisationsdichte niedriger. Insgesamt zählten die Jakobinerklubs um 1794 etwa 500.000 bis 600.000 Mitglieder.
Nach: Rolf Reichardt, Einleitung, in: Ders. und Eberhard Schmitt (Hrsg.), Handbuch politisch-sozialer Grundbegriffe in Frankreich 1680–1820, Heft 1/2, München 1985, S. 36, und Wolfgang Kruse, Die Französische Revolution, Paderborn 2005, S. 95

Neben dem Jakobinerklub entstanden weitere Gesellschaften wie der 1789 gegründete *Cercle Social*, deren Mitbegründer *Brissot** und *Condorcet** waren. Seine Mitglieder forderten schon vor den Jakobinern die Gründung einer Republik. Neben diesen bürgerlich geprägten patriotischen Klubs, die die Revolution begrüßten und politisch vorantreiben wollten, entstanden auch volksnahe Gesellschaften wie der *Club des Cordeliers*. So benannt nach seinem ersten Tagungsort, einer Kirche der Franziskaner, die im Volksmund „cordeliers" genannt wurden.[1] In ihm hatte sich anfangs die kleinbürgerliche städtische Volksbewegung unter Führung *Dantons** und *Marats** gesammelt. Die Cordeliers stellten sich nach dem Fluchtversuch des Königs im Juni 1791 an die Spitze der republikanischen Bewegung. Sie konkurrierten nach 1792 mit dem Jakobinerklub und trugen zur Radikalisierung der Revolution bei. Auch die Anhänger der Monarchie hatten sich im „Klub der Unparteiischen" bzw. „Klub der Freunde der monarchischen Verfassung" organisiert. Nach dem Sturz des Königs galten ihre Vereinigungen als Hort der Konterrevolution und wurden unterdrückt und verboten.
In den Volksgesellschaften wurde die Arbeit von Deputierten und Stadtverordneten diskutiert, Wahlen und Gesetzesvorhaben vorbereitet sowie Petitionen und Demonstrationen in Gang gebracht. Sie trugen zu einer bis dahin ungekannten Politisierung von Männer und Frauen bei (➧ M1).
Die Mitglieder der volksnahen Klubs praktizierten auch neue Umgangsformen: Sie redeten sich nicht mehr mit dem alten Plural „vous" an, sondern mit dem brüderlichen „tu". Statt „monsieur" und „madame" sagte man „citoyen" und „citoyenne". Durchsetzen konnte sich dies nicht. Nach dem Sturz der Jakobinerherrschaft war das Duzen wieder verpönt.

---

[1] *Die Franziskaner tragen als Ordenskleidung einen braunen Umhang, der mit einer weißen Kordel zusammengehalten wird.*

Für eine neue Erziehung und Bildung

Entsprechend der Vorstellung, dass eine neue Gesellschaft „neue Menschen“ erfordere, entwarfen die Politiker auch neue Erziehungsvorstellungen (▸ M2). Ende 1792 verabschiedete der *Nationalkonvent* das allgemeine Recht auf Primarschulbildung für Jungen wie Mädchen. Die „Jakobinerverfassung“ von 1793 erklärte dann, dass „Unterricht allen Bürgern zugänglich“ gemacht werden soll (Artikel 22 der Menschen- und Bürgerrechtserklärung). Aber es fehlten die finanziellen Mittel, die Schulplicht umzusetzen und ein kostenloses und von den Konfessionen unabhängiges Bildungssystem einzuführen.

Eine neue Zeit, eine andere Zeitrechnung

Schon bald nach Beginn der Revolution wurden einzelne Titelblätter von Zeitungen und Flugblätter mit „L'An I de la Liberté“ datiert. Nach dem Sturz der Monarchie und der Gründung der „einen und unteilbaren Republik“ im September 1792 stellten sich die Republikaner die Frage, wie der epochale Einschnitt in das allgemeine Bewusstsein verankert werden könne. Der Nationalkonvent kam zu dem Ergebnis, den seit rund zwei Jahrhunderten gültigen Gregorianischen Kalender und die über 1.300 Jahre alte Zeitrechnung ab Christi Geburt abzulösen. Am 5. Oktober 1793 beschloss er die Einführung einer republikanischen Zeitrechnung. 1792 wurde rückwirkend zum *Jahr I* (der Republik) erklärt. Die neuen Jahre sollten künftig an dem Tag beginnen, an dem die Republik ihren Anfang genommen hatte: dem 22. September. Für das Datum sprach auch der Herbstanfang, an dem Tag und Nacht gleich lang sind.

Grundlage der neuen Zeiteinteilung bildete – analog zu den Maßen und Gewichten – das Dezimalsystem. Das Jahr teilte man in 12 Monate zu 30 Tagen. Verschiebungen gegenüber dem Sonnenjahr wurden durch fünf (oder im Schaltjahr sechs) republikanische Festtage („Sansculotten-Tage“) ausgeglichen. An die Stelle der Siebentagewoche trat die Dekade, die den Monat in zehn gleiche Tage zerlegte. Der letzte Tag einer Dekade nahm die Stelle des Sonntags ein. Die dezimale Unterteilung setzte sich fort

Herbst	Vendémiaire Brumaire Frimaire	Monat der Weinlese Monat des Nebels Monat des Reifs
Winter	Nivôse Pluviôse Ventôse	Monat des Schnees Monat des Regens Monat des Windes
Frühjahr	Germinal Floréal Prairial	Monat des Keims Monat der Blüte Monat der Wiese
Sommer	Messidor Thermidor Fructidor	Monat des Mähens Monat der Wärme Monat der Frucht

▲ **Die Monatsnamen des Revolutionskalenders.**
Am 24. Oktober 1793 nahm der Nationalkonvent die von dem Dichter Fabre d'Églantine vorgeschlagenen Monatsnamen des Revolutionskalenders an.
Nach: Thomas Vogtherr, Zeitrechnung. Von den Sumerern bis zur Swatch, München ²2006, S. 106

▲ **Ein Freiheitsbaum wird gepflanzt.**
Malerei von Pierre Étienne und Jacques Philippe Lesueur, um 1790.
Die Beischrift hält fest, dass die Bäume an die erreichte Freiheit erinnern sollen. So wie man früher Maibäume gesetzt hatte, um im Frühjahr an die Erneuerung der Natur zu erinnern, wurden sie ab 1790 überall in Anwesenheit der Nationalgarde und des Bürgermeisters bei Blasmusik gepflanzt. In der Regel verwendete man Pappeln. Ihr rascher und gerader Wuchs sollte den Fortschritt symbolisieren. Im Frühjahr 1792 standen in ganz Frankreich zehntausende solcher Freiheitsbäume. Sie wurden auch in den eroberten Gebieten gesetzt.

beim Tag, der fortan aus zehn Stunden zu 100 Minuten bestand. Der neue *Kalender* erforderte neue Monats- und Tagesnamen. Sie orientierten sich an Klima, Wetter und Jahreszeiten sowie an Pflanzen, Tieren und landwirtschaftlichen Geräten.
Der republikanische Kalender schaffte nicht nur den christlichen Sonntag, sondern auch alle christlichen Feiertage ab. Gefeiert wurden allein die Erfolge der Revolution wie der Sturm auf die Bastille (14. Juli) und der Sturz der Monarchie (10. August). Durchsetzen konnte er sich kaum. Vor allem die ländliche Bevölkerung weigerte sich, ihren bisherigen Lebens- und Arbeitsrhythmus zu ändern. Trotzdem blieb er bis Ende 1805 amtlich gültig.

Revolutionsfeiern und -symbole

Ein Zeichen der neuen politischen Kultur waren Feste. Sie waren spontan entstanden und drückten die Freude über die gemeinsam erreichten Ziele aus. Sie gingen aus der Volkskultur hervor, grenzten sich bewusst vom höfisch-aristokratischen Fest ab und wurden zum Sinnbild des Wunsches nach Freiheit, Gleichheit und Brüderlichkeit.
Überliefert sind zahlreiche politische Lieder, die auf den Festen, in den Klubs, auf der Straße und später im Krieg gesungen wurden. Zwischen 1789 und 1794 entstanden über 3.000 politische Lieder, die – wie bei der *Marseillaise* – auf aktuelle Ereignisse Bezug nahmen und revolutionäre Ideen verbreiteten (➧ M3). Ihre Melodien waren eingängig und ihre Texte merkten sich auch die Menschen, die weder lesen noch schreiben konnten.
Im Verlauf der Revolution wurden die Revolutionsfeste und die dabei verwendeten Symbole immer mehr zu Instrumenten der Massenbeeinflussung. Gezielt wurden Volksbräuche wie das Pflanzen von Freiheitsbäumen, christliche Symbole und Bräuche übernommen, um die Massen zu manipulieren.

▶ **Der Eid Lafayettes auf dem Föderationsfest am 14. Juli 1790.**
Anonymes französisches Ölgemälde (100 x 81 cm), 1791.
Lafayette leistete am Altar des Vaterlandes stellvertretend für alle Franzosen den Eid auf Nation und König. Über dem Altar weht die Trikolore. Sie entstand angeblich durch das Zusammenführen der Farben der Stadt Paris (rot und blau) mit dem königlichen Weiß. Sie symbolisierte wie die Kokarde (siehe Seite 110) das Zusammengehen von Volk und König. 1794 wurde die Trikolore durch Gesetz zur Nationalfahne erklärt. Sie blieb es – sieht man von einer kurzen Unterbrechung zwischen 1815 und 1830 ab – bis heute.*

Internettipp Weitere Informationen zur Trikolore finden Sie unter *www.botschaft-frankreich.de/article.php3?id_article=398*

Erster Höhepunkt dieser Entwicklung war das mit riesigem Aufwand theatralisch inszenierte Föderationsfest am ersten Jahrestag des *Sturms auf die Bastille* in Paris. Am 14. Juli 1790 legten 70.000 Teilnehmer und fast 300.000 Besucher aus allen Regionen Frankreichs gemeinsam einen Eid auf die neuen Grundsätze der entstehenden Verfassung ab.
Während der Jakobinerherrschaft dienten die Feste nicht nur der Sicherung der Macht und Propagierung der republikanischen Ziele, sondern auch der Verkündung einer neuen Staatsreligion. *Robespierre**, der selbst an die Existenz Gottes und der Seele und an das ewige Leben glaubte, versuchte, die widerstreitenden und widersprüchlichen Vorstellungen des Volkes durch einen einzigen Glauben und eine einzige Moral zusammenzuführen. Er reagierte damit auf die von der radikalen Volksbewegung betriebene Entchristianisierung, in deren Verlauf zahlreiche Kirchen zerstört und in „Tempeln der Vernunft" umgewandelt worden waren.
Während den christlichen Kirchen öffentliche Gottesdienste verboten wurden, förderte Robespierre einen „Kult des Höchsten Wesens", der die bürgerlichen Tugenden und die republikanische Moral stärken sollte. Spektakulärer Auftakt seiner Bemühungen war das „Fest des Höchsten Wesens". Es fand am 8. Juni 1794 (nach dem christlichen Kalender Pfingsten) unter der Regie von *David** statt. Das Fest hinterließ bei den Teilnehmern einen tiefen Eindruck und selbst ein Gegner der Republik meinte, „dass Robespierre [mit dem Fest] den Abgrund der Revolution schließen" würde (▶ M4–M7).

Grundbegriff: Liberté – Égalité – Fraternité ···› *Die berühmte Devise ist ein Teil der Revolutionsideologie und damit ein fester Bestandteil der Revolutionskultur. Siegfried Loewe schreibt über sie in einem Lexikonartikel:*

Die *Liberté* [...] wurde in der gesamten Aufklärungsliteratur [...] als Grundbedingung für das Zusammenleben von Menschen in der Gemeinschaft angesehen. Die als Recht, „alles zu tun, was keinem anderen schadet" begriffene Freiheit implizierte individuelle Freiheitsrechte wie Gewissensfreiheit, Recht der freien Meinungsäußerung im Rahmen der bestehenden gesetzlichen Ordnung, daneben ökonomische Rechte, insbesondere das natürliche und unverjährbare, unverletzliche und heilige Recht auf Eigentum [...]. Als programmatische Aussage bedeutete der Freiheitsbegriff aber auch die Verurteilung von Knechtschaft, Leibeigenschaft und Willkür des *Ancien régime*. [...]
Der zweite Begriff aus der Parole, die *Égalité*, ist das Korrelat der Liberté, beide Begriffe bedingen einander wechselseitig [...]. Die Gleichheit und ihre Verankerung in der Menschenrechtserklärung bedeuteten den Sieg des Bürgertums gegenüber den privilegierten Ständen und der Bauern gegenüber den Grundherren. Die Egalität wurde aber auf die [...] *égalité légale* beschränkt: Alle Menschen sind vor dem Gesetz gleich, Standesprivilegien sind aufgehoben, der Zugang zu den öffentlichen Ämtern steht allen gleichermaßen offen, die Steuerlasten sind von allen entsprechend ihren Möglichkeiten zu tragen. Eine wesentliche Einschränkung des Egalitätsprinzips war jedoch die Einführung des *Zensuswahlrechts*, das die untersten Einkommensschichten von der politischen Mitbestimmung ausschloss. [...] Gänzlich ausgeklammert blieb die *égalité sociale*, da die triumphierende Bourgeoisie die Gleichheit der gesellschaftlichen Nützlichkeit unterordnete und sich um „die aus dem Reichtum entspringende Ungleichheit" ebenso wenig kümmerte wie „um die ungeheure Masse der Besitzlosen" (*Soboul*). [...]
Die *Fraternité* schließlich [...] ist Ausdruck einer fundamentalen zwischenmenschlichen Solidarität und Verbundenheit in humanitärem Geiste. Hier jedoch fallen Ideal und [...] Realität noch weiter auseinander als bei der Égalité. Weder die Menschenrechtserklärung noch spätere Gesetzestexte normierten die Brüderlichkeit als Recht und als Pflicht.
Die Begriffskombination [...] ist als Devise seit den Julifeierlichkeiten des Jahres 1790 überliefert. Ihr Durchbruch wurde intensiv von *A.-F. Momoro*[1)] gefördert [...], der sie 1791 dem *Club des Cordeliers* zur Annahme vorschlug und ihre Eingravierung auf allen öffentlichen Gebäuden veranlasste. Vom *Nationalkonvent* im Juni 1793 endgültig angenommen, blieb sie bis 1814 offizieller Wahlspruch Frankreichs und wurde im Laufe des 19. Jh. zum republikanischen Bekenntnis [...].

Zitiert nach: Bernhard Schmidt u. a., Frankreich Lexikon. Schlüsselbegriffe zu Wirtschaft, Gesellschaft, Politik, Geschichte, Kultur, Presse- und Bildungswesen, Berlin ²2005, S. 565 f.

1) Der 1756 geborene Buchhändler Antoine-François Momoro gilt als Erfinder der Parole „Freiheit, Gleichheit, Brüderlichkeit". Er zählte zu den Gründern der Cordeliers, kritisierte die Revolutionsregierung und starb am 24. März 1794 unter der Guillotine.

Die Revolution und die Frauen

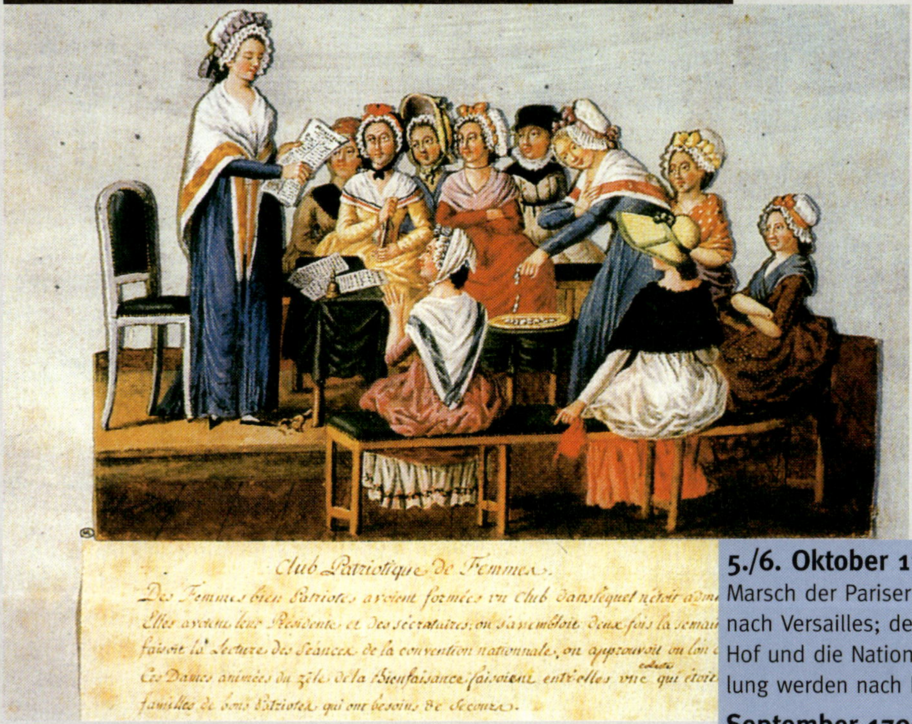

▲ **„Club Patriotique de Femmes."**
Gouache (36,7 x 53,5 cm) von Pierre Étienne und Jacques Philippe Lesueur, 1791.
Übersetzung des Bildtextes: „Sehr patriotische Frauen hatten einen Klub gebildet, zu dem niemand anders zugelassen wurde. Sie hatten ihre Vorsitzende und Sekretärinnen. Man versammelte sich zweimal wöchentlich, die Präsidentin verlas die Sitzungsprotokolle des Nationalkonvents, dessen Beschlüssen man Beifall oder Kritik zollte. Aus Wohltätigkeitseifer veranstalteten die Damen unter sich eine Sammlung und verteilten den Erlös an hilfsbedürftige Familien guter Patrioten."
• Interpretieren Sie das Bild. Berücksichtigen Sie neben dem Begleittext die Kleidung und Haltung der Dargestellten, die Glocke auf dem Tisch, das Vorlesen aus dem „Moniteur", der wichtigsten Parlamentszeitung, und weitere Bildelemente.

5./6. Oktober 1789
Marsch der Pariser Frauen nach Versailles; der königliche Hof und die Nationalversammlung werden nach Paris geholt.

September 1791
Olympe de Gouges veröffentlicht ihre „Erklärung der Rechte der Frau und Bürgerin".

20. September 1792
Ein Gesetz regelt das Recht auf Scheidung.

12. Mai 1793
In Paris wird die „Gesellschaft der Revolutionären Republikanerinnen" gegründet.

30. Oktober 1793
Frauenklubs werden verboten.

◀ **Théroigne de Méricourt.**
Kupferstich von A. Bosselmann nach einer Zeichnung von Auguste Denis Marie Raffet, um 1830.
Die aus Belgien stammende Théroigne de Méricourt zählt zu den bekanntesten und radikalsten Frauengestalten der Französischen Revolution. Sie regte die Aufstellung eines „Amazonenregiments“ an. In einer Rede vom 25. März 1792 wandte sie sich an die Frauen: „Wir werden uns bewaffnen, weil es vernünftig ist, dass wir uns bereit machen, unsere Rechte, unsere Häuser zu verteidigen. […] Lasst uns unsere Ketten zerbrechen! Es ist schließlich an der Zeit, dass die Frauen aus ihrer schmählichen Nichtswürdigkeit heraustreten, in der die Ignoranz, der Stolz und die Ungerechtigkeit der Männer sie solange versklavt hielten […].“*

M1

Das politische Engagement einer Frau

Um 1791 beschreibt Théroigne de Méricourt ihr Engagement von 1789/90 und die Reaktionen darauf:

Den stärksten Eindruck auf mich machte die Stimmung eines allgemeinen Wohlwollens. Die Selbstsucht schien gebannt zu sein, jeder sprach ohne Unterschied mit jedem. In diesem Augenblick der Bewegung mischten sich die Reichen unter die Armen und verschmähten es nicht, mit ihnen wie mit ihresgleichen zu reden. Schließlich erschienen mir alle Gesichter wie ausgewechselt. Jeder hatte seinen eigenen Charakter und seine natürlichen Anlagen entfaltet. Ich sah viele, die trotz ihrer Lumpen ein heroisches Ansehen hatten. Wenn man nur ein bisschen Sensibilität hatte, war es nicht möglich, ein derartiges Schauspiel mit Gleichgültigkeit zu betrachten. Ich war daher so begeistert, dass ich beschloss, nach Versailles zu gehen, um dort Zeuge der Debatten der Nationalversammlung zu werden. […]

Ich ging […] morgens und abends in die Nationalversammlung. Durch mein häufiges Erscheinen kannte mich jeder. Das Volk und die Abgeordneten lernten mich schätzen, sowohl aufgrund meiner patriotischen Haltung[1] als auch wegen meines privaten Verhaltens.
Ich sprach gerne mit den Leuten auf der Galerie, die denselben Dingen Beifall spendeten wie ich. […] Denjenigen, die am häufigsten dorthin kamen und die ich am besten kannte, schlug ich vor, eine politische Gesellschaft zu gründen. […] Wenn unsere Versammlung zahlreicher geworden wäre, hätten wir sie in sechs Komitees aufgeteilt, nämlich: Bibliografie, Redaktion, Zensur, Erläuterung, Berichterstattung und Dienste oder Arbeiten für den Verein. Wir hätten zweimal wöchentlich eine Vollversammlung abgehalten, in der alle Mitglieder der verschiedenen Gruppen Bericht erstattet hätten. Die Berichte und Anträge wären diskutiert und dann nach einer Abstimmung mehrheitlich angenommen oder abgelehnt worden. […]
Ich gestehe Ihnen, dass ich die Französische Revolution ohne größeres Bedauern verließ, denn ich erfuhr jeden Tag Unannehmlichkeiten auf den Galerien der Nationalversammlung. Es gab

[1] *Patriotische Haltung: Die Anhänger der Revolution galten als patriotisch.*

immer einige Aristokraten, denen mein Eifer und mein Freimut missfielen. Sie überschütteten mich mit beißendem Spott und stellten mir Fallen; ich hatte jeden Tag neue Unannehmlichkeiten. Und die Patrioten, statt mich zu ermutigen und mir Gerechtigkeit widerfahren zu lassen, machten mich lächerlich. Das ist die reine Wahrheit. [...]
Ich vergaß zu sagen, dass ich als Erste auf den Galerien der Nationalversammlung den Bürgerschwur[2] leistete. Als der Präsident [...] den Antrag stellte, das Volk aus der Galerie, die am meisten für die Patrioten eintrat, von den Debatten der Nationalversammlung auszuschließen, war ich die Erste, die von Herzen Nein rief, man hörte mich von einem Ende des Saales bis zum anderen.

Théroigne de Méricourt, Aufzeichnungen aus der Gefangenschaft, Salzburg und Wien 1989, S. 16, 18 und 22 f.

Der Auszug ist eine interessante Quelle für die Mentalitätsgeschichte, da sie das Denken und Empfinden der Frauen darstellt. Prüfen Sie diese Aussage.

M2

„Droits de la Femme"

Olympe de Gouges (siehe auch M3) engagiert sich politisch und wird Mitglied im „Cercle Social", der beiden Geschlechter offen steht. Im Dezember 1789 wird ihr fünf Jahre zuvor gedrucktes Theaterstück „Zamore et Mirza" aufgeführt. Es prangert die Unterdrückung der Schwarzen an. Nur wenige Tage nach der Verkündung der Verfassung von 1791 (siehe M12, Seite 55 ff.) veröffentlicht sie einen „Gegenentwurf" zur Erklärung der Menschen- und Bürgerrechte von 1789 (siehe M3, Seite 47 f.).*

Erklärung der Rechte der Frau und Bürgerin
Von der Nationalversammlung am Ende dieser oder bei der nächsten Legislaturperiode zu verabschieden:

▲ **Olympe de Gouges.**
Diese Pastellminiatur von 1785 gilt als das einzige zuverlässige Porträt.

Präambel
Wir, die Mütter, Töchter, Schwestern, Vertreterinnen der Nation, verlangen, in die Nationalversammlung aufgenommen zu werden. In Anbetracht dessen, dass Unkenntnis, Vergessen und Missachtung der Rechte der Frauen die alleinigen Ursachen öffentlichen Elends und der Korruptheit der Regierungen sind, haben wir uns entschlossen, in einer feierlichen Erklärung die natürlichen, unveräußerlichen und heiligen Rechte der Frau dazulegen, damit diese Erklärung allen Mitgliedern der Gesellschaft ständig vor Augen ist und sie unablässig an ihre Rechte und Pflichten erinnert; damit die Machtausübung von Frauen ebenso wie jene von Männern jederzeit und somit auch mehr geachtet werden kann; damit die Beschwerden von Bürgerinnen, nunmehr gestützt auf einfache und unangreifbare Grundsätze, sich immer zur Erhaltung der Verfassung, der guten Sitten und zum Wohl aller auswirken mögen.
Das an Schönheit wie Mut im Ertragen der Mutterschaft überlegene Geschlecht anerkennt und erklärt somit, in Gegenwart und mit dem Beistand des Allmächtigen, die folgenden Rechte der Frau und Bürgerin:
Artikel 1: Die Frau ist frei geboren und bleibt dem Manne gleich in allen Rechten. Die sozialen Unterschiede können nur im allgemeinen Nutzen begründet sein.
Artikel 2: Ziel und Zweck jedes politischen Zusammenschlusses ist der Schutz der natürlichen

---

2) *Bürgerschwur: Gemeint ist der später auch in der Verfassung vom 3. September 1791 festgelegte Bürgereid (vgl. M12, Seite 57, Kapitel II, Artikel 4).*

und unveräußerlichen Rechte sowohl der Frau als auch des Mannes. Diese Rechte sind: Freiheit, Sicherheit, das Recht auf Eigentum und besonders das Recht auf Widerstand gegen Unterdrückung. [...]

Artikel 6: Das Gesetz sollte Ausdruck des allgemeinen Willens sein. Alle Bürgerinnen und Bürger sollen persönlich oder durch ihre Vertreter an seiner Gestaltung mitwirken. Es muss für alle das Gleiche sein. Alle Bürgerinnen und Bürger, die gleich sind vor den Augen des Gesetzes, müssen gleichermaßen nach ihren Fähigkeiten, ohne andere Unterschiede als die ihrer Tugenden und Talente, zu allen Würden, Ämtern und Stellungen im öffentlichen Leben zugelassen werden.

Artikel 7: Für Frauen gibt es keine Sonderrechte; sie werden verklagt, in Haft genommen und gefangen gehalten, in den durch das Gesetz bestimmten Fällen. Frauen unterstehen wie Männer den gleichen Strafgesetzen. [...]

Artikel 10: Niemand darf wegen seiner Meinung, auch wenn sie grundsätzlicher Art ist, verfolgt werden. Die Frau hat das Recht, das Schafott zu besteigen. Sie muss gleichermaßen das Recht haben, die Tribüne zu besteigen, vorausgesetzt, dass ihre Handlungen und Äußerungen die vom Gesetz gewahrte öffentliche Ordnung nicht stören.

Artikel 11: Die freie Gedanken- und Meinungsäußerung ist eines der kostbarsten Rechte der Frau, denn diese Freiheit garantiert die Vaterschaft der Väter an ihren Kindern. Jede Bürgerin kann folglich in aller Freiheit sagen: „Ich bin die Mutter eines Kindes, das du gezeugt hast", ohne dass ein barbarisches Vorurteil sie zwingt, die Wahrheit zu verschleiern. Dadurch soll ihr nicht die Verantwortung für den Missbrauch dieser Freiheit in den durch Gesetz bestimmten Fällen abgenommen werden.

Artikel 13: Für den Unterhalt der Polizei und für die Verwaltungskosten werden von der Frau wie vom Manne gleiche Beträge gefordert. Hat die Frau teil an allen Pflichten und Lasten, dann muss sie ebenso teilhaben an der Verteilung der Posten und Arbeiten, in niederen und hohen Ämtern, und im Gewerbe.

Artikel 14: Die Bürgerinnen und Bürger haben das Recht, selbst oder durch ihre Repräsentanten über die jeweilige Notwendigkeit der öffentlichen Beiträge zu befinden. Die Bürgerinnen können dem Prinzip, Steuern in gleicher Höhe aus ihrem Vermögen zu zahlen, nur dann beipflichten, wenn sie an der öffentlichen Verwaltung teilhaben und die Steuern, ihre Verwendung, ihre Einziehung und Zeitdauer mit festsetzen. [...]

Artikel 16: Eine Gesellschaft, in der die Garantie der Rechte nicht gesichert und die Trennung der Gewalten nicht festgelegt ist, hat keine Verfassung. Die Verfassung ist null und nichtig, wenn die Mehrheit der Individuen, die die Nation darstellen, an ihrem Zustandekommen nicht mitgewirkt hat.

Artikel 17: Das Eigentum gehört beiden Geschlechtern vereint oder einzeln. Jede Person hat darauf ein unverletzliches und heiliges Anrecht. Niemandem darf es als wahres Erbteil der Nationen vorenthalten werden, es sei denn, eine öffentliche Notwendigkeit, die gesetzlich festgelegt ist, mache es augenscheinlich erforderlich, jedoch unter der Voraussetzung einer gerechten und vorher festgesetzten Entschädigung.

Ute Gerhard, Menschenrechte – Frauenrechte 1789, in: Viktoria Schmidt-Linsenhoff (Hrsg.), Sklavin oder Bürgerin? Französische Revolution und neue Weiblichkeit, Frankfurt am Main 1989, S. 68–72

1. *Untersuchen Sie den möglichen Einfluss Condorcets (siehe M7, Seite 52) auf diese Erklärung.*
2. *Arbeiten Sie die „Defizite" der allgemeinen Erklärung der Menschen- und Bürgerrechte (siehe M3, Seite 47 f.) mithilfe dieses Gegenentwurfes heraus.*
3. *Sind die Forderungen aus der „Erklärung der Rechte der Frau und Bürgerin" heute verwirklicht? Überprüfen Sie in Arbeitsgruppen die einzelnen Artikel.*

M3

Wer war Olympe de Gouges? oder Über die Schwierigkeiten mit ihrer Biografie

Über Olympe de Gouges gibt es nur wenige, teilweise widersprüchliche Quellen. Wie kontrovers die Ausführungen über die Dichterin und Kämpferin für die Rechte der Frau sein können, zeigen die beiden folgenden biografischen Beiträge. In einer 1978 in Frankreich veröffentlichten Geschichte des Feminismus von Jean Rabaut heißt es:

Olympe de Gouges, in Wahrheit weder Olympe noch Gouges, sondern bescheiden Marie Gouze, war gebürtig aus Montauban. Als diese südfranzösische Bovary[1)] ihr Pamphlet veröffentlichte, war sie 43, gab aber vor, 7 Jahre jünger zu sein, und hatte immer noch keinen Platz in der Gesellschaft gefunden. Obgleich nach dem Taufschein Tochter eines Metzgers, behauptete sie, das uneheliche Kind eines bekannten Dichters zu sein – eine Selbststilisierung, die jeder Wahrscheinlichkeit entbehrt. Sie hatte sich einen Ehemann zugelegt und ihn verloren. Wo und wie, weiß man nicht. Sie hatte einen Sohn, der sie verleugnete ... Später begann sie eine Karriere als „femme galante"[2)] und verlegte sich auf die Schriftstellerei, als ihre Schönheit verblasste. Von den revolutionären Ereignissen angeregt, brütete sie einen Wust von Werken aus: nicht aufgeführte Theaterstücke, patriotische Broschüren, philanthropische Essays ... In Wahrheit zeichnete sich diese gelehrte Dame nur durch zweierlei aus: ihre Prätentionen und ihre Suada[3)].

Benoîte Groult gibt 1986 die Schriften von Olympe de Gouges neu heraus; in der Einleitung schreibt sie:

Vielleicht hat das Pseudonym, das sie sich gab, dazu beigetragen, dass Olympe de Gouges weniger in Vergessenheit geraten ist als andere Revolutionärinnen. Jedenfalls war es ihre erste literarische Schöpfung, denn ursprünglich hieß sie Marie Gouze. Offiziell war der Metzger Pierre Gouze ihr Vater. In Wahrheit war sie die uneheliche Tochter des Schriftstellers Le Franc de Pompignan, der seine Vaterschaft auch zugab, aber zu bigott war, um sie öffentlich anzuerkennen. Mit 16 Jahren an einen wesentlich älteren Gastwirt namens Aubry verheiratet, von dem sie mit 17 Jahren ein Kind bekam, wurde sie bald Witwe. Ein reicher Junggeselle verliebte sich in sie und nahm sie mit nach Paris. Obgleich mittellos und ohne Ausbildung, weigerte sie sich, ihn zu heiraten. Da Olympe die Heirat ausschlug, dichteten die Chronisten ihr eine Karriere als femme galante an und eine ganze Serie von Liebhabern. In Paris lernte sie bald, was es heißt, am Rande der Gesellschaft zu leben. Von ihrem aristokratischen Vater nicht anerkannt, des Schreibens unkundig, zu allem Überfluss Südfranzösin, intelligent und widerspenstig – alles an ihr war dazu angetan, die Öffentlichkeit zu skandalisieren. Man hat behauptet, sie hätte mit dem Schreiben angefangen, als ihre physische Attraktivität nachließ. Aber damals war sie gerade 32 Jahre, eine Frau im besten Alter ... Warum also nicht anerkennen, dass sie einem inneren Drang folgte? Immerhin überwand sie drei massive Handicaps: ihre illegitime Geburt, ihre unzureichende Bildung und die Prüderie einer Umwelt, die sie mit ihren radikalen Thesen provozierte.

Zitiert nach: Marieluise Christadler, Von der Tribüne aufs Schafott. Frauen und Politik 1789–1795, in: Dies. (Hrsg.), Freiheit, Gleichheit, Weiblichkeit. Aufklärung, Revolution und die Frauen in Europa, Opladen 1990, S. 26 f.

Finden Sie Gründe für die unterschiedlichen Einschätzungen von Olympe de Gouges heraus.

[1)] *Bovary: Hauptperson eines Romans von Gustav Flaubert von 1856/57, der das „unsittliche" Leben einer verheirateten Frau beschreibt*

[2)] *femme galante: „gefällige" Frau, Prostituierte*

[3)] *Prätentionen und Suda: Anmaßungen und großer Redefluss*

M4

Die Revolutionären Republikanerinnen

Die Pariser „Gesellschaft der Revolutionären Republikanerinnen" („Société Républicaine Révolutionnaire") wird am 12. Mai 1793 von der 25-jährigen Pauline Léon, der Tochter eines Schokoladenmachers, und der 28-jährigen Schauspielerin Claire Lacombe, gegründet. Sie stehen den „Enragés", der radikalen Volksbewegung, nahe. Im Gründungsaufruf ihres Klubs heißt es:

Frauen des 6. Oktober[1], kommt wieder heraus! Zwingt diese eiskalten Männer, die die Gefahren der Revolution ganz ruhig mitansehen, ihre unwürdige Apathie abzulegen. Und wenn sie zu feige sind, um Eurer Verachtung zu trotzen, so sollen Eure Hände sie verunstalten. So sollen Kompanien von Amazonen aus unseren Vorstädten, aus Hallen und Märkten dieser ungeheuren Altstadt herausziehen. Dort nämlich wohnen die wahren Bürgerinnen, jene, die in diesen Tagen der Verderbtheit noch immer reine Sitten bewahrt und als einzige den Preis von Freiheit und Gleichheit gespürt haben. [...]

Ihr Bürgerinnen von Paris, die Ihr unsere Gefühle teilt: Vereinigt Euch mit uns. Wir haben uns entschieden, das [Landes-]Innere zu heilen, während unsere Brüder die Grenzen verteidigen. Und wir sind entschlossen, eher unter den Trümmern unserer eingestürzten Häuser zugrunde zu gehen, als uns dem Gesetz der Banditen, die uns bedrohen, zu unterwerfen.

Wir haben beschlossen:

1. dass alle Bürgerinnen jeder Sektion von 18 Jahren an, sofern es ihre Kräfte zulassen, aufgefordert werden, ihren heimischen Herd zu verteidigen;
2. dass wir alle als Erkennungszeichen die dreifarbige Kokarde tragen;
3. dass wir Kommissare zur Organisation einer Sammlung ernennen, um Frauen von Sansculotten zu bewaffnen, die es nicht aus eigenen Mitteln können.

Susanne Petersen, Marktweiber und Amazonen. Frauen in der Französischen Revolution, Köln ³1991, S. 179 f.

[1] *Frauen des 6. Oktober: siehe Seite 62*

1. *Arbeiten Sie die Zielvorstellungen des Klubs heraus.*
2. *Überlegen Sie, warum die Forderungen den Politikern Probleme bereiteten.*

M5

Zurück zu den „häuslichen Aufgaben"

Im Namen des Sicherheitsausschusses begründet Jean Amar, ein Montagnard, am 30. Oktober 1793 das Verbot von Frauenklubs. Auf die selbstgestellten Fragen, ob Frauen politische Rechte ausüben bzw. sich in Regierungsangelegenheiten einmischen und ob sie sich in politischen Vereinigungen versammeln dürfen, antwortet er:

Nein, weil sie dann dazu gezwungen wären, wichtigere Aufgaben, zu denen die Natur sie ruft, dem zu opfern. Diese häuslichen Aufgaben, zu denen Frauen von Natur aus bestimmt sind, gehören selbst zur allgemeinen Ordnung der Gesellschaft. Diese soziale Ordnung resultiert aus dem Unterschied, der zwischen Mann und Frau besteht. Jedes Geschlecht ruft nach einer ihm eigenen Art von Beschäftigung, bewegt sich in diesem Kreis, den es nicht überwinden kann. [...] Wir glauben also [...], dass es nicht möglich ist, dass Frauen politische Rechte ausüben. Vernichtet also diese angeblichen Volksgesellschaften von Frauen, die der Adel nur schuf, um sie mit Männern streiten zu lassen, um diese zu entzweien, weil sie in den Auseinandersetzungen Partei ergreifen sollten, und um Unruhe zu stiften.

Susanne Petersen, a. a. O., S. 222 und 224

Bewerten Sie Amars Argumentation. Berücksichtigen Sie bei Ihrer Antwort auch die Erklärung der Frauenrechte von Olympe de Gouges (siehe M2).

Je suis le véritable père Duchesne, foutre.

L'INDIGNATION

DU

PERE DUCHÈSNE

CONTRE

L'INDISSOLUBRICITÉ

DU

MARIAGE,

ET SA MOTION POUR LE

Divorce.

COMMENT, foutre, encore une femme assassinée par son mari! Cette mode-là prend bougrement.

▶ **„Père Duchesne" gegen die Unauflöslichkeit der Ehe.**
Titelblatt der Zeitung „Le Père Duchesne", 1790.
Der 1757 geborene Journalist und Politiker Jacques René Hébert gab von 1790 bis 1794 diese Zeitung heraus. Er war Gegner der Gironde und Mitglied der revolutionären Pariser Kommune. Sein Blatt setzte sich für die Belange der Sansculotten ein. Es erschien dreimal in der Woche und erreichte um 1793 eine Auflage von mehreren hunderttausend Exemplaren.
Zum Titel der Zeitung: Der Ofensetzer „Père Duchesne" war eine Figur des vorrevolutionären Volkstheaters. Mit seiner derben Sprache und seinen ruppigen Umgangsformen verkörperte sie den „kleinen Mann".
Die Aufschrift lautet übersetzt: „Die Empörung des Père Duchesne gegen die Unauflöslichkeit der Ehe und sein Gesetzesvorstoß für die Scheidung."

Die Frauenbewegung beginnt

Frauen spielten im revolutionären Alltag von Paris eine wichtige Rolle. Schon vor der Revolution verfassten sie Beschwerdebriefe an die *Generalstände* und den König, fanden sich zu spontanen Kundgebungen gegen die Versorgungslage zusammen, protestierten und demonstrierten – nicht nur am 5./6. Oktober 1789 – gegen politische und soziale Missstände, meldeten sich mit Petitionen, Streitschriften, eigenen Zeitungen sowie mit Beifalls- und Unmutsbekundungen von den Zuhörergalerien der *Nationalversammlung* zu Wort (▶ M1). Sie organisierten sich in Volksgesellschaften der Männer und gründeten zwischen 1789 und 1793 etwa 60 eigene revolutionäre Klubs. Nach Kriegsbeginn forderten sie Frauenregimenter für den Kampf gegen Feinde der Revolution und stellten Einheiten gegen den Willen der Männer auf.
Die politische Rechtlosigkeit der Frauen und ihre Ziele fasste die Schriftstellerin *Olympe de Gouges** mit ihrer „Erklärung der Rechte der Frau und Bürgerin" („Déclaration des Droits de la Femme et de la Citoyenne") zusammen (▶ M2 und M3). Die Forderungen nach bürgerlicher Gleichheit und politischen Mitbestimmungsrechten von Frauen wurden während der gesamten Revolutionszeit nicht anerkannt. Sie erhielten weder das aktive noch das passive Wahlrecht und blieben von der Mitarbeit in den Kommunen und im *Konvent* ausgeschlossen. Auch ihre Stellung in Ehe und Familie, in Ausbildung und Berufsleben verbesserte sich kaum. Eine kleine Ausnahme war das im September 1792 verabschiedete Scheidungsgesetz. Es sprach die Kinder der aufgelösten Ehe der Mutter zu, wenn es sich um Mädchen handelte bzw. dem Vater, wenn es sich um Jungen handelte, die älter als sieben Jahre waren. Allein in Paris wurden daraufhin zwischen 1793 und 1795 – meist auf Antrag der Frau – etwa 6.000 Ehen geschieden. Doch dieser frauenpolitische Erfolg hatte nicht lange Bestand. Das Gesetz wurde nach der Revolution wieder rückgängig gemacht.

Vor dem Hintergrund der schlechten sozialen und wirtschaftlichen Zustände meldeten sich vor allem junge Frauen immer radikaler zu Wort. In der im Mai 1793 ins Leben gerufenen „Gesellschaft der Revolutionären Republikanerinnen" kämpften sie mit Nachdruck gegen die Teuerung, forderten Maximalpreise für Lebensmittel, organisierten Brotkrawalle, beteiligten sich an Plünderungen von Läden und setzten sich für das Frauenwahlrecht ein. Dabei nahmen sie keine Rücksicht auf Angehörige ihres Geschlechts: Die 31-jährige *Théroigne de Méricourt** prügelten sie vor dem Konvent fast zu Tode, weil sie nach dem Ausschluss der *Gironde* vor einer weiteren Radikalisierung der Revolution gewarnt hatte.

Die Frauen werden unterdrückt

Für die politisch aktiven Frauen spitzte sich in Paris die Lage weiter zu, als im Juli 1793 der Konventsabgeordnete *Jean Paul Marat**, ein Liebling der *Sansculottinnen*, von der 25-jährigen *Charlotte Corday** ermordet wurde[1]. Nachdem es zu weiteren Handgreiflichkeiten zwischen den „Revolutionären Republikanerinnen" und Marktfrauen kam, weil diese unter anderem nicht mit der Festsetzung der Preise einverstanden waren, verbot der Konvent alle Frauenklubs (➧ M 4 und M 5). Später wurde den Frauen auch noch das Petitionsrecht genommen sowie der Besuch von Zusammenkünften der Volksgesellschaften und des Konvents untersagt. Politisch tätige Frauen wurden in der gelenkten Presse als „unweiblich", „blutrünstig" und „anmaßend" verunglimpft. Und es blieb nicht bei verbalen Diskriminierungen: Sie wurden in die Gefängnisse geworfen und starben auf dem Schafott. Olympe de Gouges, die auch öffentlich die freie Wahl des Volkes zwischen Monarchie, föderativer oder zentralistischer *Republik* gefordert hatte, wurde im August 1793 verhaftet und wegen Gefährdung der Volkssouveränität hingerichtet. Wenige Tage später musste auch die 49-jährige bürgerliche Intellektuelle *Manon Roland,* die mit einem führenden Girondisten verheiratet war und einen einflussreichen Salon in Paris führte, aufs Schafott. Ihr konnten feministische Forderungen nicht vorgeworfen wenn, denn sie plädierte trotz ihres großen politischen Einflusses für die traditionelle Rolle der Frau im „Schatten" der Männer. Verurteilt wurde sie wegen „Konspiration gegen die Republik und Entfachung des Bürgerkrieges". Sie war ein Opfer ihrer girondistischen Beziehungen geworden.

Die Forderung nach der bürgerlich-rechtlichen Gleichheit der Geschlechter scheiterte an dem patriarchalischen Selbstverständnis der Machteliten. Gemäß dem Rousseauschen Ideal wurden die Frauen an ihre „naturgemäße Wirkungsstätte" zurückgeschickt. Ihre „republikanischen" Aufgaben sollten sie ausschließlich im Haushalt, in der Familie und bei der Erziehung der Kinder erfüllen. Diese Vorstellung konnte auf der Grundlage eines breiten Konsenses in der Bevölkerung – auch unter den Frauen – aufrechterhalten werden. Ohne größere Widerstände wurden die vorrevolutionären gesellschaftlichen und rechtlichen Verhältnisse wiederhergestellt. Trotzdem: Die emanzipatorischen Erfahrungen blieben. Sie wurden von den Frauen in späteren Zeiten genutzt.

---

[1] *Siehe dazu M8, Seite 84.*

Napoleon Bonaparte – Erbe der Revolution?

▲ **Bonaparte, die Alpen überschreitend.**
Gemälde (259 x 221 cm) von Jacques-Louis David, 1799.*
David malte fünf Versionen von dem Gemälde. Es ist ein „reines Fantasieprodukt“ (Johannes Willms), Napoleon wird entweder zu Fuß oder auf einem Maultier den St.-Bernhard-Pass überschritten haben. Der Altphilologe Lothar Schuckert meint daher in einem Aufsatz: „Mit dem Bild begann der Napoleon-Mythos, weil es den 29-jährigen Mann als den Mann der Zukunft vorstellt. Der rote Mantel, der Attribut, nicht etwa Uniformstück ist, gleicht jenem, den einstmals Brutus getragen hatte, und er umgibt den General wie ein römischer Purpur. Für das Porträt eines Generals einer Republik wahrhaftig ein erstaunliches Bild, zumal sich unübersehbar auf dem Felsenboden die verwitterten Namenszüge seiner Vorgänger erkennen lassen: Hannibal und Carolus Magnus! Der dritte Name ist frisch hinzugefügt. Mit diesem Bild, das ebenso plump wie wirkungsvoll Napoleons Zielen diente, begann David seine zweite Karriere, die ihm schon 1804 den Titel ‚Erster Maler des Kaisers‘ einbrachte.“ (Lothar Schuckert, Citoyen Brutus. Aktualisierung der Antike in der Französischen Revolution, in: Der Altsprachliche Unterricht, Jg. XXXII [1989], S. 20)*

20.–23. Mai 1795
Sansculotten-Aufstände für „Brot und die Verfassung von 1793“ werden niedergeschlagen.

22. August 1795
Die „Direktorialverfassung“ wird verkündet; Freiheit und Gleichheit werden eingeschränkt.

5. Oktober 1795
Unter Führung von General Napoleon Bonaparte wird in Paris ein royalistischer Aufstand militärisch niedergeschlagen.

30. März 1796
Napoleon Bonaparte beginnt seinen Feldzug in Italien.

9./10. November 1799
Nach einem Staatsstreich erklärt Napoleon Bonparte die Revolution für beendet.

24. März 1804
Der „Code civil“ (auch „Code Napoléon“) wird veröffentlicht.

2. Dezember 1804
Napoleon Bonaparte krönt sich selbst zum erblichen Kaiser Napoleon I.

M1

„Brot und die demokratische Verfassung von 1793“

Während 1795 die städtischen Unterschichten hungern, können sich einige Großhändler und Spekulanten durch die Versorgung des Heeres und den Verkauf von Nationalgütern bereichern. Dagegen erheben sich in Paris etwa 20.000 bewaffnete Sansculotten. Sie umstellen den Konvent und fordern am 20. Mai 1795 (1. Prairial des Jahres III):

In Erwägung, dass die Regierung das Volk auf unmenschliche Weise Hungers sterben lässt und die Versprechungen, die sie ohne Unterlass wiederholt, Lug und Trug sind; [...]
in Erwägung, dass eine widerrechtliche und tyrannische Regierung ihre schurkischen Absichten und ihre Macht nur auf die Schwäche, die Unwissenheit und das Elend des Volkes gründet;
in Erwägung, dass eine derart abscheuliche Regierung nur insolang bestehen kann, als man die Schwäche besitzt, sie zu fürchten und ihr zu gehorchen; [...]
in Erwägung, dass der Aufstand für ein ganzes Volk wie für den Teil eines unterdrückten Volkes *das heiligste aller Rechte, die unerlässlichste aller Pflichten ist,*[1] eine Notwendigkeit allerersten Ranges; [...]
beschließt das Volk wie folgt:
Artikel 1: Unverzüglich werden noch heute die Bürger und Bürgerinnen von Paris in Massen zum Nationalkonvent ziehen, um von ihm zu fordern:

1. Brot;
2. die Absetzung der Revolutionsregierung, in der jede Partei reihum ihre Macht dazu missbraucht hat, das Volk zugrunde zu richten, auszuhungern und zu unterjochen;
3. die sofortige Ausrufung und Inkraftsetzung der demokratischen Verfassung von 1793;
4. die Ablösung der gegenwärtigen Regierung, ihre sofortige Neubildung durch andere Mitglieder aus den Reihen des Nationalkonvents und die Festnahme aller Konventsmitglieder, aus denen sich augenblicklich die Regierungsausschüsse zusammensetzen, als schuldig des Verbrechens der Nationalbeleidigung und der Tyrannei gegenüber dem Volk;
5. die unverzügliche Freilassung der Bürger, die gefangengehalten werden, weil sie Brot gefordert und freimütig ihre Meinung kundgetan haben [...].

Artikel 9: Das Volk wird nicht eher Ruhe geben, als bis es den Lebensunterhalt, das Glück, den Frieden und die Freiheit aller Franzosen sichergestellt hat.
Artikel 10: Die Losung des Volkes lautet: *Brot und die demokratische Verfassung von 1793.*

Walter Markov (Hrsg.), Die Französische Revolution. Bilder und Berichte 1789–1799, Berlin 1989, S. 315 ff.

Arbeiten Sie aus den Forderungen die politischen Verhältnisse um 1795 heraus.

[1] *Diese Forderung beruft sich auf Artikel 35 der Verfassung von 1793.*

M2

„Manifest der Plebejer“

Der Prairial-Aufstand vom 20. Mai 1795 scheitert, doch die städtische Volksbewegung bleibt aktiv. Sie organisiert sich in neuen Klubs und Geheimgesellschaften. Einer ihrer Anführer ist der 35-jährige ehemalige Landvermesser François Noël (genannt „Gracchus“) Babeuf. Er wird während der Revolution Publizist und Anhänger der Republik. Im November 1795 veröffentlicht er in seiner Zeitschrift „Tribun du Peuple“ das „Manifest der Plebejer“.*

Es ist Zeit, dass das mit Füßen getretene und gemeuchelte Volk großartiger, feierlicher, allgemeiner als es je getan, seinen Willen kundgibt, auf dass nicht nur die Symptome, die Begleiterscheinungen des Elends, sondern die Wirklichkeit, das Elend selbst, ausgerottet werde. Möge das Volk sein Manifest erlassen! [...] Möge es darin aufzeigen, dass die Demokratie solchen, die zu viel haben, Verpflichtung ist, diejenigen, die nicht genug haben, mit allem, was ihnen fehlt, zu versehen! [...]
Wir werden zeigen, dass beim Übergang aus dem Naturzustand zum gesellschaftlichen Zu-

stand das Los keines Einzigen sich hätte verschlechtern dürfen.

Wir werden die Grenzen des Eigentumsrechts festsetzen.

Wir werden beweisen, dass Grund und Boden nicht Einzelnen, sondern allen gehört.

Wir werden beweisen, dass alles, was sich jemand mehr davon aneignet als er zu seiner Ernährung braucht, Diebstahl an der Gesellschaft ist. [...]

Dass Überlegenheit der Talente und des Fleißes nur ein Märchen, ein blendender Betrug ist, der zu allen Zeiten den Komplotten der Verschwörer gegen die Gleichheit einen Schein von Rechtfertigung verschafft hat.

Babeuf bereitet einen Aufstand vor und will eine diktatorische Revolutionsregierung an die Macht bringen. Die „Verschwörung der Gleichen" wird verraten. Babeuf kommt im Mai 1797 vor Gericht, wird zum Tode verurteilt und hingerichtet. Vor den Richtern rechtfertigt er sich:

Die größte Häresie[1)] in der Politik besteht vielleicht in der Behauptung, *jede bestehende Regierung* stürzen zu wollen, sei Verschwörung. Diesem Grundsatz gemäß wären die Völker verurteilt, jede einmal etablierte Regierung auf immer beizubehalten, so abscheulich und schlecht sie auch sein mag. Das Prinzip der Souveränität der Völker wird hier völlig verkannt; bestehen können nur die Könige von Gottes Gnaden, und nach dieser Ordnung war die Bewegung vom 14. Juli '89, die eine etablierte Regierung stürzte, eine verbrecherische Verschwörung.

Ich sah in dieser Ordnung die Souveränität des Volkes verkannt: Das Recht, zu wählen und gewählt zu werden, ist ausschließlich gewissen Kasten vorbehalten. Ich sah die Privilegien wiederaufleben und eine neue, verabscheuungswürdige Unterscheidung in Aktiv- und Passivbürger. Ich sah alle Garantien der Freiheit vernichtet: keine echte Pressefreiheit mehr; keine Versammlungsfreiheit mehr; kein Petitionsrecht mehr; kein Bewaffnungsrecht mehr. Ich sah das kostbare, so innig mit der Souveränität verbundene Recht, die Gesetze zu sanktionieren, gleichfalls dem Volke genommen und der zweiten Kammer der Legislative übertragen, während man sich doch während der ganzen Revolution so sehr gegen das Zweikammersystem empört hatte. Ich sah eine sehr kleine Exekutive, die nicht vom Volke ernannt wird. Ich sah sie mit großen Machtbefugnissen ausgestattet und berechtigt, fast alle Abgeordneten des Volkes abzusetzen und nach ihrem Gutdünken zu ersetzen. Ich sah die öffentliche Fürsorge und das Bildungswesen vergessen ... Ich hatte einen krassen Gegensatz zu all dem in der Verfassung bemerkt, die dieser vorangegangen war.

Erster Text: Walter Grab (Hrsg.), Die Französische Revolution. Eine Dokumentation, München 1973, S. 278 ff.; zweiter Text: Gracchus Babeuf, Die Verschwörung für die Gleichheit. Rede über die Legitimität des Widerstands, herausgegeben und eingeleitet von John Anthony Scott, Hamburg 1988, S. 46 f. und 50 f.

1. *Arbeiten Sie die Bedeutung des Manifests für spätere Ideologien heraus.*
2. *Rufen Sie sich die verschiedenen Bevölkerungsgruppen in Stadt und Land in Erinnerung. Welche Reaktionen mögen Babeufs Vorstellungen auf dem Lande und in den Städten hervorgerufen haben?*
3. *Verfassen Sie eine Antwort auf Babeufs Rechtfertigung aus der Sicht der Richter.*
4. *Auf die Frage „Was braucht ... eine Demokratie?" antwortet der Historiker Hans-Ulrich Wehler im Oktober 2007: „Möglichst viele kritische Aktivbürger." Darüber hinaus stellt er fest, dass „der Kampf aller Konservativen gegen das allgemeine Wahlrecht" der größte Irrtum der Geschichte war. Beurteilen Sie unter diesem Gesichtspunkt Babeufs Forderungen.*

1) *Häresie: Irrlehre*

M3
Was will Napoleon Bonaparte?

Als die Revolution 1789 beginnt, ist der aus Korsika stammende Napoleon Bonaparte 30 Jahre alt. Der Offizier sympathisiert mit den Jakobinern und unterstützt Robespierre*. Nach dessen Sturz scheint seine Karriere vorbei zu sein. Im Oktober 1795 bekommt er als General eine neue Chance. Unter seiner Führung wird der Aufstand der Königsanhänger in Paris niedergeschlagen (5. Oktober). Als Dank erhält Napoleon Bonaparte von der im November 1795 gebildeten neuen Regierung, dem Direktorium, den Befehl über die Armee des Innern, ein Jahr später ist er Oberbefehlshaber über die Italienarmee. Am 9. Juli 1797 wird unter Napoleon Bonaparte in Oberitalien die „Cisalpinische Republik" gegründet. Eine Woche zuvor, am 1. Juli, sagt er dem französischen Diplomaten André François Miot de Mélito in der Toskana:*

Glauben Sie, dass ich in Italien Siege erfechte, um damit das Ansehen der Advokaten[1] des Direktoriums zu erhöhen [...]? Glauben Sie vielleicht, dass ich eine Republik gründen will? Welcher Gedanke! [...] Das ist eine Wahnvorstellung, in die die Franzosen vernarrt sind, die aber auch wie so manches andere vergehen wird. Was sie brauchen, das ist Ruhm, die Befriedigung ihrer Eitelkeit, aber von der Freiheit verstehen sie nichts. Blicken Sie auf die Armee! Die Erfolge und die Triumphe, die wir soeben davongetragen haben, die haben den wahren Charakter des französischen Soldaten wieder hervortreten lassen. Für ihn bin ich alles. Das Direktorium soll es sich nur einfallen lassen, mir das Kommando über die Armee wegzunehmen! Dann wird man sehen, wer der Herr ist. Die Nation braucht einen Führer [...], aber keine Theorien über Regierung, keine großen Worte, keine Reden von Ideologien, die die Franzosen nicht verstehen. [...]
Ich bin am Frieden nicht interessiert. Sie sehen, was ich bin, was ich jetzt in Italien vermag. Wenn Frieden geschlossen ist, wenn ich nicht mehr an der Spitze dieses mir ergebenen Heeres stehe, muss ich auf diese Macht, auf diese hohe Stellung, die ich mir verschafft habe, verzichten [...].

Gegenüber seinen Soldaten erklärt Napoleon Bonaparte am 14. Juli in Mailand:

Soldaten! Heute ist der Jahrestag des 14. Juli. Vor den Augen stehen euch die Namen unserer auf dem Felde der Ehre für die Freiheit des Vaterlandes gefallenen Waffengefährten: Sie haben euch ein Beispiel gegeben. Ihr schuldet euch ganz der Republik, ihr schuldet euch ganz dem Glück von dreißig Millionen Franzosen, ihr schuldet euch ganz dem Ruhme dieses Namens, der durch eure Siege seinen Glanz bekommen hat.
Soldaten! Ich weiß, dass ihr tief betroffen seid von dem Unglück, das dem Vaterlande droht, doch das Vaterland kann nicht wirklich in Gefahr kommen. Die gleichen Männer, die es über das verbündete Europa zum Siege geführt haben, sind da. Berge trennen uns von Frankreich; ihr würdet sie, wenn es not täte, mit der Schnelligkeit des Adlers überwinden, um die Verfassung zu erhalten, die Freiheit zu verteidigen, die Regierung und die Republikaner zu schützen.
Soldaten! Die Regierung wacht über den Hort der Gesetze, der ihr anvertraut ist. Die Royalisten, sobald sie sich zeigen, haben ihr Leben verwirkt. Seid unbesorgt und lasst uns gemeinsam bei den Namen der Helden, die an unserer Seite für die Freiheit gestorben sind, auf unsere neuen Fahnen schwören: *Gnadenlosen Krieg den Feinden der Republik und der Verfassung des Jahres III!*

Erster Text: Irmgard Hartig und Paul Hartig, Die Französische Revolution, Stuttgart 1984, S. 112 f.; zweiter Text: Ulrich Friedrich Müller (Hrsg.), Die Französische Revolution 1789–1799. Ein Lesebuch, München 1988, S. 326

1. *Nennen Sie die Ziele und Motive Napoleon Bonapartes.*
2. *Die Texte machen den Zusammenhang von Innen- und Außenpolitik deutlich. Erklären Sie diese Aussage.*

[1] *Die meisten der führenden Revolutionspolitiker waren Advokaten.*

▶ **Napoleon Bonaparte als Erster Konsul.**
Kupferstich von Alexis Chataignier, 1802.

M4
Die amtliche Beendigung der Revolution

Am 15. Dezember 1799 erlassen die drei Konsuln folgende Proklamation:

Franzosen, es wird euch eine Verfassung vorgelegt.
Sie setzt den Ungewissheiten, die die Provisorische Regierung in den auswärtigen Beziehungen, in der inneren und in der militärischen Lage der Republik aufkommen ließ, ein Ende. Sie überträgt die Leitung der Einrichtungen, die sie schafft, Ersten Beamten, deren Ergebenheit als für ihre Wirksamkeit notwendig erachtet wurde.
Die Verfassung gründet sich auf die wahren Prinzipien der parlamentarischen Regierung und auf die geheiligten Rechte des Eigentums, der Gleichheit und der Freiheit.
Die Gewalten, die sie einsetzt, werden stark und dauerhaft sein, wie sie es sein müssen, wenn sie die Rechte der Bürger und die Interessen des Staates schützen sollen.
Bürger, die Revolution ist den Grundsätzen, von denen sie ihren Ausgang nahm, fest verbunden; sie ist beendet.

Walter Markov, Revolution im Zeugenstand. Frankreich 1789–1799, Band 2: Gesprochenes und Geschriebenes, Leipzig ^{2}1986, S. 698 f.

1. *An welche Gefühle der Bürger wird die Proklamation wohl appelliert haben?*
2. *Überlegen Sie, welche Gruppen der Gesellschaft mit der „Beendigung der Revolution" am meisten zufrieden sein dürften.*

▲ **Napoleons Siegel als Konsul und als Kaiser.**

• *Vergleichen Sie beide Darstellungen und arbeiten Sie Gemeinsamkeiten und Unterschiede heraus.*

M5
Wie Napoleon politische Symbole benutzte

Die amerikanische Historikerin Lynn Hunt hat sich intensiv mit der politischen Macht der Symbole befasst; über Napoleons Gebrauch von Symbolen heißt es bei ihr:

Er [Napoleon] schätzte die Macht der Symbole wie jedermann, und in den ersten Monaten und sogar Jahren seiner Herrschaft hielt er an den heiligsten Symbolen der Republik fest. Er war Mariannes[1] Schutzherr. Wie sein Siegel verkündete, sprach er für das französische Volk (*au nom du peuple française*). Er war der Garant der Republik, selbst wenn er sie nun mit seinem eigenen Bild versah. Schließlich trat er selbst an Mariannes Stelle und wurde zur Personifikation der französischen Nation. Sein Profil zierte die Münzen und das Siegel des Kaiserreichs, geradeso wie die Könige einst die Münzen und Siegel der Monarchie geschmückt hatten. Die Spannungen, die der Bildwelt der Revolution innewohnten, erleichterten Napoleon die Aufgabe; das Volk war unter dem Direktorium nicht mehr direkt in Bildern repräsentiert worden und Marianne war zu einem entfernteren und weniger aktiven Symbol geworden. Napoleon konnte ihr Bild und den Namen der Republik beibehalten und gab dem Volk wieder eine Stimme, seine Stimme. Auch der revolutionäre Drang, die Politik zu symbolisieren und sie über Symbole herauszuarbeiten, war Napoleon sehr dienlich; fast konnte man die Entleerung von jeglichem politischen Inhalt übersehen. Proteste gegen die Wiederbelebung der Oligarchie[2] und das Ende einer politischen Beteiligung der Massen ließen sich nur schwer vorbringen, wenn die Symbole der Revolution von der neuen „moralischen und konstitutionellen Bewegung“ übernommen wurden.

Lynn Hunt, Symbole der Macht, Macht der Symbole. Die Französische Revolution und der Entwurf einer politischen Kultur, Frankfurt am Main 1989, S. 275

1. *Erörtern Sie die Funktion der Symbole und die Art und Weise, wie Napoleon sie nutzte.*
2. *Vergleichen Sie die Verwendung von Symbolen damals und heute.*

▲ **Fünf-Centime-Stück aus dem Jahr VIII (1799).**

[1] *Marianne: Der abstrakte Begriff „Freiheit“ wurde als Göttin mit Freiheitsmütze und Pike dargestellt und erhielt während der Revolution den volkstümlichen katholischen Doppelnamen (Marie und Anne). Die französische Republik machte die Figur 1792 zum Bestandteil ihres Staatssiegels. Ihre Darstellung änderte sich im Laufe der Zeit von der kriegerischen zur staatstragenden Frauengestalt. Heute ist die „Marianne“ die Personifikation Frankreichs.*

[2] *Oligarchie: Herrschaft einer kleinen Gruppe*

Nach der Schreckensherrschaft

Nach dem Ende der Schreckensherrschaft machte sich ein Gefühl der Befreiung breit. Ein neuer Anfang schien möglich. Der *Nationalkonvent* tagte weiter, nun dominierten die Abgeordneten der „Mitte", eine stabile Regierung konnten sie aber nicht bilden. Etappenweise wurden der Polizei- und Justizterror, die Wirtschaftslenkung und der Meinungsdruck beseitigt. Der *Jakobinerklub* und seine Tochtergesellschaften wurden geschlossen und eine „Säuberung" des öffentlichen Dienstes eingeleitet. Die Not der Massen stieg in dem überaus strengen Winter 1794/95. Gleichzeitig zeigte sich der Luxus des Großbürgertums, der Neureichen und Spekulanten wieder öffentlich. Unruhen waren die Folge (➧ M 1).

Im August 1795 veröffentlichte der Konvent eine neue Verfassung. Mit ihr wurde das *Zensuswahlrecht* wieder eingeführt. Die *Legislative* wurde in zwei Kammern geteilt: Beim *Rat der Fünfhundert* lag die ausschließliche Gesetzesinitiative, während der *Rat der Alten* die Gesetze lediglich annehmen oder zurückweisen konnte. Die *Exekutive* übernahm ein fünfköpfiges *Direktorium* (*Directoire*). Es wurde vom „Rat der Alten" gewählt. Jährlich sollten ein Mitglied des Direktoriums und ein Drittel der beiden Kammern neu gewählt werden.[1)]

Innenpolitisch blieb das Direktorium schwach, es hatte mit Angriffen von links und rechts zu kämpfen. Ein royalistischer Aufstand und die letzten Sansculottenunruhen – *Babeufs* Verschwörung der Gleichen* – wurden vom Militär niedergeschlagen (➧ M2). Die Armee war zum wichtigsten innenpolitischen Machtfaktor geworden.

Wie die Regierungen der Revolutionszeit, suchte auch das Direktorium durch eine expansive und kriegerische Außenpolitik einen Ausgleich für die Rückschläge im Innern zu schaffen. Beseelt vom Glauben an die Revolution, kämpften französische *Volksheere* gegen die stehenden Heere der traditionellen Mächte Europas. Ein alter französischer Traum erfüllte sich: Das gesamte linksrheinische Gebiet wurde erobert, und der Rhein sollte fortan die natürliche Grenze Frankreichs bilden. Auch in Italien entstanden nach erfolgreichen Feldzügen zahlreiche Tochterrepubliken. Auf Dauer konnte die innenpolitische Misere jedoch allein mit Eroberungspolitik nicht überbrückt werden.

Das „amtliche" Ende der Revolution

Als sich militärische Rückschläge einstellten, brachen erneut innenpolitische Machtkämpfe aus. Das regierende Direktorium befürchtete einen Rechtsrutsch im Parlament. Da rief *Sieyès**, der Mann der ersten Stunde, *Napoleon Bonaparte** auf den Plan. Der 1769 geborene Korse verdankte seine Karriere der Revolution, seinem militärischen Geschick und seiner meisterlichen Propaganda. Während des Italienfeldzuges gründete er zwei Zeitungen, die nicht nur in seinem Sinne über die neuesten Ereignisse informierten, sondern auch mit Aussagen wie „Er fliegt wie ein Blitz und schlägt zu wie der Donner. Er ist überall und sieht alles" seine Popularität gezielt steigerten. Dem Direktorium war er als siegreicher Oberbefehlshaber in Italien ebenso nützlich wie bei der Niederschlagung innerer Unruhen. Sein politisches Programm war alles andere als republikanisch, auch wenn er dies noch nicht öffentlich zugab (➧ M3).

[1)] *Zum Vergleich mit den Verfassungen von 1791 und 1789 siehe die Übersicht hinten im Buch.*

▲ **Der Morgen des 18. Brumaire (9./10. November 1799).**
Zeitgenössischer Stich von Champion.

Nach dem abenteuerlichen Versuch, England in Ägypten zu bekämpfen, beseitigte er am 9. November 1799 (*18. Brumaire*) mit den ihm ergebenen Truppen in einem Staatsstreich das Direktorium. Ein Kollegium von drei Konsuln trat an seine Stelle, und Napoleon Bonaparte ließ sich zum Ersten Konsul ausrufen. Seine neue Position wurde in einem Plebiszit vom Volk bestätigt: Von über drei Millionen Stimmen wurden nur 1.562 gegen ihn abgegeben – bei allerdings vier Millionen Enthaltungen. Zu diesem Erfolg hatte ihm in erster Linie sein großes Prestige als genialer militärischer Führer verholfen. Nun konnte Bonaparte die Sehnsucht der Bürger nach Ruhe ausnutzen und eine straffe innere Ordnung herstellen (▶ M4).

Die Konsulatsverfassung

Die Verfassung, die der Erste Konsul dem Volk vorlegte, wahrte den Schein der *Gewaltenteilung*, in Wahrheit gab sie alle Macht in die Hände der Exekutive. So hatte der *Staatsrat*, dessen Vorsitzender Napoleon war, das alleinige Recht der Gesetzesinitiative. Die Legislative konnte nur über die Vorlagen der Regierung abstimmen, von sich aus durfte sie keine Gesetze vorschlagen oder ändern. Die Vertreter der Volksversammlung wurden überdies in einem indirekten Wahlverfahren zwar vom Volk gewählt, die Berufung der Kandidaten des Wahlvorgangs nahm jedoch ein von Napoleon ernannter *Senat* unter den 500 Höchstbesteuerten jedes *Departements* vor. Gegner der Regierungspolitik hatten dadurch kaum eine Gelegenheit, ins Parlament zu gelangen.
Auch auf die dritte Gewalt, die *Judikative,* übte Napoleon Einfluss aus, indem er alle Richter selbst einsetzte. Ablösen konnte er sie danach allerdings nicht mehr.
Diese Regelungen bildeten den verfassungsrechtlichen Grundstein der ersten *Diktatur* in der Neuzeit, die sich des Mantels der Demokratie bediente.

Die innere Befriedung Frankreichs

Napoleons Umgestaltung der Verwaltung vollendete, was der *Absolutismus* seit *Ludwig XIV.* vorbereitet hatte und was bis heute die französische Binnenstruktur kennzeichnet. Von der Zentrale Paris aus wurde das ganze Land durch staatlich besoldete, von Napoleon ernannte (also nicht mehr gewählte) Berufsbeamte verwaltet. Eine lückenlose Befehlskette führte von der Regierung über die Präfekten der ursprünglich 83 Departements und die Unterpräfekten der *Arrondissements*[1] zu den Bürgermeistern der Gemeinden. Mit dieser straff organisierten Bürokratie verfügte Napoleon über ein Instrument zur raschen Durchsetzung seiner Pläne – und schuf damit eine Art Polizeistaat.

Pragmatisch bemühte sich der Erste Konsul um eine Einigung der Nation und einen Ausgleich zwischen den von der Revolution aufgerissenen Fronten. Der zuvor bekämpfte katholische Glauben wurde in einem *Konkordat*[2] mit Papst *Pius VII.*[3] wieder als Religion der großen Mehrheit der Franzosen anerkannt. Die Regierung behielt sich aber weiterhin die Einsetzung der Bischöfe vor und sicherte sich durch Treueeid und Übernahme der Besoldung die Loyalität der Priester. Die Gefahr einer Gegenrevolution aus kirchlichen Kreisen war damit gebannt.

Diskriminierende Gesetze gegen den Adel wurden aufgehoben sowie die Rückkehr von Emigranten gestattet. Gleichzeitig entstand eine neue Führungsschicht: Zwischen 1808 und 1814 ließ Napoleon 3.263 Personen adeln. Militär und zivile Funktionsträger des kaiserlichen Regimes profitierten am meisten davon, Kaufleute, Bankiers, Künstler und Wissenschaftler berücksichtigte er kaum. Abgesehen davon sollten über die Zugehörigkeit zu einem bestimmten Stand nicht mehr Geburt und ständische Privilegien entscheiden, sondern Leistung und Funktion. Ein zentral reglementiertes, in erster Linie auf Effizienz bedachtes Bildungswesen schuf die Grundlagen für eine anschließende Karriere in Staat und Gesellschaft. Voraussetzung dafür war jedoch, dass man die Mittel für eine teuere Ausbildung aufbringen konnte.

Von zentraler Bedeutung war die Schaffung eines neuen bürgerlichen Gesetzbuches, des *Code civil*[4], der bald Vorbild für die Rechtsentwicklung in Europa wurde. Die 1804 veröffentlichte Gesetzessammlung bildete die rechtliche Grundlage der bürgerlichen Gesellschaftsordnung und sicherte die Errungenschaften der Revolution: Freiheit der Person und des Gewissens, Gleichheit vor dem Gesetz, Freiheit der wirtschaftlichen Betätigung, Garantie des Privateigentums und Emanzipation der Juden. Dagegen nahm es im Ehe- und Familienrecht Reformen zurück. Das Scheidungsrecht wurde rückgängig gemacht und die Frau wieder ganz unter die Vormundschaft der Männer gestellt.

Die eingeleiteten Reformen entsprachen der Grundhaltung des Bürgertums. Zusammen mit einer wachsenden Wirtschaft verhalfen sie Napoleon zu ungeheurer Popularität. Die Aufrechterhaltung der persönlichen Freiheit konnte allerdings nicht darüber hinwegtäuschen, dass eine Errungenschaft der Revolution wieder verloren gegangen war: Die politischen Freiheitsrechte setzte Napoleon außer Kraft. Ein wertloses Wahlrecht,

---

[1] *Arrondissements: den Departements untergeordnete Verwaltungseinheiten*

[2] *Konkordat: völkerrechtlicher Vertrag zwischen Staat und katholischer Kirche zur Regelung kirchlich-staatlicher Angelegenheiten*

[3] *Pius VII. (1740–1823), Papst seit 1800, war bei der Kaiserkrönung Napoleons anwesend, Napoleon setzte sich jedoch die Krone selbst aufs Haupt. Pius wurde von 1809 bis 1814 von Napoleon gefangengehalten. Auf dem Wiener Kongress 1815 erreichte er die Neubegründung des Kirchenstaates.*

[4] *Code: Codex, Gesetzessammlung*

strenge Pressezensur, eingeschränkte Versammlungsfreiheit, Bespitzelung und politische Morde zeigten das andere Antlitz seiner Herrschaft. Ende 1804 ließ Napoleon sich in einem *Plebiszit* von der überwältigenden Mehrheit der Bevölkerung als „Kaiser der Franzosen" bestätigen.

Grundbegriff: Code civil ···> Der *Code civil* regelte in knapp 2.300 Artikeln das gesamte Zivilrecht, sicherte die Freiheit der Person und des Eigentums und hat in Frankreich in seinen Grundzügen bis heute Gültigkeit behalten. Mit dem Gesetzeswerk schuf *Napoleon** ein Rechtssystem, das sowohl überregional handhabbar war als auch in besonderem Maße die gesellschaftliche Situation des beginnenden 19. Jahrhunderts widerspiegelte. Aus diesen Gründen erwies sich der Code civil anderen Gesetzesbüchern seiner Zeit überlegen und fand im Gefolge der französischen Truppen Eingang in das europäische Rechtssystem. Neu war für viele Staaten auch die Übernahme der Gerichtsverfassung, die Verwaltung und Justiz weitgehend trennte und die Gerichte zur unabhängigen dritten Gewalt machte. Der Einfluss des Code civil reicht bis in unsere Tage. Das 1900 in Kraft gesetzte *Bürgerliche Gesetzbuch* (*BGB*) hatte seine Vorbilder neben dem Römischen Recht im preußischen und sächsischen Rechtskreis sowie im Badischen Landrecht von 1809, einer Bearbeitung des Code civil. Ähnliche Entwicklungen lassen sich auch in Belgien, Luxemburg, Holland, Spanien, Portugal, Italien und Rumänen feststellen.

Rückgriff auf alte Vorbilder: der Napoleon-Mythos

Als Napoleon sich am 2. Dezember 1804 in der Kirche Notre Dame in Paris die Kaiserkrone selbst aufs Haupt setzte und sich zum „Kaiser der Franzosen" ernennen ließ, knüpfte er damit bewusst an antike und mittelalterliche Traditionen an. Nicht das französische Königtum wollte er neu errichten, sondern der mächtigste Herrscher Europas stellte sich in eine direkte Verbindungslinie zu den Kaisern Roms und deren Nachfolgern im Mittelalter.

Als Emporkömmling empfand er seiner Herkunft gegenüber den etablierten Fürstenhäusern als Makel. Die Kaiserkrone und – nach Möglichkeit – die Gründung einer eigenen Dynastie sollten die fehlende monarchische Legitimität vergessen machen. Diesem Zweck diente auch Napoleons zweite Ehe mit der Habsburgerin *Marie Louise*, der Tochter des österreichischen Kaisers (1810). Die Hochzeit sollte seinen Aufstieg in den Kreis der traditionellen Monarchien besiegeln.

Die Rückbesinnung auf antike und mittelalterliche Herrschaftssymbole entsprach vor allem dem Legitimationsbedürfnis Napoleons. Er selbst förderte den Kult um seine Person (▶ M5). Schon während der Italienfeldzüge hatte er seine Fähigkeiten durch Ansprachen an die Truppe oder schmeichelnde Zeitungsartikel propagiert. Die in Auftrag gegebenen Gemälde von *David**, seine Porträts auf Münzen sowie die glanzvollen Feste bei Hof und seine Bauprojekte beeinflussten die öffentliche Meinung über ihn. Außerdem sorgte eine strenge Zensur dafür, dass sein Ansehen nicht beschädigt werden konnte.

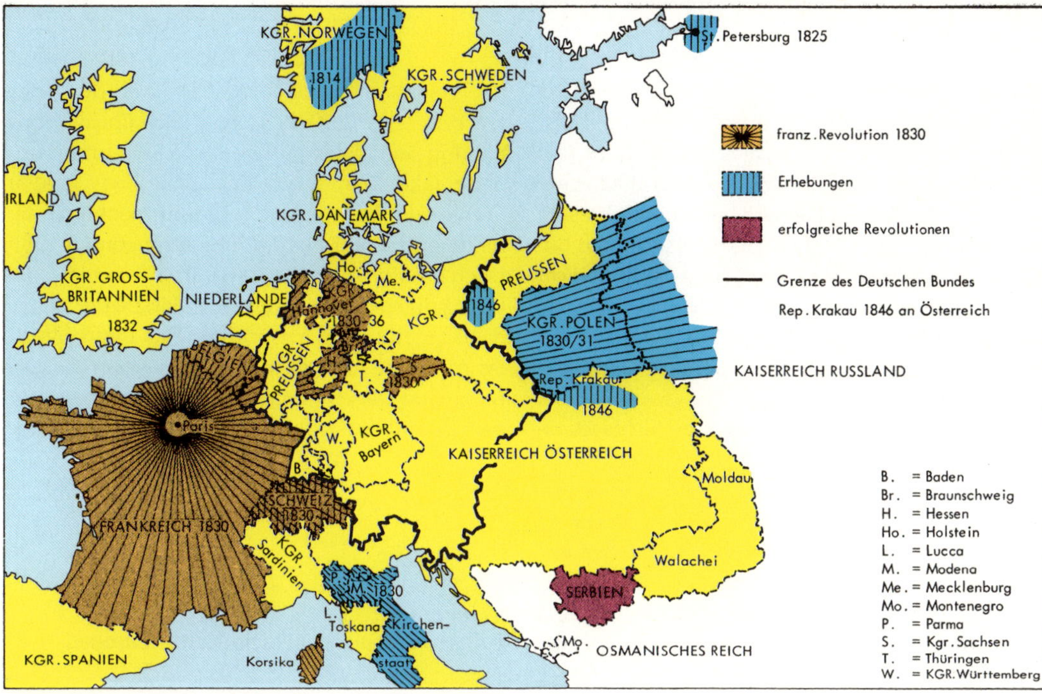

▲ **Konstitutionelle Revolution und nationale Erhebungen in Europa 1815–1847.**
Nach: Louis Bergeron, François Furet und Reinhart Koselleck (Hrsg.), Das Zeitalter der europäischen Revolution 1780–1848, Frankfurt am Main [26]2005, S. 264

Nach der Revolution ist vor der Revolution

Die Bewertung der Französischen Revolution ist bei Zeitgenossen und Historikern so umstritten wie nur wenige andere historische Ereignisse. Unstrittig ist aber ihr politischer Einfluss.[1)] Nach der Revolution genügten Gottesgnadentum und Erbfolge nicht mehr, um Herrschaft zu rechtfertigen. Verfassungen wurden gefordert und Rechte eingeklagt. Politik war nicht mehr die ausschließliche Sache der Herrscher. Stärker als zuvor mussten sie sich um öffentliche Anerkennung bemühen. Insofern war die Epoche der Französischen Revolution weder 1799 noch 1815, als Napoleon I. nach St. Helena verbannt und wieder ein König aus dem Hause der Bourbonen Monarch wurde, zu Ende. Auch die folgende Restaurationszeit, in der man nur teilweise zu den vorrevolutionären Verhältnissen zurückkehrte, beendete sie nicht. Das belegen die folgenden Revolutionen von 1830, 1848 und 1871. Darüber hinaus sind einige französische Historiker der Meinung, dass sich die von der Revolution 1789 angestoßenen und vorbereiteten wirtschaftlichen und politischen Veränderungen erst nach 1871 in Frankreich durchsetzten. Auch damit war und ist ihre Wirkungsgeschichte noch nicht abgeschlossen. Sie blieb und bleibt Maßstab für alle bisherigen und zukünftigen Revolutionen in Europa und auf der Welt.

[1)] *Siehe dazu die Urteile über die Revolution in dem Methoden-Baustein „Umgang mit Sekundärliteratur" auf Seite 138 f.*

Methoden-Baustein: Umgang mit Sekundärliteratur

Voraussetzungen

Die Literatur über die Französische Revolution ist unüberschaubar. Ein Verzeichnis der Aufsätze und Bücher zu dem Thema von 1985 enthält über 42.000 Titel. Eine Bibliografie zum 200. Jahrestag der Revolution nennt allein 1.650 Aufsätze und Bücher, die zwischen 1987 und 2002 veröffentlicht wurden. Die Orientierung fällt schwer.

Für den selbstständigen Umgang mit der wissenschaftlichen Literatur, die auch als Sekundärliteratur bezeichnet wird, ist zunächst folgende Einsicht wichtig: Es gibt keine objektive Geschichtsschreibung. Sie ist immer das Ergebnis einer individuellen Arbeit und damit abhängig von der jeweiligen Person, die die Forschung betreibt, von der Zeit, in der geforscht wird, von den Fragen, die der Forscher an die Vergangenheit stellt, von den ausgewerteten Quellen und von der benutzten Literatur. Diese Voraussetzungen sind beim Umgang mit der Fachliteratur zu berücksichtigen.

Arbeitstipps

- ✔ Kopieren Sie den zu bearbeitenden Text, schlagen Sie Fremdwörter nach.
- ✔ Markieren Sie Behauptungen (Thesen) und Begründungen (Argumente).
- ✔ Gliedern Sie den Text durch Schlagworte am Rand oder teilen Sie ihn in Sinnabschnitte ein.

Leitfragen für die Analyse

- ✔ Was stellt der Autor/die Autorin dar, was will er/sie erklären?
- ✔ Werden zentrale Behauptungen oder Thesen aufgestellt und mit Argumenten begründet?
- ✔ Wie wird das Dargestellte bewertet?

M1

Was war originell an der Revolution?

Der französische Historiker François Furet antwortet in einem Beitrag von 1978 auf diese Frage:

Was die Originalität des damaligen Frankreich ausmacht, ist nicht, dass es von einer absoluten Monarchie zu einem repräsentativen Regime übergegangen ist, oder von der Welt des Adels zur bürgerlichen Gesellschaft: Das übrige Europa ging den gleichen Weg ohne Revolution und ohne Jakobiner, wenn auch die Ereignisse in Frankreich hier und da die Entwicklung beschleunigen und Nachahmer erzeugen konnten. Doch die Französische Revolution ist eben keine Übergangsphase, sondern ein Ursprung, sowie das Trugbild eines Ursprungs. Das Einmalige an ihr macht sie historisch interessant, und übrigens ist gerade dieses „Einmalige" allgemein geworden: Es ist die erste Erfahrung mit der Demokratie.

François Furet, 1789 – Vom Ereignis zum Gegenstand der Geschichtswissenschaft, Frankfurt am Main 1980, S. 96

M2

Einfluss auf die politische Kultur Europas

Der Bibliothekar und Historiker Rolf E. Reichardt schreibt 1998 über die Wirkung der Französischen Revolution:

Überall wirkte die Revolution bei unzufriedenen Gruppen als Anstoß, überfällige Reformen und Veränderungen im jeweils eigenen Land energischer zu betreiben. Überall löste sie eine Welle politischer Publizistik von neuer Radikalität und sozialer Reichweite aus, welche die revolutionären Grundvorstellungen und Schlagworte verbreitete. Überall verband sich damit sowohl eine neuartige Klubkultur als auch eine internationale Freiheits- und Gleichheitssymbolik – beides nach französischem Vorbild. Überall wurden [...] neue soziale Gruppen und Schichten an die Politik herangeführt beziehungsweise zusätzlich politisiert, überall erkämpften sich diese Gruppen unter Rekurs auf die Revolution Zugang zum Politischen: die Intellektuellen auf der Apenninhalbinsel, das mittlere Bürgertum im Alten Reich, die kleinen Leute auf den Britischen Inseln. Überall bildeten sich in Auseinandersetzung mit der Revolution deutlicher als zuvor gegensätzliche politische Lager heraus. So hat die Französische Revolution, wie unterschiedlich sie auch vordergründig auf einzelne Länder einwirkte, letztlich wichtige Impulse zur Herausbildung einer gemeinsamen, tendenziell demokratischen politischen Kultur Europas gegeben.

Rolf E. Reichardt, Das Blut der Freiheit. Französische Revolution und demokratische Kultur, Frankfurt am Main [3]2002, S. 331

M3

„Aufbruch in die moderne Demokratie"

Der Jakobinerforscher Axel Kuhn kommt 1999 zu folgender Einschätzung:

Worin liegt die Bedeutung der Französischen Revolution von 1789? Aus ihr entwickelten sich trotz aller menschlichen Unzulänglichkeiten und politischen Rückschläge die Grundlagen der bürgerlichen Gesellschaft. Sie war der furiose Aufbruch in die moderne Demokratie, für die es, trotz aller Kritik an ihr, keine echte Alternative, sondern nur deren Weiterentwicklung gibt.
Die Bedeutung der Französischen Revolution besteht aber auch darin, dass in ihr ein Teil des Bürgertums bereit war, als Regierungspartei bis an die Schwelle einer antikapitalistischen Revolution zu gehen. In den meisten Revolutionen des 19. Jahrhunderts zogen sich die Revolutionäre der ersten Stunde (aus dem Studium der Ereignisse von 1789 bis 1799 angeblich klug geworden) bereits in der Anfangsphase zurück, suchten einen Kompromiss mit König und Adel, sodass es zu einer radikalen Herrschaftsphase nicht mehr kam.
In der gemäßigten ersten und in der radikalen zweiten Phase der großen Französischen Revolution entwickelten sich deshalb verschiedene Demokratiemodelle – Modelle, die auch heute noch miteinander konkurrieren. In diesem Sinne ist die Französische Revolution noch nicht beendet.

Axel Kuhn, Die Französische Revolution, Stuttgart: 1999, S. 14 f.

M4

Sie schuf keine stabilen Strukturen

In einem 2000 veröffentlichten Beitrag über die Französische Revolution schreibt der 1955 geborene Historiker Michael Wagner:

Die Französische Revolution, so lässt sich zusammenfassend festhalten, zerstörte in Frankreich das Rechtssystem der ständisch-korporativen Privilegiengesellschaft und setzte an ihre Stelle eine Gesellschaft juristisch formal gleichberechtigter Individuen. An den tatsächlichen gesellschaftlichen Strukturen des Landes änderte sie jedoch nur wenig. Die Errichtung einer stabilen konstitutionellen Ordnung [...] misslang. Die durch die Revolution ausgelöste politische Dynamik, die Legitimierung politischer Macht durch die formalisierte Zustimmung der Bevölkerung und die politischen Mitbestimmungsforderungen der Bürger ließen sich auf die Dauer jedoch nicht mehr rückgängig machen.
Die Entwicklung Frankreichs zu einem demokratischen Staatswesen wurde allerdings nachhaltig behindert durch das negative Erbe der Revolution: Der Mangel an Kompromissbereitschaft und die extremistische Rhetorik vieler Revolutionäre, das terroristische Herrschaftssystem der Jahre 1792–1794 mit seinen zahlreichen Opfern in allen Schichten der Bevölkerung, der immer mehr eskalierende Konflikt der Revolutionäre mit der katholischen Kirche sowie die vielen durch den Verlauf der Revolution enttäuschten Erwartungen und Hoffnungen sorgten dafür, dass die Ereignisse seit 1789 für viele Franzosen kein inspirierendes Vorbild, sondern ein abstoßendes Schreckbild waren.

Michael Wagner, Die Französische Revolution, in: Peter Wende (Hrsg.), Große Revolutionen der Geschichte. Von der Frühzeit bis zur Gegenwart, München 2000, S. 136 f.

1. *Analysieren Sie die Texte M1 bis M4. Berücksichtigen Sie dabei die Leitfragen auf Seite 138.*
2. *Vergleichen Sie die Bewertungen und nehmen Sie dazu Stellung.*

1690	Der englische Philosoph John Locke veröffentlicht mit seinen „Two Treatises of Government" eine theoretische Rechtfertigung der „Glorious Revolution" (1688/89). Seine Schrift beeinflusst die staatstheoretischen Überlegungen der Folgezeit.
1748	Charles-Louis Baron de Secondat de Montesquieu, Jurist und Schriftsteller, entwickelt in „De l'esprit des loix" Lockes Lehre von der Gewaltenteilung weiter.
1751	Der erste Band der „Encyclopédie" erscheint. Sie wird das wichtigste Sammelwerk der Aufklärung.
1762	Der Schriftsteller Jean-Jacques Rousseau kritisiert in seinem „Du contrat social ou principes du droit politique" die bestehende politische und soziale Ordnung.
1763	
10. Februar	Im Frieden von Paris muss Frankreich auf den größten Teil seines Kolonialbesitzes verzichten, lediglich einige Inseln und Handelsplätze bleiben erhalten.
1774	
10. Mai	Regierungsantritt Ludwigs XVI.
1775–1783	Dreizehn britische Kolonien kämpfen mit Unterstützung Frankreichs um ihre Unabhängigkeit in Nordamerika.
1787/88	Steuer- und Finanzreformen scheitern am Einspruch der privilegierten Stände.
1788	
8. August	Die Regierung verspricht, die Generalstände für den 1. Mai 1789 einzuberufen; die Zensur wird faktisch aufgehoben und es erscheinen zahllose Reformschriften.
1789	
Januar	Emmanuel Joseph Sieyès Schrift „Qu'est-ce que le tiers état?" erscheint.
Februar – Mai	Im ganzen Land werden Beschwerdehefte (*cahiers de doléances*) verfasst; in verschiedenen Provinzen finden Hungerrevolten statt.
30. April	Der „Bretonische Klub" wird in Versailles gegründet, er nimmt auch Abgeordnete aus anderen Provinzen auf und ist die Keimzelle des Jakobinerklubs.
5. Mai	Ludwig XVI. eröffnet die Generalstände (*États généraux*) in Versailles.
17. Juni	Der Dritte Stand erklärt sich zur Nationalversammlung (*Assemblée nationale*), der sich die anderen Stände anschließen können.
20. Juni	Die Abgeordneten versammeln sich im „Ballhaus" und schwören, sich nicht wieder zu trennen, bevor das Land eine Verfassung hat.
9. Juli	Die Nationalversammlung erklärt sich zur Verfassunggebenden Nationalversammlung (*Assemblée nationale constituante*).
11. Juli	Entlassung des Finanzministers Necker; in Paris werden Truppen zusammengezogen.
12./13. Juli	Straßenkämpfe in Paris; eine Bürgermiliz wird eingerichtet und der Rückzug der Truppen verlangt. Der König weigert sich, die Forderungen zu erfüllen.
14. Juli	Die Bastille wird gestürmt; sie versinnbildlichte den Despotismus des *Ancien régime*.
17. Juli	Die Emigration adliger Familien beginnt.
Juli/August	Die „Große Furcht" (*Grande Peur*) führt zu Bauernaufständen in den meisten Provinzen.

4. August	Die Nationalversammlung schafft die Frondienste, die adligen Steuervorrechte, die feudalen Jagdrechte und Gerichtsrechte, den Kirchenzehnt und andere Privilegien ab.
26. August	Die Erklärung der Menschen- und Bürgerrechte wird angenommen.
5./6. Oktober	Marsch der Pariser Frauen nach Versailles; der königliche Hof und die Nationalversammlung werden nach Paris geholt.
6. Oktober	Der „Bretonische Klub" tagt erstmals im Pariser Jakobinerkloster.
2. November	Die Nationalversammlung macht aus den Kirchengütern Nationaleigentum.
19. Dezember	Das Gesetz über die Ausgabe von Papiergeldscheinen (*Assignaten*) zur Deckung der Staatsschulden wird erlassen.
22. Dezember	Frankreich wird in 83 Departements eingeteilt.

1790

13. Februar	Die Klöster werden aufgehoben.
19. Juni	Der Adel als Stand wird abgeschafft.
12. Juli	Die Zivilverfassung des Klerus wird verabschiedet.
14. Juli	Am Jahrestag des Sturms auf die Bastille findet auf dem Pariser Marsfeld ein „Fest der Föderation" statt.
31. Oktober	Die Binnenzölle werden aufgehoben.
23. November	Eine allgemeine Grundsteuer wird eingeführt.

1791

2. März	Die Zünfte werden aufgehoben.
14. Juni	Arbeiter und Handwerker dürfen sich weder zusammenschließen noch streiken (*Gesetz Le Chapelier*).
20./21. Juni	Die königliche Familie versucht zu fliehen; sie wird festgenommen und zurück nach Paris gebracht.
16. Juli	Die Anhänger einer konstitutionellen Monarchie treten aus dem Jakobinerklub aus und bilden den Feuillantiner-Klub; die verbleibenden Radikalen sprechen sich – ebenso wie der Cordelier-Klub – für die Republik aus.
17. Juli	Blutbad auf dem Marsfeld: Mitglieder des Cordelier-Klubs rufen die Bewohner von Paris auf, eine republikanische Petition zu unterschreiben; die Kundgebung wird für gesetzwidrig erklärt und von der Nationalgarde niedergeschlagen.
27. August	Deklaration von Pillniz: Der Kaiser des Heiligen Römischen Reiches Deutscher Nation und der König von Preußen erklären sich bereit, dem französischen König zu helfen.
3. September	Die Konstituante verabschiedet die Verfassung, Ludwig XVI. legt am 14. September einen Eid auf sie ab.
28. September	Die Gleichstellung der Juden wird verkündet.
September	Olympe de Gouges veröffentlicht ihre „Erklärung der Rechte der Frau und Bürgerin".
1. Oktober	Die erste Sitzung der Gesetzgebenden Versammlung (*Assemblée nationale législative*) findet statt.
20. Oktober	Die Kriegspropaganda der Girondisten gegen das monarchische Ausland setzt ein.

1792

Januar – März	Markt- und Getreideunruhen in Paris und auf dem Lande.
20. April	Frankreich erklärt Österreich den Krieg; der Erste Koalitionskrieg beginnt.
11. Juli	Die Legislative ruft den nationalen Notstand („Vaterland in Gefahr") aus.
Juli	Jakobiner und Cordeliers beginnen mit der Kampagne gegen die Monarchie.

25. Juli	Der Oberbefehlshaber der preußisch-österreichischen Truppen, Herzog Karl Wilhelm Ferdinand von Braunschweig, droht den Parisern.
10. August	Sturm auf die Tuilerien; die Monarchie wird suspendiert.
11. August	Das Zensuswahlrecht wird aufgehoben.
13. August	Die königliche Familie wird im Temple interniert.
2.–6. Sept.	Volksmassen dringen in die Pariser Gefängnisse ein und töten vermeintliche und tatsächliche Gegner der Revolution („Septembrisaden“).
20. September	Französischer Sieg in Valmy; Preußen zieht sich zurück. Ein Scheidungsgesetz wird eingeführt.
21. September	Der Konvent tritt zusammen, schafft die Monarchie ab und verkündet die „einheitliche und unteilbare Republik“.
22. September	Beginn des Jahres I der Französischen Republik.
17. Oktober	Der Sicherheitsausschuss (*Comité de sûreté générale*) beginnt im Auftrag des Nationalkonvents seine Arbeit; er übt die Polizeigewalt aus und wacht über die innere Sicherheit.
21. Oktober	Französische Truppen marschieren in Mainz ein; zwei Tage später wird der Mainzer Jakobinerklub gegründet.
6. November	Belgien wird besetzt.
11. Dezember	Der Prozess gegen Ludwig XVI. beginnt.

1793

21. Januar	Ludwig XVI. („Bürger Capet“) wird hingerichtet; am 16. Oktober seine Frau Marie Antoinette.
25.–27. Febr.	Teuerungsunruhen in Paris.
9./10. März	Aufruhr in Paris; das Revolutionstribunal wird eingerichtet und die erste Phase der „Schreckensherrschaft“ („*La Terreur*“) beginnt.
11. März	In der Vendée beginnt ein gegenrevolutionärer Aufstand.
17. März	Der Rheinisch-Deutsche Nationalkonvent in Mainz wird eröffnet.
6. April	Auf Antrag Dantons richtet der Nationalkonvent den Wohlfahrtsausschuss (*Comité de salut public*) ein; gemeinsam mit dem am 17. Oktober 1792 gebildeten Sicherheitsausschuss regiert er Frankreich.
4. Mai	Höchstpreise für Mehl und Getreide werden festgesetzt (*„kleines“ Maximum*).
12. Mai	In Paris wird die „Gesellschaft der Revolutionären Republikanerinnen“ gegründet.
29. Mai	In Lyon beginnt ein gegenrevolutionärer Aufstand.
31. Mai	Aufstand der Pariser Sansculotten.
2. Juni	Die Girondisten werden gestürzt und festgenommen; die „Jakobinerdiktatur“ entsteht.
6. Juni	Antijakobinische Aufstände in Marseille, Nîmes, danach in Bordeaux und anderen Städten.
13. Juli	Charlotte Corday ermordet Jean Paul Marat.
17. Juli	Die restlichen Feudalrechte werden entschädigungslos aufgehoben.
10. August	Das Ergebnis der Volksabstimmung über die republikanische Verfassung wird verkündet; wegen der innen- und außenpolitischen Lage tritt sie nicht in Kraft.
23. August	Die Allgemeine Wehrpflicht (*Levée en masse*) wird eingeführt.
5. September	Aufstandsversuch der Sansculotten gegen den Nationalkonvent (*Convention nationale*); revolutionssichernde Maßnahmen werden eingeführt.
17. September	Das Gesetz über die „Verdächtigen“ eröffnet die zweite Phase der „Schreckensherrschaft“.
29. September	Für die wichtigen Lebensmittel und Konsumgüter werden Höchstpreise festgesetzt, dazu Maximallöhne bestimmt (*„großes“ Maximum*).
5. Oktober	Der Republikanische Revolutionskalender wird rückwirkend ab dem 22. September 1792 eingeführt; er ist bis zum 31. Dezember 1805 gültig.

9. Oktober	Der Aufstand in Lyon wird durch die Truppen des Konvents niedergeschlagen.
10. Oktober	Der Wohlfahrtsausschuss erhält diktatorische Vollmachten.
30. Oktober	Frauenklubs werden verboten.
23. Dezember	Sieg über die aufständischen Truppen in der Vendée; Massenhinrichtungen folgen.

1794

4. Februar	In den französischen Kolonien wird die Sklaverei abgeschafft.
8. Juni	Das „Fest des Höchsten Wesens" findet statt.
10. Juni	„*La Grande Terreur*": Die „Terrorgesetze" werden verschärft.
Juni/Juli	Militärische Wende zugunsten der Revolutionstruppen.
27. Juli	Robespierre und seine Anhänger werden gestürzt (*9. Thermidor des Jahres II*); die „Schreckensherrschaft" endet.
August	Die Regierung wird neu organisiert.
11. November	Der Pariser Jakobinerklub wird geschlossen.
24. Dezember	Die Maximum-Gesetze werden abgeschafft.

1795

1. April	Erfolgloser Aufstand der hungernden Sansculotten gegen den Nationalkonvent.
5. April	Baseler Frieden: Preußen scheidet aus der antifranzösischen Koalition aus.
20.–23. Mai	Sansculotten-Aufstände für „Brot und die Verfassung von 1793" werden niedergeschlagen.
22. August	Die „Direktorialverfassung" wird verkündet; Freiheit und Gleichheit werden eingeschränkt.
5. Oktober	Unter Führung von General Napoleon Bonaparte wird in Paris ein royalistischer Aufstand militärisch niedergeschlagen.

1796

30. März	Napoleon Bonaparte beginnt seinen Feldzug in Italien.
10. Mai	Babeuf und seine Anhänger (*die „Gleichen"*) werden verhaftet.

1797

4. September	Staatsstreich mit militärischer Unterstützung Napoleon Bonapartes gegen die royalistisch-großbürgerliche Gefahr sowie gegen die Agitation für die Verfassung von 1793.

1799

9./10. Nov.	Nach einem Staatsstreich erklärt Napoleon Bonaparte die Revolution für beendet.
13. Dezember	Konsulatsverfassung; Napoleon Bonaparte wird Erster Konsul.

1801

9. Februar	Der Frieden von Lunéville (Lothringen) beendet die französischen Revolutionskriege; Frankreich erhält das linke Rheinufer und die Vorherrschaft in Italien.

1804

24. März	Der „*Code civil*" (auch „*Code Napoléon*") wird veröffentlicht.
2. Dezember	Napoleon Bonaparte krönt sich selbst zum erblichen Kaiser Napoleon I.

Babeuf, François Noël, genannt „Gracchus" (1760–1797; hingerichtet): Feldvermesser; während der Revolution Herausgeber des „Tribun du Peuple". Babeuf trat nach 1795 unter anderem für die gleichmäßige Verteilung von Grund und Boden ein. Er gilt als einer der ersten kommunistischen Denker.

Bailly, Jean Sylvain (1736–1793; hingerichtet): Astronom; als Abgeordneter des Dritten Standes sprach er den Ballhausschwur. Bailly war vom 15. Juli 1789 bis 14. November 1791 Bürgermeister von Paris und Anhänger der konstitutionellen Monarchie. Obwohl nicht mehr politisch aktiv, verurteilte ein Revolutionsgericht ihn 1793 zum Tode.

Bonaparte: ➧ *Napoleon I.*

Brissot (de Warville), Jacques Pierre (1754–1793; hingerichtet): Publizist; er beteiligte sich 1789 an der Revolution der Pariser Stadtverwaltung; als Wortführer der Gironde setzte er sich in der Legislative für einen revolutionären Krieg ein und forderte den Sturz der Tyrannen im Ausland. Sein politischer Hauptgegner wurde ➧ *Robespierre*. Nach dem Sturz der Girondisten 1793 verurteilte das Revolutionsgericht ihn zum Tode.

Condorcet, Marie Jean Antoine Nicolas de Caritat, Fürst von (1743–1794; Selbstmord): Mathematiker und Philosoph; er setzte sich im „Cercle Social" für das Frauenwahlrecht ein, bekannte sich als Abgeordneter der Legislative zur Republik und galt als der theoretische Kopf der Girondisten. Er wurde zum Feind der Revolution erklärt und nahm sich im Gefängnis das Leben.

Corday, Marie Anne Charlotte de (1768–1793; hingerichtet): Tochter aus einer verarmten adligen Familie und Anhängerin der Republik; sie erstach am 13. Juli 1793 ➧ *Jean Paul Marat*, um mit der Tat die Schreckensherrschaft zu beenden. Vier Tage später wurde sie zum Tode verurteilt.

Danton, Georges Jacques (1759–1794; hingerichtet): Rechtsanwalt; er war Mitbegründer des Cordeliers-Klubs und Abgeordneter des Nationalkonvents. Danton setzte sich wortgewaltig für den Krieg, den Sturz der Monarchie und die Einführung eines Revolutionsgerichtes ein; er war führendes Mitglied des Wohlfahrtsausschusses. Als er den Terror beenden wollte, wurde er selbst hingerichtet.

David, Jacques-Louis (1748–1825): Maler; er schloss sich 1789 einer revolutionären Gruppe patriotischer Künstler und den Jakobinern an. David malte die berühmtesten Gemälde der Revolutionszeit und organisierte die großen Revolutionsfeiern. Mit seiner Kunst unterstützte er zunächst ➧ *Robespierre*, später ➧ *Napoleon*.

Gouges, Marie Olympe de (1755–1793; hingerichtet): Schriftstellerin und Frauenrechtlerin; sie verfasste Theaterstücke und Romane und engagierte sich nach 1789 in den Klubs; 1791 verfasste sie die „Erklärung der Rechte der Frau und Bürgerin", mit der sie auf die Defizite der Menschenrechtserklärung von 1789 aufmerksam machte. Als sie sich gegen die Hinrichtung ➧ *Ludwigs XVI.* aussprach und ➧ *Robespierre* kritisierte, wurde sie vom Revolutionsgericht zum Tode verurteilt.

Hébert, Jacques René (1757–1794; hingerichtet): Journalist; er engagierte sich bei den „Cordeliers", war Mitglied der revolutionären Pariser Kommune und ein entschiedener Gegner der Gironde. Hébert forderte die Revolutionsregierung 1793 auf, den Terror zu verschärfen, um die sozialen und politischen Forderungen der Sansculotten durchsetzen zu können. Er wurde auf Betreiben ➧ *Robespierres* verhaftet und zum Tode verurteilt.

Lafayette (auch La Fayette), Marie Joseph Paul Yves Roch Gilbert du Motier, Fürst von (1757–1834): Offizier; er nahm am amerikanischen Unabhängigkeitskrieg teil und unterstützte, obwohl adliger Herkunft, den Dritten Stand. Lafayette beteiligte sich 1789 an der Abfassung der Menschen- und Bürgerrechtserklärung. Am Tag nach dem Sturm auf die Bastille wurde er zum Kommandanten der Pariser Nationalgarde gewählt. Er war Mitbegründer des Klubs der Feuillants und setzte sich für eine konstitutionelle Monarchie ein; 1792 ging er ins Exil.

Le Chapelier, Isaac René Guy (1754–1794; hingerichtet): Jurist; Vertreter des Dritten Standes in den Generalständen, 1789 zählte er zu den Gründern des Bretonischen Klubs. Nach der Spaltung des Jakobinerklubs gründete er 1791 den Klub der Feuillants mit. Von ihm stammte das Gesetz, das den Handwerkern und Arbeitern das Streik- und Koalitionsrecht untersagte.

Ludwig XVI. (1754–1793; hingerichtet): König von Frankreich aus dem Hause der Capetinger; er regierte von 1774 bis 1792 und war mit der österreichischen Kaisertochter *Marie Antoinette* (1755–1793; hingerichtet) verheiratet.

Marat, Jean Paul (1744–1793; ermordet): Arzt und Journalist; in seiner Zeitung „L'Ami de Peuple" vertrat er die Interessen der städtischen Volksbewegung, als Mitglied des Nationalkonvents kämpfte er gegen die Girondisten. Nach seiner Ermordung durch ➧ *Charlotte Corday* wurde er von der städtischen Volksbewegung als Märtyrer verehrt.

Méricourt ➧ *Théroigne de Méricourt*

Mirabeau, Honoré Gabriel de Riquetti, Graf von (1749–1791): Schriftsteller; Abgeordneter des Dritten Standes in den Generalständen. Sein Mut trug zum Ballhausschwur und zur Entstehung der Nationalversammlung bei; ab 1790 stellte er sich heimlich in den Dienst Ludwigs XVI.

Napoleon I. (1769–1821): Als Offizier aus korsischem Kleinadel kämpfte Napoleon Bonaparte in der Revolution als Anhänger ➧ *Robespierres* gegen die Royalisten, als General schuf er sich nach 1795 im Italien- und im Ägyptenfeldzug seine militärische Machtbasis. 1799 kam er durch einen Staatsstreich an die Regierung, fünf Jahre später krönte er sich selbst zum Kaiser der Franzosen. Sein Versuch, durch zahllose Kriege Frankreichs Vorherrschaft über den ganzen europäischen Kontinent zu errichten, scheiterte 1815 endgültig. Er wurde auf die Insel St. Helena verbannt.

Necker, Jacques (1732–1804): Bankier aus Genf; als Finanzminister setzte er Ende 1788 die Verdoppelung der Anzahl der Abgeordneten des Dritten Standes auf den Generalständen durch. Die Nachricht von seiner Kündigung trug zum Sturm auf die Bastille am 14. Juli 1789 bei. Kurz darauf wurde er nochmals zum Minister berufen. Als es ihm nicht gelang, die Finanznot zu lindern, trat er ein Jahr später zurück.

Robespierre, Maximilien Marie Isidore de (1758–1794; hingerichtet): Rechtsanwalt; als Mitglied des Jakobinerklubs und Abgeordneter in der Konstituante sprach er sich gegen das Zensuswahlrecht und den Kriegseintritt und für die Hinrichtung ➧ *Ludwig XVI.* aus. Gemeinsam mit ➧ *Danton* und ➧ *Marat* war er Gegner der Gironde. Robespierre war seit Juli 1793 im Wohlfahrtsausschuss tätig, er ließ jede Opposition unterdrücken und verschärfte so die Terrorherrschaft. Ende Juli 1794 stürzte die Konventsmehrheit ihn.

Roux, Jacques (1752–1794; Selbstmord): Priester; er unterstützte die radikale Volksbewegung, die zum Sturz der Monarchie beitrug. Roux zählte zu den Enragés (Wütende, Besessene), die sich 1793 für die wirtschaftlichen und sozialen Bedürfnisse der Armen einsetzten.

Sieyès, Emmanuel Joseph (1748–1836): Priester und Autor der Schrift „Was ist der Dritte Stand?"; er setzte sich in den Generalständen für den Dritten Stand ein und beteiligte sich in der Nationalversammlung an der Ausarbeitung der Verfassung von 1791. Als Konventsabgeordneter war er keiner politischen Richtung eindeutig zuzuordnen; 1795 wurde er Abgeordneter des Rates der Fünfhundert. Als Mitglied des Direktoriums unterstützte er 1799 den Staatsstreich ➧ *Napoleons*.

Talleyrand, Charles Maurice de (1754–1838): Priester; seit 1789 war er als Bischof von Autun Vertreter des Ersten Standes in den Generalständen. Talleyrand war Mitglied der Nationalversammlung und beteiligte sich an der Nationalisierung der Kirchengüter. 1790 leistete er den Eid auf die Verfassung und wurde dafür vom Papst aus der Kirche ausgeschlossen. Von 1797–1807 diente er ➧ *Napoleon* als Außenminister, nach dessen Niederlage wurde er 1814 erneut in dieses Amt berufen.

Théroigne de Méricourt (1762–1817): Sängerin und Kämpferin für die Frauenemanzipation; sie stammte aus der Nähe von Lüttich, kam Anfang 1789 nach Paris und beteiligte sich am Zug der Pariser Frauen nach Versailles und 1792 an dem Aufstand zum Sturz der Monarchie. Théroigne de Méricourt forderte die Bewaffnung von Frauen und kritisierte ➧ *Robespierre*. 1793 wurde sie von radikalen Jakobinerinnen schwer misshandelt; sie starb geistig verwirrt.

Literatur-, Internet- und Filmhinweise

Lexika

François Furet und Mona Ozouf (Hrsg.), Kritisches Wörterbuch der Französischen Revolution, 2 Bände, Frankfurt am Main 1996

Bernd Jeschonnek, Revolution in Frankreich 1789–1799. Ein Lexikon, Berlin 1989

Quellen[1)]

Friedrich Eberle und Theo Stammen (Hrsg.), Die Französische Revolution in Deutschland. Zeitgenössische Texte deutscher Autoren, Stuttgart 1989

Peter Fischer (Hrsg.), Reden der Französischen Revolution, München [3]1989

Walter Grab (Hrsg.), Die Französische Revolution. Eine Dokumentation, München 1973

Gustav Landauer (Hrsg.), Briefe aus der Französischen Revolution, Frankfurt am Main 1990

Wolfgang Lautemann (Bearb.), Amerikanische und Französische Revolution, München 1981

Walter Markov (Hrsg.), Revolution im Zeugenstand. Frankreich 1789–1799, 2 Bände, Leipzig [2]1986

Ulrich Friedrich Müller (Hrsg.), Die Französische Revolution 1789–1799. Ein Lesebuch, München 1988

Chris E. Paschold und Albert Gier (Hrsg.), Die Französische Revolution. Ein Lesebuch mit zeitgenössischen Berichten und Dokumenten, Stuttgart 1989

Georges Pernoud und Sabine Flaissier, Die Französische Revolution in Augenzeugenberichten, München [7]1989

Susanne Petersen, Marktweiber und Amazonen. Frauen in der Französischen Revolution – Kommentare, Dokumente, Bilder, Köln [3]1991

Susanne Petersen, Die Große Revolution und die Kleinen Leute. Französischer Alltag 1789/95. Kommentare, Dokumente, Bilder, Köln 1988

Darstellungen

Louis Bergeron, François Furet und Reinhart Koselleck, Das Zeitalter der europäischen Revolutionen, Frankfurt am Main [26]2005

François Furet und Denis Richet, Die Französische Revolution, München o. J. [1980]

Lynn Hunt, Symbole der Macht. Macht der Symbole. Die Französische Revolution und der Entwurf einer politischen Kultur, Frankfurt am Main 1989

Wolfgang Kruse, Die Französische Revolution, Paderborn 2005

Axel Kuhn, Die Französische Revolution, Stuttgart 1999

Georges Lefebvre, 1789. Das Jahr der Revolution, München 1989

Gerda Marko, Das Ende der Sanftmut. Frauen in Frankreich 1789–1795, München 1993

Rolf Reichardt (Hrsg.), Ploetz. Die Französische Revolution, Würzburg 1988

Ders., Das Blut der Freiheit. Französische Revolution und demokratische Kultur, Frankfurt am Main [3]2002

Simon Schama, Der zaudernde Citoyen. Rückschritt und Fortschritt in der Französischen Revolution, München 1989

Eberhard Schmitt, Einführung in die Geschichte der Französischen Revolution, München [2]1980

Bernhard Struck und Claire Gantet, Revolution, Krieg und Verflechtung 1789–1815, Darmstadt 2008

Ernst Schulin, Die Französische Revolution, München [4]2004

Winfried Schulze, Der 14. Juli 1789. Biographie eines Tages, Stuttgart [2]1989

Hans Ulrich Thamer, Die Französische Revolution, München [2]2006

---

1) Weiteres Quellenmaterial zum Downloaden finden Sie auf unserer Homepage (www.ccbuchner.de) unter BN 4695.

Literatur-, Internet- und Filmhinweise

Biografien

Frédéric Bluche, Danton, Stuttgart 1988

Guy Chaussinand-Nogaret, Mirabeau, Stuttgart 1988

Ders., Madame Roland, Stuttgart 1988

Roger Dufraisse, Napoleon. Revolutionär und Monarch, München ^{4}2005

Max Gallo, Robespierre, Stuttgart 2007

Georges Lefebvre, Napoleon, herausgegeben von Peter Schöttler, Stuttgart ^{2}2003

Evelyne Lever, Ludwig XVI., Stuttgart 1988

Paul Noack, Olympe de Gouges 1748–1793. Kurtisane und Kämpferin für die Rechte der Frau, München 1992

Volker Ullrich, Napoleon, Reinbek bei Hamburg 2006

Johannes Willms, Napoleon. Eine Biographie, München ^{2}2008

Internet

Einführungen, Zeitleisten, Biografien etc.

www.historicum.net/themen/franzoesische-revolution/

Gesetzestexte, Verfassungen

www.verfassungen.de

Filme

Die Französische Revolution (La Révolution française). Teil I: Jahre der Hoffnung (Les Années lumière), Teil II: Jahre des Zorns (Les Années terribles), Regie: Robert Enrico und Richard T. Heffron, 1989

Danton, Regie: Andrzej Wajda, 1983

Marie Antoinette, Regie: Sofia Coppola, 2006

Napoleon, Regie: Sacha Guitry, 1954

Napoleon. Teil I: Der unaufhaltsame Aufstieg Bonapartes, Teil II: Der tiefe Fall eines Giganten, TV-Dokumentation von David Grubin, 2000

Napoleon, Regie: Yves Simoneau, 2002

Personenregister

*Auf den mit einem * gekennzeichneten Seiten finden Sie kurze biografische Informationen.*

Sachregister

Bildnachweis

Titel	Bibliothèque Nationale de France, Paris
S. 7	Bridgeman Giraudon, Berlin
S. 8	Staatliche Graphische Sammlung, München
S. 9	Kupferstichkabinett und Sammlung der Zeichnungen, Greiz
S. 12	Preußischer Kulturbesitz, Berlin
S. 16	Deutsches Historisches Museum, Berlin
S. 17	Elke Walford, Hamburg
S. 18	Bibliothèque Nationale de France, Paris
S. 22	Archiv für Kunst und Geschichte, Berlin
S. 23	http://commons.wikimedia.org/wiki/File:Calonne_by_lebrun.jpg.
S. 25	Archiv für Kunst und Geschichte, Berlin
S. 29	Bibliothèque Nationale de France, Paris
S. 30	Bibliothèque Nationale de France, Paris
S. 32	Musée Carnavalet, Paris
S. 35	Archiv für Kunst und Geschichte, Berlin
S. 36	Archiv für Kunst und Geschichte, Berlin
S. 37	Musée Carnavalet, Paris
S. 39	Hachette, Paris
S. 40	Archiv für Kunst und Geschichte, Berlin
S. 43	Musée Carnavalet, Paris
S. 45	Museum für deutsche Geschichte, Berlin
S. 48	Musée Carnavalet, Paris
S. 56	Sächsische Landesbibliothek/Abt. Deutsche Fotothek, Dresden
S. 57	Èdimédia, Paris
S. 58	Musée Lorrrain, Nancy
S. 59	Bibliothèque Nationale de France, Paris
S. 63	Bibliothèque Nationale de France, Paris
S. 68	Èdimédia, Paris
S. 71	Preußischer Kulturbesitz, Berlin
S. 73	Photo Hubert Josse, Paris
S. 77	Musée Carnavalet, Paris
S. 80	Archiv für Kunst und Geschichte, Berlin
S. 82	Archiv für Kunst und Geschichte, Berlin
S. 89	Archiv für Kunst und Geschichte, Berlin
S. 91	Michael Welply
S. 93	Mittelrheinisches Landesmuseum, Mainz
S. 96	Privatbesitz, Foto: Jürgen Berner
S. 101	Musées Royaux des Beaux-Arts, Brüssel
S. 104	Bibliothèque Nationale de France, Cabinet des Estampes, Paris
S. 107	Archiv für Kunst und Geschichte, Berlin
S. 109	Preußischer Kulturbesitz, Berlin
S. 111	Museum im Gotischen Haus, Foto: Ursula Seitz-Gray, Bad Homburg vor der Höhe
S. 112	Elke Walford, Hamburg
S. 116	Musée Carnavalet, Paris
S. 117	Musée Carnavalet, Paris
S. 119	Richard van Dülmen (Hrsg.), Die Entdeckung des Ichs. Die Geschichte der Individualisierung vom Mittelalter bis zur Gegenwart. Köln/Weimar/Wien 2001, S. 190
S, 120	Bibliothèque Nationale de France, Paris
S. 121	Viktoria Schmidt-Linsenhoff, Sklavin oder Bürgerin? Französische Revolution und neue Weiblichkeit 1760-1830, Frankfurt am Main 1989, S. 79
S. 125	http://de.wikipedia.org/wiki/Bild:Indissolubricite.jpg
S. 127	Bibliothèque Nationale de France, Paris
S. 131	Musée de la Révolution Française, Vizilee
S. 132	Archives de France, Paris; University of California, Photodienst der Bibliothek, Berkeley
S. 134	Bibliothèque Nationale de France, Paris

Trotz entsprechender Bemühungen ist es uns nicht in allen Fällen gelungen, den Rechtsinhaber ausfindig zu machen. Gegen Nachweis der Rechte zahlt der Verlag für die Abdruckerlaubnis die gesetzlich geschuldete Vergütung.